交通运输安全生产管理人员培训教材

交通运输安全生产实用法规汇编
（道路运输分册）

本书编写组　编

人民交通出版社股份有限公司
China Communications Press Co.,Ltd.

内 容 提 要

本书为交通运输安全生产管理人员培训教材之一，收集并整理了在道路运输安全生产管理中常用的法律、行政法规、部门规章等。

本书可作为道路运输企业主要负责人、安全生产管理人员以及相关从业人员进行安全生产培训教育的教材，也可作为查询与道路运输安全生产相关的法律法规的工具书。

图书在版编目（CIP）数据

交通运输安全生产实用法规汇编. 道路运输分册/《交通运输安全生产实用法规汇编. 道路运输分册》编写组编. —北京：人民交通出版社股份有限公司，2019.7

ISBN 978-7-114-15933-6

Ⅰ.①交… Ⅱ.①交… Ⅲ.①道路交通安全法—汇编—中国 Ⅳ.①D922.296.9

中国版本图书馆 CIP 数据核字(2019)第 257754 号

书　　名：**交通运输安全生产实用法规汇编**(道路运输分册)
著 作 者：本书编写组
责任编辑：钟　伟
责任校对：孙国靖　扈　婕
责任印制：张　凯
出版发行：人民交通出版社股份有限公司
地　　址：(100011)北京市朝阳区安定门外外馆斜街3号
网　　址：http://www.ccpress.com.cn
销售电话：(010)59757973
总 经 销：人民交通出版社股份有限公司发行部
经　　销：各地新华书店
印　　刷：北京市密东印刷有限公司
开　　本：787×1092　1/16
印　　张：17.25
字　　数：397千
版　　次：2019年7月　第1版
印　　次：2019年7月　第1次印刷
书　　号：ISBN 978-7-114-15933-6
定　　价：50.00元
(有印刷、装订质量问题的图书由本公司负责调换)

前言

安全生产事关人民群众生命财产安全,事关经济社会协调健康发展,是党和政府践行以人民为中心发展思想的具体体现,是建设人民满意交通的基本要求,是建设交通强国的基础保障。

2016 年,《中共中央　国务院关于推进安全生产领域改革发展的意见》印发,中共浙江省委浙江省人民政府、交通运输部也分别出台了关于推进本省、本行业安全生产领域改革发展的实施意见。全面深化交通运输行业安全生产领域改革发展,切实提升安全防范治理能力和安全生产保障能力,首要任务是健全落实安全生产责任。落实安全生产责任制,最根本的要求是强化企业主体责任。企业对本单位安全生产和职业健康工作负全面责任。在此背景下,浙江省交通运输厅决定编写一套旨在指导企业实行全员安全生产责任制度,提高浙江省交通运输企业安全生产管理水平的培训用书,并定名为"交通运输安全生产管理人员培训教材"。在浙江省交通运输厅、各行业局,以及浙江省交通干部学校等各方共同协作努力下,现教材业已编写完成,共分《安全生产管理基础》《道路运输企业安全生产管理实务和典型案例分析》《交通运输安全生产实用法规汇编(道路运输分册)》三册。

参与本套教材编写的人员包括浙江省交通干部学校陈建钢、陈姝娴、曲承佳、韩超、韩霞,浙江交通职业技术学院朱福根、陈哲、鲍婷婷、郭宏伟、吕凤军、龙亚、王洪涛、王征等。《安全生产管理基础》《交通运输安全生产实用法规汇编(道路运输分册)》由浙江省交通干部学校负责编写,陈姝娴负责统稿;《道路运输企业安全生产管理实务和典型案例分析》由浙江交通职业技术学院负责编写,朱福根负责统稿。

本教材如有不足之处,敬请广大读者批评指正。

本书编写组
2019 年 6 月

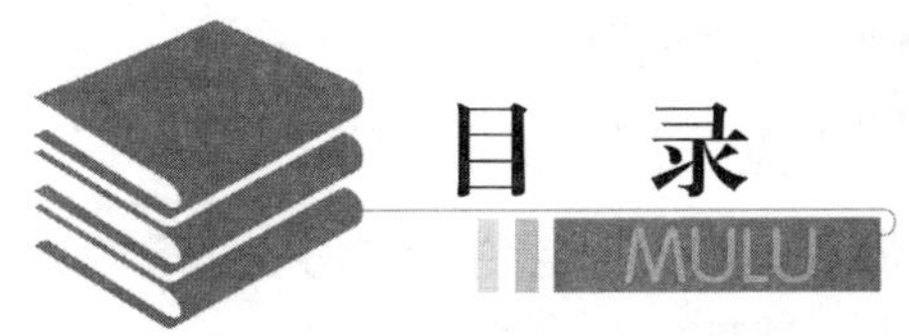

目 录

第一部分　安全生产相关法律

第二部分　安全生产相关行政法规

第三部分　安全生产相关部门规章

第四部分 安全生产相关地方性法规

第一部分

安全生产相关法律

中华人民共和国安全生产法

(2002年6月29日第九届全国人民代表大会常务委员会第二十八次会议通过;2009年8月27日第十一届全国人民代表大会常务委员会第十次会议第一次修改;2014年8月31日第十二届全国人民代表大会常务委员会第十次会议第二次修改)

第一章　总　　则

第一条　为了加强安全生产工作,防止和减少生产安全事故,保障人民群众生命和财产安全,促进经济社会持续健康发展,制定本法。

第二条　在中华人民共和国领域内从事生产经营活动的单位(以下统称生产经营单位)的安全生产,适用本法;有关法律、行政法规对消防安全和道路交通安全、铁路交通安全、水上交通安全、民用航空安全以及核与辐射安全、特种设备安全另有规定的,适用其规定。

第三条　安全生产工作应当以人为本,坚持安全发展,坚持安全第一、预防为主、综合治理的方针,强化和落实生产经营单位的主体责任,建立生产经营单位负责、职工参与、政府监管、行业自律和社会监督的机制。

第四条　生产经营单位必须遵守本法和其他有关安全生产的法律、法规,加强安全生产管理,建立、健全安全生产责任制和安全生产规章制度,改善安全生产条件,推进安全生产标准化建设,提高安全生产水平,确保安全生产。

第五条　生产经营单位的主要负责人对本单位的安全生产工作全面负责。

第六条　生产经营单位的从业人员有依法获得安全生产保障的权利,并应当依法履行安全生产方面的义务。

第七条　工会依法对安全生产工作进行监督。

生产经营单位的工会依法组织职工参加本单位安全生产工作的民主管理和民主监督,维护职工在安全生产方面的合法权益。生产经营单位制定或者修改有关安全生产的规章制度,应当听取工会的意见。

第八条　国务院和县级以上地方各级人民政府应当根据国民经济和社会发展规划制定安全生产规划,并组织实施。安全生产规划应当与城乡规划相衔接。

国务院和县级以上地方各级人民政府应当加强对安全生产工作的领导,支持、督促各有关部门依法履行安全生产监督管理职责,建立健全安全生产工作协调机制,及时协调、解决安全生产监督管理中存在的重大问题。

乡、镇人民政府以及街道办事处、开发区管理机构等地方人民政府的派出机关应当按照职责,加强对本行政区域内生产经营单位安全生产状况的监督检查,协助上级人民政府有关部门依法履行安全生产监督管理职责。

第九条　国务院安全生产监督管理部门依照本法,对全国安全生产工作实施综合监督管理;县级以上地方各级人民政府安全生产监督管理部门依照本法,对本行政区域内安全生产工作实施综合监督管理。

国务院有关部门依照本法和其他有关法律、行政法规的规定,在各自的职责范围内对有关行业、领域的安全生产工作实施监督管理;县级以上地方各级人民政府有关部门依照本法和其他有关法律、法规的规定,在各自的职责范围内对有关行业、领域的安全生产工作实施监督管理。

安全生产监督管理部门和对有关行业、领域的安全生产工作实施监督管理的部门,统称负有安全生产监督管理职责的部门。

第十条 国务院有关部门应当按照保障安全生产的要求,依法及时制定有关的国家标准或者行业标准,并根据科技进步和经济发展适时修订。

生产经营单位必须执行依法制定的保障安全生产的国家标准或者行业标准。

第十一条 各级人民政府及其有关部门应当采取多种形式,加强对有关安全生产的法律、法规和安全生产知识的宣传,增强全社会的安全生产意识。

第十二条 有关协会组织依照法律、行政法规和章程,为生产经营单位提供安全生产方面的信息、培训等服务,发挥自律作用,促进生产经营单位加强安全生产管理。

第十三条 依法设立的为安全生产提供技术、管理服务的机构,依照法律、行政法规和执业准则,接受生产经营单位的委托为其安全生产工作提供技术、管理服务。

生产经营单位委托前款规定的机构提供安全生产技术、管理服务的,保证安全生产的责任仍由本单位负责。

第十四条 国家实行生产安全事故责任追究制度,依照本法和有关法律、法规的规定,追究生产安全事故责任人员的法律责任。

第十五条 国家鼓励和支持安全生产科学技术研究和安全生产先进技术的推广应用,提高安全生产水平。

第十六条 国家对在改善安全生产条件、防止生产安全事故、参加抢险救护等方面取得显著成绩的单位和个人,给予奖励。

第二章 生产经营单位的安全生产保障

第十七条 生产经营单位应当具备本法和有关法律、行政法规和国家标准或者行业标准规定的安全生产条件;不具备安全生产条件的,不得从事生产经营活动。

第十八条 生产经营单位的主要负责人对本单位安全生产工作负有下列职责:

(一)建立、健全本单位安全生产责任制;

(二)组织制定本单位安全生产规章制度和操作规程;

(三)保证本单位安全生产投入的有效实施;

(四)督促、检查本单位的安全生产工作,及时消除生产安全事故隐患;

(五)组织制定并实施本单位的生产安全事故应急救援预案;

(六)及时、如实报告生产安全事故;

(七)组织制定并实施本单位安全生产教育和培训计划。

第十九条 生产经营单位的安全生产责任制应当明确各岗位的责任人员、责任范围和考核标准等内容。

生产经营单位应当建立相应的机制，加强对安全生产责任制落实情况的监督考核，保证安全生产责任制的落实。

第二十条 生产经营单位应当具备的安全生产条件所必需的资金投入，由生产经营单位的决策机构、主要负责人或者个人经营的投资人予以保证，并对由于安全生产所必需的资金投入不足导致的后果承担责任。

有关生产经营单位应当按照规定提取和使用安全生产费用，专门用于改善安全生产条件。安全生产费用在成本中据实列支。安全生产费用提取、使用和监督管理的具体办法由国务院财政部门会同国务院安全生产监督管理部门征求国务院有关部门意见后制定。

第二十一条 矿山、金属冶炼、建筑施工、道路运输单位和危险物品的生产、经营、储存单位，应当设置安全生产管理机构或者配备专职安全生产管理人员。

前款规定以外的其他生产经营单位，从业人员超过一百人的，应当设置安全生产管理机构或者配备专职安全生产管理人员；从业人员在一百人以下的，应当配备专职或者兼职的安全生产管理人员。

第二十二条 生产经营单位的安全生产管理机构以及安全生产管理人员履行下列职责：

（一）组织或者参与拟订本单位安全生产规章制度、操作规程和生产安全事故应急救援预案；

（二）组织或者参与本单位安全生产教育和培训，如实记录安全生产教育和培训情况；

（三）督促落实本单位重大危险源的安全管理措施；

（四）组织或者参与本单位应急救援演练；

（五）检查本单位的安全生产状况，及时排查生产安全事故隐患，提出改进安全生产管理的建议；

（六）制止和纠正违章指挥、强令冒险作业、违反操作规程的行为；

（七）督促落实本单位安全生产整改措施。

第二十三条 生产经营单位的安全生产管理机构以及安全生产管理人员应当恪尽职守，依法履行职责。

生产经营单位作出涉及安全生产的经营决策，应当听取安全生产管理机构以及安全生产管理人员的意见。

生产经营单位不得因安全生产管理人员依法履行职责而降低其工资、福利等待遇或者解除与其订立的劳动合同。

危险物品的生产、储存单位以及矿山、金属冶炼单位的安全生产管理人员的任免，应当告知主管的负有安全生产监督管理职责的部门。

第二十四条 生产经营单位的主要负责人和安全生产管理人员必须具备与本单位所从事的生产经营活动相应的安全生产知识和管理能力。

危险物品的生产、经营、储存单位以及矿山、金属冶炼、建筑施工、道路运输单位的主要负责人和安全生产管理人员，应当由主管的负有安全生产监督管理职责的部门对其安全生产知识和管理能力考核合格。考核不得收费。

危险物品的生产、储存单位以及矿山、金属冶炼单位应当有注册安全工程师从事安全生产管理工作。鼓励其他生产经营单位聘用注册安全工程师从事安全生产管理工作。注册安全工程师按专业分类管理,具体办法由国务院人力资源和社会保障部门、国务院安全生产监督管理部门会同国务院有关部门制定。

第二十五条 生产经营单位应当对从业人员进行安全生产教育和培训,保证从业人员具备必要的安全生产知识,熟悉有关的安全生产规章制度和安全操作规程,掌握本岗位的安全操作技能,了解事故应急处理措施,知悉自身在安全生产方面的权利和义务。未经安全生产教育和培训合格的从业人员,不得上岗作业。

生产经营单位使用被派遣劳动者的,应当将被派遣劳动者纳入本单位从业人员统一管理,对被派遣劳动者进行岗位安全操作规程和安全操作技能的教育和培训。劳务派遣单位应当对被派遣劳动者进行必要的安全生产教育和培训。

生产经营单位应当建立安全生产教育和培训档案,如实记录安全生产教育和培训的时间、内容、参加人员以及考核结果等情况。

第二十六条 生产经营单位采用新工艺、新技术、新材料或者使用新设备,必须了解、掌握其安全技术特性,采取有效的安全防护措施,并对从业人员进行专门的安全生产教育和培训。

第二十七条 生产经营单位的特种作业人员必须按照国家有关规定经专门的安全作业培训,取得相应资格,方可上岗作业。

特种作业人员的范围由国务院安全生产监督管理部门会同国务院有关部门确定。

第二十八条 生产经营单位新建、改建、扩建工程项目(以下统称建设项目)的安全设施,必须与主体工程同时设计、同时施工、同时投入生产和使用。安全设施投资应当纳入建设项目概算。

第二十九条 矿山、金属冶炼建设项目和用于生产、储存、装卸危险物品的建设项目,应当按照国家有关规定进行安全评价。

第三十条 建设项目安全设施的设计人、设计单位应当对安全设施设计负责。

矿山、金属冶炼建设项目和用于生产、储存、装卸危险物品的建设项目的安全设施设计应当按照国家有关规定报经有关部门审查,审查部门及其负责审查的人员对审查结果负责。

第三十一条 矿山、金属冶炼建设项目和用于生产、储存、装卸危险物品的建设项目的施工单位必须按照批准的安全设施设计施工,并对安全设施的工程质量负责。

矿山、金属冶炼建设项目和用于生产、储存危险物品的建设项目竣工投入生产或者使用前,应当由建设单位负责组织对安全设施进行验收;验收合格后,方可投入生产和使用。安全生产监督管理部门应当加强对建设单位验收活动和验收结果的监督核查。

第三十二条 生产经营单位应当在有较大危险因素的生产经营场所和有关设施、设备上,设置明显的安全警示标志。

第三十三条 安全设备的设计、制造、安装、使用、检测、维修、改造和报废,应当符合国家标准或者行业标准。

生产经营单位必须对安全设备进行经常性维护、保养,并定期检测,保证正常运转。维护、保养、检测应当作好记录,并由有关人员签字。

第三十四条 生产经营单位使用的危险物品的容器、运输工具，以及涉及人身安全、危险性较大的海洋石油开采特种设备和矿山井下特种设备，必须按照国家有关规定，由专业生产单位生产，并经具有专业资质的检测、检验机构检测、检验合格，取得安全使用证或者安全标志，方可投入使用。检测、检验机构对检测、检验结果负责。

第三十五条 国家对严重危及生产安全的工艺、设备实行淘汰制度，具体目录由国务院安全生产监督管理部门会同国务院有关部门制定并公布。法律、行政法规对目录的制定另有规定的，适用其规定。

省、自治区、直辖市人民政府可以根据本地区实际情况制定并公布具体目录，对前款规定以外的危及生产安全的工艺、设备予以淘汰。

生产经营单位不得使用应当淘汰的危及生产安全的工艺、设备。

第三十六条 生产、经营、运输、储存、使用危险物品或者处置废弃危险物品的，由有关主管部门依照有关法律、法规的规定和国家标准或者行业标准审批并实施监督管理。

生产经营单位生产、经营、运输、储存、使用危险物品或者处置废弃危险物品，必须执行有关法律、法规和国家标准或者行业标准，建立专门的安全管理制度，采取可靠的安全措施，接受有关主管部门依法实施的监督管理。

第三十七条 生产经营单位对重大危险源应当登记建档，进行定期检测、评估、监控，并制定应急预案，告知从业人员和相关人员在紧急情况下应当采取的应急措施。

生产经营单位应当按照国家有关规定将本单位重大危险源及有关安全措施、应急措施报有关地方人民政府安全生产监督管理部门和有关部门备案。

第三十八条 生产经营单位应当建立健全生产安全事故隐患排查治理制度，采取技术、管理措施，及时发现并消除事故隐患。事故隐患排查治理情况应当如实记录，并向从业人员通报。

县级以上地方各级人民政府负有安全生产监督管理职责的部门应当建立健全重大事故隐患治理督办制度，督促生产经营单位消除重大事故隐患。

第三十九条 生产、经营、储存、使用危险物品的车间、商店、仓库不得与员工宿舍在同一座建筑物内，并应当与员工宿舍保持安全距离。

生产经营场所和员工宿舍应当设有符合紧急疏散要求、标志明显、保持畅通的出口。禁止锁闭、封堵生产经营场所或者员工宿舍的出口。

第四十条 生产经营单位进行爆破、吊装以及国务院安全生产监督管理部门会同国务院有关部门规定的其他危险作业，应当安排专门人员进行现场安全管理，确保操作规程的遵守和安全措施的落实。

第四十一条 生产经营单位应当教育和督促从业人员严格执行本单位的安全生产规章制度和安全操作规程；并向从业人员如实告知作业场所和工作岗位存在的危险因素、防范措施以及事故应急措施。

第四十二条 生产经营单位必须为从业人员提供符合国家标准或者行业标准的劳动防护用品，并监督、教育从业人员按照使用规则佩戴、使用。

第四十三条 生产经营单位的安全生产管理人员应当根据本单位的生产经营特点，对安全生产状况进行经常性检查；对检查中发现的安全问题，应当立即处理；不能处理的，应当及时报告本单位有关负责人,有关负责人应当及时处理。检查及处理情况应当如实记录在案。

生产经营单位的安全生产管理人员在检查中发现重大事故隐患,依照前款规定向本单位有关负责人报告,有关负责人不及时处理的,安全生产管理人员可以向主管的负有安全生产监督管理职责的部门报告,接到报告的部门应当依法及时处理。

第四十四条 生产经营单位应当安排用于配备劳动防护用品、进行安全生产培训的经费。

第四十五条 两个以上生产经营单位在同一作业区域内进行生产经营活动,可能危及对方生产安全的,应当签订安全生产管理协议,明确各自的安全生产管理职责和应当采取的安全措施,并指定专职安全生产管理人员进行安全检查与协调。

第四十六条 生产经营单位不得将生产经营项目、场所、设备发包或者出租给不具备安全生产条件或者相应资质的单位或者个人。

生产经营项目、场所发包或者出租给其他单位的,生产经营单位应当与承包单位、承租单位签订专门的安全生产管理协议,或者在承包合同、租赁合同中约定各自的安全生产管理职责;生产经营单位对承包单位、承租单位的安全生产工作统一协调、管理,定期进行安全检查,发现安全问题的,应当及时督促整改。

第四十七条 生产经营单位发生生产安全事故时,单位的主要负责人应当立即组织抢救,并不得在事故调查处理期间擅离职守。

第四十八条 生产经营单位必须依法参加工伤保险,为从业人员缴纳保险费。

国家鼓励生产经营单位投保安全生产责任保险。

第三章 从业人员的安全生产权利义务

第四十九条 生产经营单位与从业人员订立的劳动合同,应当载明有关保障从业人员劳动安全、防止职业危害的事项,以及依法为从业人员办理工伤保险的事项。

生产经营单位不得以任何形式与从业人员订立协议,免除或者减轻其对从业人员因生产安全事故伤亡依法应承担的责任。

第五十条 生产经营单位的从业人员有权了解其作业场所和工作岗位存在的危险因素、防范措施及事故应急措施,有权对本单位的安全生产工作提出建议。

第五十一条 从业人员有权对本单位安全生产工作中存在的问题提出批评、检举、控告;有权拒绝违章指挥和强令冒险作业。

生产经营单位不得因从业人员对本单位安全生产工作提出批评、检举、控告或者拒绝违章指挥、强令冒险作业而降低其工资、福利等待遇或者解除与其订立的劳动合同。

第五十二条 从业人员发现直接危及人身安全的紧急情况时,有权停止作业或者在采取可能的应急措施后撤离作业场所。

生产经营单位不得因从业人员在前款紧急情况下停止作业或者采取紧急撤离措施而降低其工资、福利等待遇或者解除与其订立的劳动合同。

第五十三条 因生产安全事故受到损害的从业人员,除依法享有工伤保险外,依照有关民事法律尚有获得赔偿的权利的,有权向本单位提出赔偿要求。

第五十四条 从业人员在作业过程中,应当严格遵守本单位的安全生产规章制度和操作规程,服从管理,正确佩戴和使用劳动防护用品。

第五十五条 从业人员应当接受安全生产教育和培训,掌握本职工作所需的安全生产知识,提高安全生产技能,增强事故预防和应急处理能力。

第五十六条 从业人员发现事故隐患或者其他不安全因素,应当立即向现场安全生产管理人员或者本单位负责人报告;接到报告的人员应当及时予以处理。

第五十七条 工会有权对建设项目的安全设施与主体工程同时设计、同时施工、同时投入生产和使用进行监督,提出意见。

工会对生产经营单位违反安全生产法律、法规,侵犯从业人员合法权益的行为,有权要求纠正;发现生产经营单位违章指挥、强令冒险作业或者发现事故隐患时,有权提出解决的建议,生产经营单位应当及时研究答复;发现危及从业人员生命安全的情况时,有权向生产经营单位建议组织从业人员撤离危险场所,生产经营单位必须立即作出处理。

工会有权依法参加事故调查,向有关部门提出处理意见,并要求追究有关人员的责任。

第五十八条 生产经营单位使用被派遣劳动者的,被派遣劳动者享有本法规定的从业人员的权利,并应当履行本法规定的从业人员的义务。

第四章 安全生产的监督管理

第五十九条 县级以上地方各级人民政府应当根据本行政区域内的安全生产状况,组织有关部门按照职责分工,对本行政区域内容易发生重大生产安全事故的生产经营单位进行严格检查。

安全生产监督管理部门应当按照分类分级监督管理的要求,制定安全生产年度监督检查计划,并按照年度监督检查计划进行监督检查,发现事故隐患,应当及时处理。

第六十条 负有安全生产监督管理职责的部门依照有关法律、法规的规定,对涉及安全生产的事项需要审查批准(包括批准、核准、许可、注册、认证、颁发证照等,下同)或者验收的,必须严格依照有关法律、法规和国家标准或者行业标准规定的安全生产条件和程序进行审查;不符合有关法律、法规和国家标准或者行业标准规定的安全生产条件的,不得批准或者验收通过。对未依法取得批准或者验收合格的单位擅自从事有关活动的,负责行政审批的部门发现或者接到举报后应当立即予以取缔,并依法予以处理。对已经依法取得批准的单位,负责行政审批的部门发现其不再具备安全生产条件的,应当撤销原批准。

第六十一条 负有安全生产监督管理职责的部门对涉及安全生产的事项进行审查、验收,不得收取费用;不得要求接受审查、验收的单位购买其指定品牌或者指定生产、销售单位的安全设备、器材或者其他产品。

第六十二条 安全生产监督管理部门和其他负有安全生产监督管理职责的部门依法开展安全生产行政执法工作,对生产经营单位执行有关安全生产的法律、法规和国家标准或者行业标准的情况进行监督检查,行使以下职权:

(一)进入生产经营单位进行检查,调阅有关资料,向有关单位和人员了解情况;

(二)对检查中发现的安全生产违法行为,当场予以纠正或者要求限期改正;对依法应当给予行政处罚的行为,依照本法和其他有关法律、行政法规的规定作出行政处罚决定;

（三）对检查中发现的事故隐患，应当责令立即排除；重大事故隐患排除前或者排除过程中无法保证安全的，应当责令从危险区域内撤出作业人员，责令暂时停产停业或者停止使用相关设施、设备；重大事故隐患排除后，经审查同意，方可恢复生产经营和使用；

（四）对有根据认为不符合保障安全生产的国家标准或者行业标准的设施、设备、器材以及违法生产、储存、使用、经营、运输的危险物品予以查封或者扣押，对违法生产、储存、使用、经营危险物品的作业场所予以查封，并依法作出处理决定。

监督检查不得影响被检查单位的正常生产经营活动。

第六十三条 生产经营单位对负有安全生产监督管理职责的部门的监督检查人员（以下统称安全生产监督检查人员）依法履行监督检查职责，应当予以配合，不得拒绝、阻挠。

第六十四条 安全生产监督检查人员应当忠于职守，坚持原则，秉公执法。

安全生产监督检查人员执行监督检查任务时，必须出示有效的监督执法证件；对涉及被检查单位的技术秘密和业务秘密，应当为其保密。

第六十五条 安全生产监督检查人员应当将检查的时间、地点、内容、发现的问题及其处理情况，作出书面记录，并由检查人员和被检查单位的负责人签字；被检查单位的负责人拒绝签字的，检查人员应当将情况记录在案，并向负有安全生产监督管理职责的部门报告。

第六十六条 负有安全生产监督管理职责的部门在监督检查中，应当互相配合，实行联合检查；确需分别进行检查的，应当互通情况，发现存在的安全问题应当由其他有关部门进行处理的，应当及时移送其他有关部门并形成记录备查，接受移送的部门应当及时进行处理。

第六十七条 负有安全生产监督管理职责的部门依法对存在重大事故隐患的生产经营单位作出停产停业、停止施工、停止使用相关设施或者设备的决定，生产经营单位应当依法执行，及时消除事故隐患。生产经营单位拒不执行，有发生生产安全事故的现实危险的，在保证安全的前提下，经本部门主要负责人批准，负有安全生产监督管理职责的部门可以采取通知有关单位停止供电、停止供应民用爆炸物品等措施，强制生产经营单位履行决定。通知应当采用书面形式，有关单位应当予以配合。

负有安全生产监督管理职责的部门依照前款规定采取停止供电措施，除有危及生产安全的紧急情形外，应当提前二十四小时通知生产经营单位。生产经营单位依法履行行政决定、采取相应措施消除事故隐患的，负有安全生产监督管理职责的部门应当及时解除前款规定的措施。

第六十八条 监察机关依照行政监察法的规定，对负有安全生产监督管理职责的部门及其工作人员履行安全生产监督管理职责实施监察。

第六十九条 承担安全评价、认证、检测、检验的机构应当具备国家规定的资质条件，并对其作出的安全评价、认证、检测、检验的结果负责。

第七十条 负有安全生产监督管理职责的部门应当建立举报制度，公开举报电话、信箱或者电子邮件地址，受理有关安全生产的举报；受理的举报事项经调查核实后，应当形成书面材料；需要落实整改措施的，报经有关负责人签字并督促落实。

第七十一条 任何单位或者个人对事故隐患或者安全生产违法行为，均有权向负有安全生产监督管理职责的部门报告或者举报。

第七十二条 居民委员会、村民委员会发现其所在区域内的生产经营单位存在事故隐患或者安全生产违法行为时,应当向当地人民政府或者有关部门报告。

第七十三条 县级以上各级人民政府及其有关部门对报告重大事故隐患或者举报安全生产违法行为的有功人员,给予奖励。具体奖励办法由国务院安全生产监督管理部门会同国务院财政部门制定。

第七十四条 新闻、出版、广播、电影、电视等单位有进行安全生产公益宣传教育的义务,有对违反安全生产法律、法规的行为进行舆论监督的权利。

第七十五条 负有安全生产监督管理职责的部门应当建立安全生产违法行为信息库,如实记录生产经营单位的安全生产违法行为信息;对违法行为情节严重的生产经营单位,应当向社会公告,并通报行业主管部门、投资主管部门、国土资源主管部门、证券监督管理机构以及有关金融机构。

第五章　生产安全事故的应急救援与调查处理

第七十六条 国家加强生产安全事故应急能力建设,在重点行业、领域建立应急救援基地和应急救援队伍,鼓励生产经营单位和其他社会力量建立应急救援队伍,配备相应的应急救援装备和物资,提高应急救援的专业化水平。

国务院安全生产监督管理部门建立全国统一的生产安全事故应急救援信息系统,国务院有关部门建立健全相关行业、领域的生产安全事故应急救援信息系统。

第七十七条 县级以上地方各级人民政府应当组织有关部门制定本行政区域内特大生产安全事故应急救援预案,建立应急救援体系。

第七十八条 生产经营单位应当制定本单位生产安全事故应急救援预案,与所在地县级以上地方人民政府组织制定的生产安全事故应急救援预案相衔接,并定期组织演练。

第七十九条 危险物品的生产、经营、储存单位以及矿山、金属冶炼、城市轨道交通运营、建筑施工单位应当建立应急救援组织;生产经营规模较小的,可以不建立应急救援组织,但应当指定兼职的应急救援人员。

危险物品的生产、经营、储存、运输单位以及矿山、金属冶炼、城市轨道交通运营、建筑施工单位应当配备必要的应急救援器材、设备和物资,并进行经常性维护、保养,保证正常运转。

第八十条 生产经营单位发生生产安全事故后,事故现场有关人员应当立即报告本单位负责人。

单位负责人接到事故报告后,应当迅速采取有效措施,组织抢救,防止事故扩大,减少人员伤亡和财产损失,并按照国家有关规定立即如实报告当地负有安全生产监督管理职责的部门,不得隐瞒不报、谎报或者迟报,不得故意破坏事故现场、毁灭有关证据。

第八十一条 负有安全生产监督管理职责的部门接到事故报告后,应当立即按照国家有关规定上报事故情况。负有安全生产监督管理职责的部门和有关地方人民政府对事故情况不得隐瞒不报、谎报或者迟报。

第八十二条 有关地方人民政府和负有安全生产监督管理职责的部门的负责人接到生产安全事故报告后,应当按照生产安全事故应急救援预案的要求立即赶到事故现场,组织事故抢救。

参与事故抢救的部门和单位应当服从统一指挥,加强协同联动,采取有效的应急救援措施,并根据事故救援的需要采取警戒、疏散等措施,防止事故扩大和次生灾害的发生,减少人员伤亡和财产损失。

事故抢救过程中应当采取必要措施,避免或者减少对环境造成的危害。

任何单位和个人都应当支持、配合事故抢救,并提供一切便利条件。

第八十三条 事故调查处理应当按照科学严谨、依法依规、实事求是、注重实效的原则,及时、准确地查清事故原因,查明事故性质和责任,总结事故教训,提出整改措施,并对事故责任者提出处理意见。事故调查报告应当依法及时向社会公布。事故调查和处理的具体办法由国务院制定。

事故发生单位应当及时全面落实整改措施,负有安全生产监督管理职责的部门应当加强监督检查。

第八十四条 生产经营单位发生生产安全事故,经调查确定为责任事故的,除了应当查明事故单位的责任并依法予以追究外,还应当查明对安全生产的有关事项负有审查批准和监督职责的行政部门的责任,对有失职、渎职行为的,依照本法第七十七条的规定追究法律责任。

第八十五条 任何单位和个人不得阻挠和干涉对事故的依法调查处理。

第八十六条 县级以上地方各级人民政府安全生产监督管理部门应当定期统计分析本行政区域内发生生产安全事故的情况,并定期向社会公布。

第六章 法律责任

第八十七条 负有安全生产监督管理职责的部门的工作人员,有下列行为之一的,给予降级或者撤职的处分;构成犯罪的,依照刑法有关规定追究刑事责任:

(一)对不符合法定安全生产条件的涉及安全生产的事项予以批准或者验收通过的;

(二)发现未依法取得批准、验收的单位擅自从事有关活动或者接到举报后不予取缔或者不依法予以处理的;

(三)对已经依法取得批准的单位不履行监督管理职责,发现其不再具备安全生产条件而不撤销原批准或者发现安全生产违法行为不予查处的;

(四)在监督检查中发现重大事故隐患,不依法及时处理的。

负有安全生产监督管理职责的部门的工作人员有前款规定以外的滥用职权、玩忽职守、徇私舞弊行为的,依法给予处分;构成犯罪的,依照刑法有关规定追究刑事责任。

第八十八条 负有安全生产监督管理职责的部门,要求被审查、验收的单位购买其指定的安全设备、器材或者其他产品的,在对安全生产事项的审查、验收中收取费用的,由其上级机关或者监察机关责令改正,责令退还收取的费用;情节严重的,对直接负责的主管人员和其他直接责任人员依法给予处分。

第八十九条 承担安全评价、认证、检测、检验工作的机构,出具虚假证明的,没收违法所得;违法所得在十万元以上的,并处违法所得二倍以上五倍以下的罚款;没有违法所得或者违法所得不足十万元的,单处或者并处十万元以上二十万元以下的罚款;对其直接负责的主管人员和其他直接责任人员处二万元以上五万元以下的罚款;给他人造成损害的,与生产经营单位承担连带赔偿责任;构成犯罪的,依照刑法有关规定追究刑事责任。

对有前款违法行为的机构,吊销其相应资质。

第九十条 生产经营单位的决策机构、主要负责人或者个人经营的投资人不依照本法规定保证安全生产所必需的资金投入,致使生产经营单位不具备安全生产条件的,责令限期改正,提供必需的资金;逾期未改正的,责令生产经营单位停产停业整顿。

有前款违法行为,导致发生生产安全事故的,对生产经营单位的主要负责人给予撤职处分,对个人经营的投资人处二万元以上二十万元以下的罚款;构成犯罪的,依照刑法有关规定追究刑事责任。

第九十一条 生产经营单位的主要负责人未履行本法规定的安全生产管理职责的,责令限期改正;逾期未改正的,处二万元以上五万元以下的罚款,责令生产经营单位停产停业整顿。

生产经营单位的主要负责人有前款违法行为,导致发生生产安全事故的,给予撤职处分;构成犯罪的,依照刑法有关规定追究刑事责任。

生产经营单位的主要负责人依照前款规定受刑事处罚或者撤职处分的,自刑罚执行完毕或者受处分之日起,五年内不得担任任何生产经营单位的主要负责人;对重大、特别重大生产安全事故负有责任的,终身不得担任本行业生产经营单位的主要负责人。

第九十二条 生产经营单位的主要负责人未履行本法规定的安全生产管理职责,导致发生生产安全事故的,由安全生产监督管理部门依照下列规定处以罚款:

(一)发生一般事故的,处上一年年收入百分之三十的罚款;

(二)发生较大事故的,处上一年年收入百分之四十的罚款;

(三)发生重大事故的,处上一年年收入百分之六十的罚款;

(四)发生特别重大事故的,处上一年年收入百分之八十的罚款。

第九十三条 生产经营单位的安全生产管理人员未履行本法规定的安全生产管理职责的,责令限期改正;导致发生生产安全事故的,暂停或者撤销其与安全生产有关的资格;构成犯罪的,依照刑法有关规定追究刑事责任。

第九十四条 生产经营单位有下列行为之一的,责令限期改正,可以处五万元以下的罚款;逾期未改正的,责令停产停业整顿,并处五万元以上十万元以下的罚款,对其直接负责的主管人员和其他直接责任人员处一万元以上二万元以下的罚款:

(一)未按照规定设置安全生产管理机构或者配备安全生产管理人员的;

(二)危险物品的生产、经营、储存单位以及矿山、金属冶炼、建筑施工、道路运输单位的主要负责人和安全生产管理人员未按照规定经考核合格的;

(三)未按照规定对从业人员、被派遣劳动者、实习学生进行安全生产教育和培训,或者未按照规定如实告知有关的安全生产事项的;

(四)未如实记录安全生产教育和培训情况的;

(五)未将事故隐患排查治理情况如实记录或者未向从业人员通报的;

(六)未按照规定制定生产安全事故应急救援预案或者未定期组织演练的;

(七)特种作业人员未按照规定经专门的安全作业培训并取得相应资格,上岗作业的。

第九十五条 生产经营单位有下列行为之一的,责令停止建设或者停产停业整顿,限期改正;逾期未改正的,处五十万元以上一百万元以下的罚款,对其直接负责的主管人员和其他直接责任人员处二万元以上五万元以下的罚款;构成犯罪的,依照刑法有关规定追究刑事责任:

(一)未按照规定对矿山、金属冶炼建设项目或者用于生产、储存、装卸危险物品的建设项目进行安全评价的;

(二)矿山、金属冶炼建设项目或者用于生产、储存、装卸危险物品的建设项目没有安全设施设计或者安全设施设计未按照规定报经有关部门审查同意的;

(三)矿山、金属冶炼建设项目或者用于生产、储存、装卸危险物品的建设项目的施工单位未按照批准的安全设施设计施工的;

(四)矿山、金属冶炼建设项目或者用于生产、储存危险物品的建设项目竣工投入生产或者使用前,安全设施未经验收合格的。

第九十六条 生产经营单位有下列行为之一的,责令限期改正,可以处五万元以下的罚款;逾期未改正的,处五万元以上二十万元以下的罚款,对其直接负责的主管人员和其他直接责任人员处一万元以上二万元以下的罚款;情节严重的,责令停产停业整顿;构成犯罪的,依照刑法有关规定追究刑事责任:

(一)未在有较大危险因素的生产经营场所和有关设施、设备上设置明显的安全警示标志的;

(二)安全设备的安装、使用、检测、改造和报废不符合国家标准或者行业标准的;

(三)未对安全设备进行经常性维护、保养和定期检测的;

(四)未为从业人员提供符合国家标准或者行业标准的劳动防护用品的;

(五)危险物品的容器、运输工具,以及涉及人身安全、危险性较大的海洋石油开采特种设备和矿山井下特种设备未经具有专业资质的机构检测、检验合格,取得安全使用证或者安全标志,投入使用的;

(六)使用应当淘汰的危及生产安全的工艺、设备的。

第九十七条 未经依法批准,擅自生产、经营、运输、储存、使用危险物品或者处置废弃危险物品的,依照有关危险物品安全管理的法律、行政法规的规定予以处罚;构成犯罪的,依照刑法有关规定追究刑事责任。

第九十八条 生产经营单位有下列行为之一的,责令限期改正,可以处十万元以下的罚款;逾期未改正的,责令停产停业整顿,并处十万元以上二十万元以下的罚款,对其直接负责的主管人员和其他直接责任人员处二万元以上五万元以下的罚款;构成犯罪的,依照刑法有关规定追究刑事责任:

(一)生产、经营、运输、储存、使用危险物品或者处置废弃危险物品,未建立专门安全管理制度、未采取可靠的安全措施的;

(二)对重大危险源未登记建档,或者未进行评估、监控,或者未制定应急预案的;

(三)进行爆破、吊装以及国务院安全生产监督管理部门会同国务院有关部门规定的其他危险作业,未安排专门人员进行现场安全管理的;

(四)未建立事故隐患排查治理制度的。

第九十九条 生产经营单位未采取措施消除事故隐患的，责令立即消除或者限期消除；生产经营单位拒不执行的，责令停产停业整顿，并处十万元以上五十万元以下的罚款，对其直接负责的主管人员和其他直接责任人员处二万元以上五万元以下的罚款。

第一百条 生产经营单位将生产经营项目、场所、设备发包或者出租给不具备安全生产条件或者相应资质的单位或者个人的，责令限期改正，没收违法所得；违法所得十万元以上的，并处违法所得二倍以上五倍以下的罚款；没有违法所得或者违法所得不足十万元的，单处或者并处十万元以上二十万元以下的罚款；对其直接负责的主管人员和其他直接责任人员处一万元以上二万元以下的罚款；导致发生生产安全事故给他人造成损害的，与承包方、承租方承担连带赔偿责任。

生产经营单位未与承包单位、承租单位签订专门的安全生产管理协议或者未在承包合同、租赁合同中明确各自的安全生产管理职责，或者未对承包单位、承租单位的安全生产统一协调、管理的，责令限期改正，可以处五万元以下的罚款，对其直接负责的主管人员和其他直接责任人员可以处一万元以下的罚款；逾期未改正的，责令停产停业整顿。

第一百零一条 两个以上生产经营单位在同一作业区域内进行可能危及对方安全生产的生产经营活动，未签订安全生产管理协议或者未指定专职安全生产管理人员进行安全检查与协调的，责令限期改正，可以处五万元以下的罚款，对其直接负责的主管人员和其他直接责任人员可以处一万元以下的罚款；逾期未改正的，责令停产停业。

第一百零二条 生产经营单位有下列行为之一的，责令限期改正，可以处五万元以下的罚款，对其直接负责的主管人员和其他直接责任人员可以处一万元以下的罚款；逾期未改正的，责令停产停业整顿；构成犯罪的，依照刑法有关规定追究刑事责任：

(一)生产、经营、储存、使用危险物品的车间、商店、仓库与员工宿舍在同一座建筑内，或者与员工宿舍的距离不符合安全要求的；

(二)生产经营场所和员工宿舍未设有符合紧急疏散需要、标志明显、保持畅通的出口，或者锁闭、封堵生产经营场所或者员工宿舍出口的。

第一百零三条 生产经营单位与从业人员订立协议，免除或者减轻其对从业人员因生产安全事故伤亡依法应承担的责任的，该协议无效；对生产经营单位的主要负责人、个人经营的投资人处二万元以上十万元以下的罚款。

第一百零四条 生产经营单位的从业人员不服从管理，违反安全生产规章制度或者操作规程的，由生产经营单位给予批评教育，依照有关规章制度给予处分；构成犯罪的，依照刑法有关规定追究刑事责任。

第一百零五条 违反本法规定，生产经营单位拒绝、阻碍负有安全生产监督管理职责的部门依法实施监督检查的，责令改正；拒不改正的，处二万元以上二十万元以下的罚款；对其直接负责的主管人员和其他直接责任人员处一万元以上二万元以下的罚款；构成犯罪的，依照刑法有关规定追究刑事责任。

第一百零六条 生产经营单位的主要负责人在本单位发生生产安全事故时，不立即组织抢救或者在事故调查处理期间擅离职守或者逃匿的，给予降级、撤职的处分，并由安全生产监督管理部门处上一年年收入百分之六十至百分之一百的罚款；对逃匿的处十五日以下拘留；构成犯罪的，依照刑法有关规定追究刑事责任。

生产经营单位的主要负责人对生产安全事故隐瞒不报、谎报或者迟报的,依照前款规定处罚。

第一百零七条 有关地方人民政府、负有安全生产监督管理职责的部门,对生产安全事故隐瞒不报、谎报或者迟报的,对直接负责的主管人员和其他直接责任人员依法给予处分;构成犯罪的,依照刑法有关规定追究刑事责任。

第一百零八条 生产经营单位不具备本法和其他有关法律、行政法规和国家标准或者行业标准规定的安全生产条件,经停产停业整顿仍不具备安全生产条件的,予以关闭;有关部门应当依法吊销其有关证照。

第一百零九条 发生生产安全事故,对负有责任的生产经营单位除要求其依法承担相应的赔偿等责任外,由安全生产监督管理部门依照下列规定处以罚款:

(一)发生一般事故的,处二十万元以上五十万元以下的罚款;

(二)发生较大事故的,处五十万元以上一百万元以下的罚款;

(三)发生重大事故的,处一百万元以上五百万元以下的罚款;

(四)发生特别重大事故的,处五百万元以上一千万元以下的罚款;情节特别严重的,处一千万元以上二千万元以下的罚款。

第一百一十条 本法规定的行政处罚,由安全生产监督管理部门和其他负有安全生产监督管理职责的部门按照职责分工决定。予以关闭的行政处罚由负有安全生产监督管理职责的部门报请县级以上人民政府按照国务院规定的权限决定;给予拘留的行政处罚由公安机关依照治安管理处罚法的规定决定。

第一百一十一条 生产经营单位发生生产安全事故造成人员伤亡、他人财产损失的,应当依法承担赔偿责任;拒不承担或者其负责人逃匿的,由人民法院依法强制执行。

生产安全事故的责任人未依法承担赔偿责任,经人民法院依法采取执行措施后,仍不能对受害人给予足额赔偿的,应当继续履行赔偿义务;受害人发现责任人有其他财产的,可以随时请求人民法院执行。

第七章 附 则

第一百一十二条 本法下列用语的含义:

危险物品,是指易燃易爆物品、危险化学品、放射性物品等能够危及人身安全和财产安全的物品。

重大危险源,是指长期地或者临时地生产、搬运、使用或者储存危险物品,且危险物品的数量等于或者超过临界量的单元(包括场所和设施)。

第一百一十三条 本法规定的生产安全一般事故、较大事故、重大事故、特别重大事故的划分标准由国务院规定。

国务院安全生产监督管理部门和其他负有安全生产监督管理职责的部门应当根据各自的职责分工,制定相关行业、领域重大事故隐患的判定标准。

第一百一十四条 本法自 2002 年 11 月 1 日起施行。

中华人民共和国道路交通安全法

（2003 年 10 月 28 日第十届全国人民代表大会常务委员会第五次会议通过；2007 年 12 月29 日第十届全国人民代表大会常务委员会第三十一次会议第一次修改；2011 年 4 月 22 日第十一届全国人民代表大会常务委员会第二十次会议第二次修改）

第一章　总　　则

第一条　为了维护道路交通秩序，预防和减少交通事故，保护人身安全，保护公民、法人和其他组织的财产安全及其他合法权益，提高通行效率，制定本法。

第二条　中华人民共和国境内的车辆驾驶人、行人、乘车人以及与道路交通活动有关的单位和个人，都应当遵守本法。

第三条　道路交通安全工作，应当遵循依法管理、方便群众的原则，保障道路交通有序、安全、畅通。

第四条　各级人民政府应当保障道路交通安全管理工作与经济建设和社会发展相适应。

县级以上地方各级人民政府应当适应道路交通发展的需要，依据道路交通安全法律、法规和国家有关政策，制定道路交通安全管理规划，并组织实施。

第五条　国务院公安部门负责全国道路交通安全管理工作。县级以上地方各级人民政府公安机关交通管理部门负责本行政区域内的道路交通安全管理工作。

县级以上各级人民政府交通、建设管理部门依据各自职责，负责有关的道路交通工作。

第六条　各级人民政府应当经常进行道路交通安全教育，提高公民的道路交通安全意识。公安机关交通管理部门及其交通警察执行职务时，应当加强道路交通安全法律、法规的宣传，并模范遵守道路交通安全法律、法规。

机关、部队、企业事业单位、社会团体以及其他组织，应当对本单位的人员进行道路交通安全教育。

教育行政部门、学校应当将道路交通安全教育纳入法制教育的内容。

新闻、出版、广播、电视等有关单位，有进行道路交通安全教育的义务。

第七条　对道路交通安全管理工作，应当加强科学研究，推广、使用先进的管理方法、技术、设备。

第二章　车辆和驾驶人

第一节　机动车、非机动车

第八条　国家对机动车实行登记制度。机动车经公安机关交通管理部门登记后，方可上道路行驶。尚未登记的机动车,需要临时上道路行驶的,应当取得临时通行牌证。

第九条 申请机动车登记,应当提交以下证明、凭证:

(一)机动车所有人的身份证明;

(二)机动车来历证明;

(三)机动车整车出厂合格证明或者进口机动车进口凭证;

(四)车辆购置税的完税证明或者免税凭证;

(五)法律、行政法规规定应当在机动车登记时提交的其他证明、凭证。

公安机关交通管理部门应当自受理申请之日起五个工作日内完成机动车登记审查工作,对符合前款规定条件的,应当发放机动车登记证书、号牌和行驶证;对不符合前款规定条件的,应当向申请人说明不予登记的理由。

公安机关交通管理部门以外的任何单位或者个人不得发放机动车号牌或者要求机动车悬挂其他号牌,本法另有规定的除外。

机动车登记证书、号牌、行驶证的式样由国务院公安部门规定并监制。

第十条 准予登记的机动车应当符合机动车国家安全技术标准。申请机动车登记时,应当接受对该机动车的安全技术检验。但是,经国家机动车产品主管部门依据机动车国家安全技术标准认定的企业生产的机动车型,该车型的新车在出厂时经检验符合机动车国家安全技术标准,获得检验合格证的,免予安全技术检验。

第十一条 驾驶机动车上道路行驶,应当悬挂机动车号牌,放置检验合格标志、保险标志,并随车携带机动车行驶证。

机动车号牌应当按照规定悬挂并保持清晰、完整,不得故意遮挡、污损。

任何单位和个人不得收缴、扣留机动车号牌。

第十二条 有下列情形之一的,应当办理相应的登记:

(一)机动车所有权发生转移的;

(二)机动车登记内容变更的;

(三)机动车用作抵押的;

(四)机动车报废的。

第十三条 对登记后上道路行驶的机动车,应当依照法律、行政法规的规定,根据车辆用途、载客载货数量、使用年限等不同情况,定期进行安全技术检验。对提供机动车行驶证和机动车第三者责任强制保险单的,机动车安全技术检验机构应当予以检验,任何单位不得附加其他条件。对符合机动车国家安全技术标准的,公安机关交通管理部门应当发给检验合格标志。

对机动车的安全技术检验实行社会化。具体办法由国务院规定。

机动车安全技术检验实行社会化的地方,任何单位不得要求机动车到指定的场所进行检验。

公安机关交通管理部门、机动车安全技术检验机构不得要求机动车到指定的场所进行维修、保养。

机动车安全技术检验机构对机动车检验收取费用,应当严格执行国务院价格主管部门核定的收费标准。

第十四条 国家实行机动车强制报废制度，根据机动车的安全技术状况和不同用途，规定不同的报废标准。

应当报废的机动车必须及时办理注销登记。

达到报废标准的机动车不得上道路行驶。报废的大型客、货车及其他营运车辆应当在公安机关交通管理部门的监督下解体。

第十五条 警车、消防车、救护车、工程救险车应当按照规定喷涂标志图案，安装警报器、标志灯具。其他机动车不得喷涂、安装、使用上述车辆专用的或者与其相类似的标志图案、警报器或者标志灯具。

警车、消防车、救护车、工程救险车应当严格按照规定的用途和条件使用。

公路监督检查的专用车辆，应当依照公路法的规定，设置统一的标志和示警灯。

第十六条 任何单位或者个人不得有下列行为：

（一）拼装机动车或者擅自改变机动车已登记的结构、构造或者特征；

（二）改变机动车型号、发动机号、车架号或者车辆识别代号；

（三）伪造、变造或者使用伪造、变造的机动车登记证书、号牌、行驶证、检验合格标志、保险标志；

（四）使用其他机动车的登记证书、号牌、行驶证、检验合格标志、保险标志。

第十七条 国家实行机动车第三者责任强制保险制度，设立道路交通事故社会救助基金。具体办法由国务院规定。

第十八条 依法应当登记的非机动车，经公安机关交通管理部门登记后，方可上道路行驶。

依法应当登记的非机动车的种类，由省、自治区、直辖市人民政府根据当地实际情况规定。

非机动车的外形尺寸、质量、制动器、车铃和夜间反光装置，应当符合非机动车安全技术标准。

第二节 机动车驾驶人

第十九条 驾驶机动车，应当依法取得机动车驾驶证。

申请机动车驾驶证，应当符合国务院公安部门规定的驾驶许可条件；经考试合格后，由公安机关交通管理部门发给相应类别的机动车驾驶证。

持有境外机动车驾驶证的人，符合国务院公安部门规定的驾驶许可条件，经公安机关交通管理部门考核合格的，可以发给中国的机动车驾驶证。

驾驶人应当按照驾驶证载明的准驾车型驾驶机动车；驾驶机动车时，应当随身携带机动车驾驶证。

公安机关交通管理部门以外的任何单位或者个人，不得收缴、扣留机动车驾驶证。

第二十条 机动车的驾驶培训实行社会化，由交通主管部门对驾驶培训学校、驾驶培训班实行资格管理，其中专门的拖拉机驾驶培训学校、驾驶培训班由农业（农业机械）主管部门实行资格管理。

驾驶培训学校、驾驶培训班应当严格按照国家有关规定，对学员进行道路交通安全法律、法规、驾驶技能的培训,确保培训质量。

任何国家机关以及驾驶培训和考试主管部门不得举办或者参与举办驾驶培训学校、驾驶培训班。

第二十一条 驾驶人驾驶机动车上道路行驶前,应当对机动车的安全技术性能进行认真检查;不得驾驶安全设施不全或者机件不符合技术标准等具有安全隐患的机动车。

第二十二条 机动车驾驶人应当遵守道路交通安全法律、法规的规定,按照操作规范安全驾驶、文明驾驶。

饮酒、服用国家管制的精神药品或者麻醉药品,或者患有妨碍安全驾驶机动车的疾病,或者过度疲劳影响安全驾驶的,不得驾驶机动车。

任何人不得强迫、指使、纵容驾驶人违反道路交通安全法律、法规和机动车安全驾驶要求驾驶机动车。

第二十三条 公安机关交通管理部门依照法律、行政法规的规定,定期对机动车驾驶证实施审验。

第二十四条 公安机关交通管理部门对机动车驾驶人违反道路交通安全法律、法规的行为,除依法给予行政处罚外,实行累积记分制度。公安机关交通管理部门对累积记分达到规定分值的机动车驾驶人,扣留机动车驾驶证,对其进行道路交通安全法律、法规教育,重新考试;考试合格的,发还其机动车驾驶证。

对遵守道路交通安全法律、法规,在一年内无累积记分的机动车驾驶人,可以延长机动车驾驶证的审验期。具体办法由国务院公安部门规定。

第三章　道路通行条件

第二十五条 全国实行统一的道路交通信号。

交通信号包括交通信号灯、交通标志、交通标线和交通警察的指挥。

交通信号灯、交通标志、交通标线的设置应当符合道路交通安全、畅通的要求和国家标准,并保持清晰、醒目、准确、完好。

根据通行需要,应当及时增设、调换、更新道路交通信号。增设、调换、更新限制性的道路交通信号,应当提前向社会公告,广泛进行宣传。

第二十六条 交通信号灯由红灯、绿灯、黄灯组成。红灯表示禁止通行,绿灯表示准许通行,黄灯表示警示。

第二十七条 铁路与道路平面交叉的道口,应当设置警示灯、警示标志或者安全防护设施。无人看守的铁路道口,应当在距道口一定距离处设置警示标志。

第二十八条 任何单位和个人不得擅自设置、移动、占用、损毁交通信号灯、交通标志、交通标线。

道路两侧及隔离带上种植的树木或者其他植物,设置的广告牌、管线等,应当与交通设施保持必要的距离,不得遮挡路灯、交通信号灯、交通标志,不得妨碍安全视距,不得影响通行。

第二十九条 道路、停车场和道路配套设施的规划、设计、建设,应当符合道路交通安全、畅通的要求,并根据交通需求及时调整。

公安机关交通管理部门发现已经投入使用的道路存在交通事故频发路段，或者停车场、道路配套设施存在交通安全严重隐患的，应当及时向当地人民政府报告，并提出防范交通事故、消除隐患的建议，当地人民政府应当及时作出处理决定。

第三十条 道路出现坍塌、坑槽、水毁、隆起等损毁或者交通信号灯、交通标志、交通标线等交通设施损毁、灭失的，道路、交通设施的养护部门或者管理部门应当设置警示标志并及时修复。

公安机关交通管理部门发现前款情形，危及交通安全，尚未设置警示标志的，应当及时采取安全措施，疏导交通，并通知道路、交通设施的养护部门或者管理部门。

第三十一条 未经许可，任何单位和个人不得占用道路从事非交通活动。

第三十二条 因工程建设需要占用、挖掘道路，或者跨越、穿越道路架设、增设管线设施，应当事先征得道路主管部门的同意；影响交通安全的，还应当征得公安机关交通管理部门的同意。

施工作业单位应当在经批准的路段和时间内施工作业，并在距离施工作业地点来车方向安全距离处设置明显的安全警示标志，采取防护措施；施工作业完毕，应当迅速清除道路上的障碍物，消除安全隐患，经道路主管部门和公安机关交通管理部门验收合格，符合通行要求后，方可恢复通行。

对未中断交通的施工作业道路，公安机关交通管理部门应当加强交通安全监督检查，维护道路交通秩序。

第三十三条 新建、改建、扩建的公共建筑、商业街区、居住区、大(中)型建筑等，应当配建、增建停车场；停车泊位不足的，应当及时改建或者扩建；投入使用的停车场不得擅自停止使用或者改作他用。

在城市道路范围内，在不影响行人、车辆通行的情况下，政府有关部门可以施划停车泊位。

第三十四条 学校、幼儿园、医院、养老院门前的道路没有行人过街设施的，应当施划人行横道线，设置提示标志。

城市主要道路的人行道，应当按照规划设置盲道。盲道的设置应当符合国家标准。

第四章 道路通行规定

第一节 一般规定

第三十五条 机动车、非机动车实行右侧通行。

第三十六条 根据道路条件和通行需要，道路划分为机动车道、非机动车道和人行道的，机动车、非机动车、行人实行分道通行。没有划分机动车道、非机动车道和人行道的，机动车在道路中间通行，非机动车和行人在道路两侧通行。

第三十七条 道路划设专用车道的，在专用车道内，只准许规定的车辆通行，其他车辆不得进入专用车道内行驶。

第三十八条 车辆、行人应当按照交通信号通行；遇有交通警察现场指挥时，应当按照交通警察的指挥通行；在没有交通信号的道路上，应当在确保安全、畅通的原则下通行。

第三十九条 公安机关交通管理部门根据道路和交通流量的具体情况,可以对机动车、非机动车、行人采取疏导、限制通行、禁止通行等措施。遇有大型群众性活动、大范围施工等情况,需要采取限制交通的措施,或者作出与公众的道路交通活动直接有关的决定,应当提前向社会公告。

第四十条 遇有自然灾害、恶劣气象条件或者重大交通事故等严重影响交通安全的情形,采取其他措施难以保证交通安全时,公安机关交通管理部门可以实行交通管制。

第四十一条 有关道路通行的其他具体规定,由国务院规定。

第二节 机动车通行规定

第四十二条 机动车上道路行驶,不得超过限速标志标明的最高时速。在没有限速标志的路段,应当保持安全车速。

夜间行驶或者在容易发生危险的路段行驶,以及遇有沙尘、冰雹、雨、雪、雾、结冰等气象条件时,应当降低行驶速度。

第四十三条 同车道行驶的机动车,后车应当与前车保持足以采取紧急制动措施的安全距离。有下列情形之一的,不得超车:

(一)前车正在左转弯、掉头、超车的;

(二)与对面来车有会车可能的;

(三)前车为执行紧急任务的警车、消防车、救护车、工程救险车的;

(四)行经铁路道口、交叉路口、窄桥、弯道、陡坡、隧道、人行横道、市区交通流量大的路段等没有超车条件的。

第四十四条 机动车通过交叉路口,应当按照交通信号灯、交通标志、交通标线或者交通警察的指挥通过;通过没有交通信号灯、交通标志、交通标线或者交通警察指挥的交叉路口时,应当减速慢行,并让行人和优先通行的车辆先行。

第四十五条 机动车遇有前方车辆停车排队等候或者缓慢行驶时,不得借道超车或者占用对面车道,不得穿插等候的车辆。

在车道减少的路段、路口,或者在没有交通信号灯、交通标志、交通标线或者交通警察指挥的交叉路口遇到停车排队等候或者缓慢行驶时,机动车应当依次交替通行。

第四十六条 机动车通过铁路道口时,应当按照交通信号或者管理人员的指挥通行;没有交通信号或者管理人员的,应当减速或者停车,在确认安全后通过。

第四十七条 机动车行经人行横道时,应当减速行驶;遇行人正在通过人行横道,应当停车让行。

机动车行经没有交通信号的道路时,遇行人横过道路,应当避让。

第四十八条 机动车载物应当符合核定的载质量,严禁超载;载物的长、宽、高不得违反装载要求,不得遗洒、飘散载运物。

机动车运载超限的不可解体的物品,影响交通安全的,应当按照公安机关交通管理部门指定的时间、路线、速度行驶,悬挂明显标志。在公路上运载超限的不可解体的物品,并应当依照公路法的规定执行。

机动车载运爆炸物品、易燃易爆化学物品以及剧毒、放射性等危险物品,应当经公安机关批准后，按指定的时间、路线、速度行驶，悬挂警示标志并采取必要的安全措施。

第四十九条 机动车载人不得超过核定的人数，客运机动车不得违反规定载货。

第五十条 禁止货运机动车载客。

货运机动车需要附载作业人员的，应当设置保护作业人员的安全措施。

第五十一条 机动车行驶时，驾驶人、乘坐人员应当按规定使用安全带，摩托车驾驶人及乘坐人员应当按规定戴安全头盔。

第五十二条 机动车在道路上发生故障，需要停车排除故障时，驾驶人应当立即开启危险报警闪光灯，将机动车移至不妨碍交通的地方停放；难以移动的，应当持续开启危险报警闪光灯，并在来车方向设置警告标志等措施扩大示警距离，必要时迅速报警。

第五十三条 警车、消防车、救护车、工程救险车执行紧急任务时，可以使用警报器、标志灯具；在确保安全的前提下，不受行驶路线、行驶方向、行驶速度和信号灯的限制，其他车辆和行人应当让行。

警车、消防车、救护车、工程救险车非执行紧急任务时，不得使用警报器、标志灯具，不享有前款规定的道路优先通行权。

第五十四条 道路养护车辆、工程作业车进行作业时，在不影响过往车辆通行的前提下，其行驶路线和方向不受交通标志、标线限制，过往车辆和人员应当注意避让。

洒水车、清扫车等机动车应当按照安全作业标准作业；在不影响其他车辆通行的情况下，可以不受车辆分道行驶的限制，但是不得逆向行驶。

第五十五条 高速公路、大中城市中心城区内的道路，禁止拖拉机通行。其他禁止拖拉机通行的道路，由省、自治区、直辖市人民政府根据当地实际情况规定。

在允许拖拉机通行的道路上，拖拉机可以从事货运，但是不得用于载人。

第五十六条 机动车应当在规定地点停放。禁止在人行道上停放机动车；但是，依照本法第三十三条规定施划的停车泊位除外。

在道路上临时停车的，不得妨碍其他车辆和行人通行。

第三节 非机动车通行规定

第五十七条 驾驶非机动车在道路上行驶应当遵守有关交通安全的规定。非机动车应当在非机动车道内行驶；在没有非机动车道的道路上，应当靠车行道的右侧行驶。

第五十八条 残疾人机动轮椅车、电动自行车在非机动车道内行驶时，最高时速不得超过十五公里。

第五十九条 非机动车应当在规定地点停放。未设停放地点的，非机动车停放不得妨碍其他车辆和行人通行。

第六十条 驾驭畜力车，应当使用驯服的牲畜；驾驭畜力车横过道路时，驾驭人应当下车牵引牲畜；驾驭人离开车辆时，应当拴系牲畜。

第四节 行人和乘车人通行规定

第六十一条 行人应当在人行道内行走，没有人行道的靠路边行走。

第六十二条 行人通过路口或者横过道路，应当走人行横道或者过街设施；通过有交通信号灯的人行横道,应当按照交通信号灯指示通行;通过没有交通信号灯、人行横道的路口,或者在没有过街设施的路段横过道路,应当在确认安全后通过。

第六十三条 行人不得跨越、倚坐道路隔离设施,不得扒车、强行拦车或者实施妨碍道路交通安全的其他行为。

第六十四条 学龄前儿童以及不能辨认或者不能控制自己行为的精神疾病患者、智力障碍者在道路上通行,应当由其监护人、监护人委托的人或者对其负有管理、保护职责的人带领。盲人在道路上通行,应当使用盲杖或者采取其他导盲手段,车辆应当避让盲人。

第六十五条 行人通过铁路道口时,应当按照交通信号或者管理人员的指挥通行;没有交通信号和管理人员的,应当在确认无火车驶临后,迅速通过。

第六十六条 乘车人不得携带易燃易爆等危险物品,不得向车外抛洒物品,不得有影响驾驶人安全驾驶的行为。

第五节 高速公路的特别规定

第六十七条 行人、非机动车、拖拉机、轮式专用机械车、铰接式客车、全挂拖斗车以及其他设计最高时速低于七十公里的机动车,不得进入高速公路。高速公路限速标志标明的最高时速不得超过一百二十公里。

第六十八条 机动车在高速公路上发生故障时,应当依照本法第五十二条的有关规定办理;但是,警告标志应当设置在故障车来车方向一百五十米以外,车上人员应当迅速转移到右侧路肩上或者应急车道内,并且迅速报警。

机动车在高速公路上发生故障或者交通事故,无法正常行驶的,应当由救援车、清障车拖曳、牵引。

第六十九条 任何单位、个人不得在高速公路上拦截检查行驶的车辆,公安机关的人民警察依法执行紧急公务除外。

第五章 交通事故处理

第七十条 在道路上发生交通事故,车辆驾驶人应当立即停车,保护现场;造成人身伤亡的,车辆驾驶人应当立即抢救受伤人员,并迅速报告执勤的交通警察或者公安机关交通管理部门。因抢救受伤人员变动现场的,应当标明位置。乘车人、过往车辆驾驶人、过往行人应当予以协助。

在道路上发生交通事故,未造成人身伤亡,当事人对事实及成因无争议的,可以即行撤离现场,恢复交通,自行协商处理损害赔偿事宜;不即行撤离现场的,应当迅速报告执勤的交通警察或者公安机关交通管理部门。

在道路上发生交通事故,仅造成轻微财产损失,并且基本事实清楚的,当事人应当先撤离现场再进行协商处理。

第七十一条 车辆发生交通事故后逃逸的,事故现场目击人员和其他知情人员应当向公安机关交通管理部门或者交通警察举报。举报属实的,公安机关交通管理部门应当给予奖励。

第七十二条 公安机关交通管理部门接到交通事故报警后,应当立即派交通警察赶赴现场,先组织抢救受伤人员,并采取措施,尽快恢复交通。

交通警察应当对交通事故现场进行勘验、检查,收集证据;因收集证据的需要,可以扣留事故车辆,但是应当妥善保管,以备核查。

对当事人的生理、精神状况等专业性较强的检验,公安机关交通管理部门应当委托专门机构进行鉴定。鉴定结论应当由鉴定人签名。

第七十三条 公安机关交通管理部门应当根据交通事故现场勘验、检查、调查情况和有关的检验、鉴定结论,及时制作交通事故认定书,作为处理交通事故的证据。交通事故认定书应当载明交通事故的基本事实、成因和当事人的责任,并送达当事人。

第七十四条 对交通事故损害赔偿的争议,当事人可以请求公安机关交通管理部门调解,也可以直接向人民法院提起民事诉讼。

经公安机关交通管理部门调解,当事人未达成协议或者调解书生效后不履行的,当事人可以向人民法院提起民事诉讼。

第七十五条 医疗机构对交通事故中的受伤人员应当及时抢救,不得因抢救费用未及时支付而拖延救治。肇事车辆参加机动车第三者责任强制保险的,由保险公司在责任限额范围内支付抢救费用;抢救费用超过责任限额的,未参加机动车第三者责任强制保险或者肇事后逃逸的,由道路交通事故社会救助基金先行垫付部分或者全部抢救费用,道路交通事故社会救助基金管理机构有权向交通事故责任人追偿。

第七十六条 机动车发生交通事故造成人身伤亡、财产损失的,由保险公司在机动车第三者责任强制保险责任限额范围内予以赔偿;不足的部分,按照下列规定承担赔偿责任:

(一)机动车之间发生交通事故的,由有过错的一方承担赔偿责任;双方都有过错的,按照各自过错的比例分担责任。

(二)机动车与非机动车驾驶人、行人之间发生交通事故,非机动车驾驶人、行人没有过错的,由机动车一方承担赔偿责任;有证据证明非机动车驾驶人、行人有过错的,根据过错程度适当减轻机动车一方的赔偿责任;机动车一方没有过错的,承担不超过百分之十的赔偿责任。

交通事故的损失是由非机动车驾驶人、行人故意碰撞机动车造成的,机动车一方不承担赔偿责任。

第七十七条 车辆在道路以外通行时发生的事故,公安机关交通管理部门接到报案的,参照本法有关规定办理。

第六章 执法监督

第七十八条 公安机关交通管理部门应当加强对交通警察的管理,提高交通警察的素质和管理道路交通的水平。

公安机关交通管理部门应当对交通警察进行法制和交通安全管理业务培训、考核。交通警察经考核不合格的,不得上岗执行职务。

第七十九条 公安机关交通管理部门及其交通警察实施道路交通安全管理,应当依据法定的职权和程序,简化办事手续,做到公正、严格、文明、高效。

第八十条 交通警察执行职务时,应当按照规定着装,佩戴人民警察标志,持有人民警察证件,保持警容严整,举止端庄,指挥规范。

第八十一条 依照本法发放牌证等收取工本费,应当严格执行国务院价格主管部门核定的收费标准,并全部上缴国库。

第八十二条 公安机关交通管理部门依法实施罚款的行政处罚,应当依照有关法律、行政法规的规定,实施罚款决定与罚款收缴分离;收缴的罚款以及依法没收的违法所得,应当全部上缴国库。

第八十三条 交通警察调查处理道路交通安全违法行为和交通事故,有下列情形之一的,应当回避:

(一)是本案的当事人或者当事人的近亲属;

(二)本人或者其近亲属与本案有利害关系;

(三)与本案当事人有其他关系,可能影响案件的公正处理。

第八十四条 公安机关交通管理部门及其交通警察的行政执法活动,应当接受行政监察机关依法实施的监督。

公安机关督察部门应当对公安机关交通管理部门及其交通警察执行法律、法规和遵守纪律的情况依法进行监督。

上级公安机关交通管理部门应当对下级公安机关交通管理部门的执法活动进行监督。

第八十五条 公安机关交通管理部门及其交通警察执行职务,应当自觉接受社会和公民的监督。

任何单位和个人都有权对公安机关交通管理部门及其交通警察不严格执法以及违法违纪行为进行检举、控告。收到检举、控告的机关,应当依据职责及时查处。

第八十六条 任何单位不得给公安机关交通管理部门下达或者变相下达罚款指标;公安机关交通管理部门不得以罚款数额作为考核交通警察的标准。

公安机关交通管理部门及其交通警察对超越法律、法规规定的指令,有权拒绝执行,并同时向上级机关报告。

第七章 法律责任

第八十七条 公安机关交通管理部门及其交通警察对道路交通安全违法行为,应当及时纠正。

公安机关交通管理部门及其交通警察应当依据事实和本法的有关规定对道路交通安全违法行为予以处罚。对于情节轻微,未影响道路通行的,指出违法行为,给予口头警告后放行。

第八十八条 对道路交通安全违法行为的处罚种类包括:警告、罚款、暂扣或者吊销机动车驾驶证、拘留。

第八十九条 行人、乘车人、非机动车驾驶人违反道路交通安全法律、法规关于道路通行规定的,处警告或者五元以上五十元以下罚款;非机动车驾驶人拒绝接受罚款处罚的,可以扣留其非机动车。

第九十条 机动车驾驶人违反道路交通安全法律、法规关于道路通行规定的,处警告或者二十元以上二百元以下罚款。本法另有规定的,依照规定处罚。

第九十一条 饮酒后驾驶机动车的，处暂扣六个月机动车驾驶证，并处一千元以上二千元以下罚款。因饮酒后驾驶机动车被处罚，再次饮酒后驾驶机动车的，处十日以下拘留，并处一千元以上二千元以下罚款，吊销机动车驾驶证。醉酒驾驶机动车的，由公安机关交通管理部门约束至酒醒，吊销机动车驾驶证，依法追究刑事责任；五年内不得重新取得机动车驾驶证。饮酒后驾驶营运机动车的，处十五日拘留，并处五千元罚款，吊销机动车驾驶证，五年内不得重新取得机动车驾驶证。醉酒驾驶营运机动车的，由公安机关交通管理部门约束至酒醒，吊销机动车驾驶证，依法追究刑事责任；十年内不得重新取得机动车驾驶证，重新取得机动车驾驶证后，不得驾驶营运机动车。饮酒后或者醉酒驾驶机动车发生重大交通事故，构成犯罪的，依法追究刑事责任，并由公安机关交通管理部门吊销机动车驾驶证，终生不得重新取得机动车驾驶证。

第九十二条 公路客运车辆载客超过额定乘员的，处二百元以上五百元以下罚款；超过额定乘员百分之二十或者违反规定载货的，处五百元以上二千元以下罚款。

货运机动车超过核定载质量的，处二百元以上五百元以下罚款；超过核定载质量百分之三十或者违反规定载客的，处五百元以上二千元以下罚款。有前两款行为的，由公安机关交通管理部门扣留机动车至违法状态消除。运输单位的车辆有本条第一款、第二款规定的情形，经处罚不改的，对直接负责的主管人员处二千元以上五千元以下罚款。

第九十三条 对违反道路交通安全法律、法规关于机动车停放、临时停车规定的，可以指出违法行为，并予以口头警告，令其立即驶离。机动车驾驶人不在现场或者虽在现场但拒绝立即驶离，妨碍其他车辆、行人通行的，处二十元以上二百元以下罚款，并可以将该机动车拖移至不妨碍交通的地点或者公安机关交通管理部门指定的地点停放。公安机关交通管理部门拖车不得向当事人收取费用，并应当及时告知当事人停放地点。

因采取不正确的方法拖车造成机动车损坏的，应当依法承担补偿责任。

第九十四条 机动车安全技术检验机构实施机动车安全技术检验超过国务院价格主管部门核定的收费标准收取费用的，退还多收取的费用，并由价格主管部门依照《中华人民共和国价格法》的有关规定给予处罚。

机动车安全技术检验机构不按照机动车国家安全技术标准进行检验，出具虚假检验结果的，由公安机关交通管理部门处所收检验费用五倍以上十倍以下罚款，并依法撤销其检验资格；构成犯罪的，依法追究刑事责任。

第九十五条 上道路行驶的机动车未悬挂机动车号牌，未放置检验合格标志、保险标志，或者未随车携带行驶证、驾驶证的，公安机关交通管理部门应当扣留机动车，通知当事人提供相应的牌证、标志或者补办相应手续，并可以依照本法第九十条的规定予以处罚。当事人提供相应的牌证、标志或者补办相应手续的，应当及时退还机动车。

故意遮挡、污损或者不按规定安装机动车号牌的，依照本法第九十条的规定予以处罚。

第九十六条 伪造、变造或者使用伪造、变造的机动车登记证书、号牌、行驶证、驾驶证的，由公安机关交通管理部门予以收缴，扣留该机动车，处十五日以下拘留，并处二千元以上五千元以下罚款；构成犯罪的，依法追究刑事责任。

伪造、变造或者使用伪造、变造的检验合格标志、保险标志的，由公安机关交通管理部门予以收缴，扣留该机动车，处十日以下拘留，并处一千元以上三千元以下罚款；构成犯罪的，依法追究刑事责任。

使用其他车辆的机动车登记证书、号牌、行驶证、检验合格标志、保险标志的,由公安机关交通管理部门予以收缴,扣留该机动车,处二千元以上五千元以下罚款。

当事人提供相应的合法证明或者补办相应手续的,应当及时退还机动车。

第九十七条 非法安装警报器、标志灯具的,由公安机关交通管理部门强制拆除,予以收缴,并处二百元以上二千元以下罚款。

第九十八条 机动车所有人、管理人未按照国家规定投保机动车第三者责任强制保险的,由公安机关交通管理部门扣留车辆至依照规定投保后,并处依照规定投保最低责任限额应缴纳的保险费的二倍罚款。

依照前款缴纳的罚款全部纳入道路交通事故社会救助基金。具体办法由国务院规定。

第九十九条 有下列行为之一的,由公安机关交通管理部门处二百元以上二千元以下罚款:

(一)未取得机动车驾驶证、机动车驾驶证被吊销或者机动车驾驶证被暂扣期间驾驶机动车的;

(二)将机动车交由未取得机动车驾驶证或者机动车驾驶证被吊销、暂扣的人驾驶的;

(三)造成交通事故后逃逸,尚不构成犯罪的;

(四)机动车行驶超过规定时速百分之五十的;

(五)强迫机动车驾驶人违反道路交通安全法律、法规和机动车安全驾驶要求驾驶机动车,造成交通事故,尚不构成犯罪的;

(六)违反交通管制的规定强行通行,不听劝阻的;

(七)故意损毁、移动、涂改交通设施,造成危害后果,尚不构成犯罪的;

(八)非法拦截、扣留机动车辆,不听劝阻,造成交通严重阻塞或者较大财产损失的。

行为人有前款第二项、第四项情形之一的,可以并处吊销机动车驾驶证;有第一项、第三项、第五项至第八项情形之一的,可以并处十五日以下拘留。

第一百条 驾驶拼装的机动车或者已达到报废标准的机动车上道路行驶的,公安机关交通管理部门应当予以收缴,强制报废。

对驾驶前款所列机动车上道路行驶的驾驶人,处二百元以上二千元以下罚款,并吊销机动车驾驶证。

出售已达到报废标准的机动车的,没收违法所得,处销售金额等额的罚款,对该机动车依照本条第一款的规定处理。

第一百零一条 违反道路交通安全法律、法规的规定,发生重大交通事故,构成犯罪的,依法追究刑事责任,并由公安机关交通管理部门吊销机动车驾驶证。造成交通事故后逃逸的,由公安机关交通管理部门吊销机动车驾驶证,且终生不得重新取得机动车驾驶证。

第一百零二条 对六个月内发生二次以上特大交通事故负有主要责任或者全部责任的专业运输单位,由公安机关交通管理部门责令消除安全隐患,未消除安全隐患的机动车,禁止上道路行驶。

第一百零三条 国家机动车产品主管部门未按照机动车国家安全技术标准严格审查,许可不合格机动车型投入生产的,对负有责任的主管人员和其他直接责任人员给予降级或者撤职的行政处分。

机动车生产企业经国家机动车产品主管部门许可生产的机动车型，不执行机动车国家安全技术标准或者不严格进行机动车成品质量检验，致使质量不合格的机动车出厂销售的，由质量技术监督部门依照《中华人民共和国产品质量法》的有关规定给予处罚。

擅自生产、销售未经国家机动车产品主管部门许可生产的机动车型的，没收非法生产、销售的机动车成品及配件，可以并处非法产品价值三倍以上五倍以下罚款；有营业执照的，由工商行政管理部门吊销营业执照，没有营业执照的，予以查封。

生产、销售拼装的机动车或者生产、销售擅自改装的机动车的，依照本条第三款的规定处罚。

有本条第二款、第三款、第四款所列违法行为，生产或者销售不符合机动车国家安全技术标准的机动车，构成犯罪的，依法追究刑事责任。

第一百零四条 未经批准，擅自挖掘道路、占用道路施工或者从事其他影响道路交通安全活动的，由道路主管部门责令停止违法行为，并恢复原状，可以依法给予罚款；致使通行的人员、车辆及其他财产遭受损失的，依法承担赔偿责任。

有前款行为，影响道路交通安全活动的，公安机关交通管理部门可以责令停止违法行为，迅速恢复交通。

第一百零五条 道路施工作业或者道路出现损毁，未及时设置警示标志、未采取防护措施，或者应当设置交通信号灯、交通标志、交通标线而没有设置或者应当及时变更交通信号灯、交通标志、交通标线而没有及时变更，致使通行的人员、车辆及其他财产遭受损失的，负有相关职责的单位应当依法承担赔偿责任。

第一百零六条 在道路两侧及隔离带上种植树木、其他植物或者设置广告牌、管线等，遮挡路灯、交通信号灯、交通标志，妨碍安全视距的，由公安机关交通管理部门责令行为人排除妨碍；拒不执行的，处二百元以上二千元以下罚款，并强制排除妨碍，所需费用由行为人负担。

第一百零七条 对道路交通违法行为人予以警告、二百元以下罚款，交通警察可以当场作出行政处罚决定，并出具行政处罚决定书。

行政处罚决定书应当载明当事人的违法事实、行政处罚的依据、处罚内容、时间、地点以及处罚机关名称，并由执法人员签名或者盖章。

第一百零八条 当事人应当自收到罚款的行政处罚决定书之日起十五日内，到指定的银行缴纳罚款。

对行人、乘车人和非机动车驾驶人的罚款，当事人无异议的，可以当场予以收缴罚款。

罚款应当开具省、自治区、直辖市财政部门统一制发的罚款收据；不出具财政部门统一制发的罚款收据的，当事人有权拒绝缴纳罚款。

第一百零九条 当事人逾期不履行行政处罚决定的，作出行政处罚决定的行政机关可以采取下列措施：

（一）到期不缴纳罚款的，每日按罚款数额的百分之三加处罚款；

（二）申请人民法院强制执行。

第一百一十条 执行职务的交通警察认为应当对道路交通违法行为人给予暂扣或者吊

销机动车驾驶证处罚的,可以先予扣留机动车驾驶证,并在二十四小时内将案件移交公安机关交通管理部门处理。

道路交通违法行为人应当在十五日内到公安机关交通管理部门接受处理。无正当理由逾期未接受处理的,吊销机动车驾驶证。

公安机关交通管理部门暂扣或者吊销机动车驾驶证的,应当出具行政处罚决定书。

第一百一十一条 对违反本法规定予以拘留的行政处罚,由县、市公安局、公安分局或者相当于县一级的公安机关裁决。

第一百一十二条 公安机关交通管理部门扣留机动车、非机动车,应当当场出具凭证,并告知当事人在规定期限内到公安机关交通管理部门接受处理。

公安机关交通管理部门对被扣留的车辆应当妥善保管,不得使用。

逾期不来接受处理,并且经公告三个月仍不来接受处理的,对扣留的车辆依法处理。

第一百一十三条 暂扣机动车驾驶证的期限从处罚决定生效之日起计算;处罚决定生效前先予扣留机动车驾驶证的,扣留一日折抵暂扣期限一日。

吊销机动车驾驶证后重新申请领取机动车驾驶证的期限,按照机动车驾驶证管理规定办理。

第一百一十四条 公安机关交通管理部门根据交通技术监控记录资料,可以对违法的机动车所有人或者管理人依法予以处罚。对能够确定驾驶人的,可以依照本法的规定依法予以处罚。

第一百一十五条 交通警察有下列行为之一的,依法给予行政处分:

(一)为不符合法定条件的机动车发放机动车登记证书、号牌、行驶证、检验合格标志的;

(二)批准不符合法定条件的机动车安装、使用警车、消防车、救护车、工程救险车的警报器、标志灯具,喷涂标志图案的;

(三)为不符合驾驶许可条件、未经考试或者考试不合格人员发放机动车驾驶证的;

(四)不执行罚款决定与罚款收缴分离制度或者不按规定将依法收取的费用、收缴的罚款及没收的违法所得全部上缴国库的;

(五)举办或者参与举办驾驶学校或者驾驶培训班、机动车修理厂或者收费停车场等经营活动的;

(六)利用职务上的便利收受他人财物或者谋取其他利益的;

(七)违法扣留车辆、机动车行驶证、驾驶证、车辆号牌的;

(八)使用依法扣留的车辆的;

(九)当场收取罚款不开具罚款收据或者不如实填写罚款额的;

(十)徇私舞弊,不公正处理交通事故的;

(十一)故意刁难,拖延办理机动车牌证的;

(十二)非执行紧急任务时使用警报器、标志灯具的;

(十三)违反规定拦截、检查正常行驶的车辆的;

(十四)非执行紧急公务时拦截搭乘机动车的;

(十五)不履行法定职责的。

公安机关交通管理部门有前款所列行为之一的,对直接负责的主管人员和其他直接责任人员给予相应的行政处分。

第一百一十六条 依照本法第一百一十五条的规定，给予交通警察行政处分的，在作出行政处分决定前，可以停止其执行职务；必要时，可以予以禁闭。

依照本法第一百一十五条的规定，交通警察受到降级或者撤职行政处分的，可以予以辞退。

交通警察受到开除处分或者被辞退的，应当取消警衔；受到撤职以下行政处分的交通警察，应当降低警衔。

第一百一十七条 交通警察利用职权非法占有公共财物，索取、收受贿赂，或者滥用职权、玩忽职守，构成犯罪的，依法追究刑事责任。

第一百一十八条 公安机关交通管理部门及其交通警察有本法第一百一十五条所列行为之一，给当事人造成损失的，应当依法承担赔偿责任。

第八章 附 则

第一百一十九条 本法中下列用语的含义：

（一）“道路”，是指公路、城市道路和虽在单位管辖范围但允许社会机动车通行的地方，包括广场、公共停车场等用于公众通行的场所。

（二）“车辆”，是指机动车和非机动车。

（三）“机动车”，是指以动力装置驱动或者牵引，上道路行驶的供人员乘用或者用于运送物品以及进行工程专项作业的轮式车辆。

（四）“非机动车”，是指以人力或者畜力驱动，上道路行驶的交通工具，以及虽有动力装置驱动但设计最高时速、空车质量、外形尺寸符合有关国家标准的残疾人机动轮椅车、电动自行车等交通工具。

（五）“交通事故”，是指车辆在道路上因过错或者意外造成的人身伤亡或者财产损失的事件。

第一百二十条 中国人民解放军和中国人民武装警察部队在编机动车牌证、在编机动车检验以及机动车驾驶人考核工作，由中国人民解放军、中国人民武装警察部队有关部门负责。

第一百二十一条 对上道路行驶的拖拉机，由农业（农业机械）主管部门行使本法第八条、第九条、第十三条、第十九条、第二十三条规定的公安机关交通管理部门的管理职权。

农业（农业机械）主管部门依照前款规定行使职权，应当遵守本法有关规定，并接受公安机关交通管理部门的监督；对违反规定的，依照本法有关规定追究法律责任。

本法施行前由农业（农业机械）主管部门发放的机动车牌证，在本法施行后继续有效。

第一百二十二条 国家对入境的境外机动车的道路交通安全实施统一管理。

第一百二十三条 省、自治区、直辖市人民代表大会常务委员会可以根据本地区的实际情况，在本法规定的罚款幅度内，规定具体的执行标准。

第一百二十四条 本法自 2004 年 5 月 1 日起施行。

中华人民共和国突发事件应对法

(2007年8月30日中华人民共和国第十届全国人民代表大会常务委员会第二十九次会议通过)

第一章　总　　则

第一条　为了预防和减少突发事件的发生,控制、减轻和消除突发事件引起的严重社会危害,规范突发事件应对活动,保护人民生命财产安全,维护国家安全、公共安全、环境安全和社会秩序,制定本法。

第二条　突发事件的预防与应急准备、监测与预警、应急处置与救援、事后恢复与重建等应对活动,适用本法。

第三条　本法所称突发事件,是指突然发生,造成或者可能造成严重社会危害,需要采取应急处置措施予以应对的自然灾害、事故灾难、公共卫生事件和社会安全事件。

按照社会危害程度、影响范围等因素,自然灾害、事故灾难、公共卫生事件分为特别重大、重大、较大和一般四级。法律、行政法规或者国务院另有规定的,从其规定。

突发事件的分级标准由国务院或者国务院确定的部门制定。

第四条　国家建立统一领导、综合协调、分类管理、分级负责、属地管理为主的应急管理体制。

第五条　突发事件应对工作实行预防为主、预防与应急相结合的原则。国家建立重大突发事件风险评估体系,对可能发生的突发事件进行综合性评估,减少重大突发事件的发生,最大限度地减轻重大突发事件的影响。

第六条　国家建立有效的社会动员机制,增强全民的公共安全和防范风险的意识,提高全社会的避险救助能力。

第七条　县级人民政府对本行政区域内突发事件的应对工作负责;涉及两个以上行政区域的,由有关行政区域共同的上一级人民政府负责,或者由各有关行政区域的上一级人民政府共同负责。

突发事件发生后,发生地县级人民政府应当立即采取措施控制事态发展,组织开展应急救援和处置工作,并立即向上一级人民政府报告,必要时可以越级上报。

突发事件发生地县级人民政府不能消除或者不能有效控制突发事件引起的严重社会危害的,应当及时向上级人民政府报告。上级人民政府应当及时采取措施,统一领导应急处置工作。

法律、行政法规规定由国务院有关部门对突发事件的应对工作负责的,从其规定;地方人民政府应当积极配合并提供必要的支持。

第八条　国务院在总理领导下研究、决定和部署特别重大突发事件的应对工作;根据实际需要,设立国家突发事件应急指挥机构,负责突发事件应对工作;必要时,国务院可以派出工作组指导有关工作。

县级以上地方各级人民政府设立由本级人民政府主要负责人、相关部门负责人、驻当地中国人民解放军和中国人民武装警察部队有关负责人组成的突发事件应急指挥机构,统一领导、协调本级人民政府各有关部门和下级人民政府开展突发事件应对工作;根据实际需要,设立相关类别突发事件应急指挥机构,组织、协调、指挥突发事件应对工作。

上级人民政府主管部门应当在各自职责范围内,指导、协助下级人民政府及其相应部门做好有关突发事件的应对工作。

第九条 国务院和县级以上地方各级人民政府是突发事件应对工作的行政领导机关,其办事机构及具体职责由国务院规定。

第十条 有关人民政府及其部门作出的应对突发事件的决定、命令,应当及时公布。

第十一条 有关人民政府及其部门采取的应对突发事件的措施,应当与突发事件可能造成的社会危害的性质、程度和范围相适应;有多种措施可供选择的,应当选择有利于最大限度保护公民、法人和其他组织权益的措施。

公民、法人和其他组织有义务参与突发事件应对工作。

第十二条 有关人民政府及其部门为应对突发事件,可以征用单位和个人的财产。被征用的财产在使用完毕或者突发事件应急处置工作结束后,应当及时返还。财产被征用或者征用后毁损、灭失的,应当给予补偿。

第十三条 因采取突发事件应对措施,诉讼、行政复议、仲裁活动不能正常进行的,适用有关时效中止和程序中止的规定,但法律另有规定的除外。

第十四条 中国人民解放军、中国人民武装警察部队和民兵组织依照本法和其他有关法律、行政法规、军事法规的规定以及国务院、中央军事委员会的命令,参加突发事件的应急救援和处置工作。

第十五条 中华人民共和国政府在突发事件的预防、监测与预警、应急处置与救援、事后恢复与重建等方面,同外国政府和有关国际组织开展合作与交流。

第十六条 县级以上人民政府作出应对突发事件的决定、命令,应当报本级人民代表大会常务委员会备案;突发事件应急处置工作结束后,应当向本级人民代表大会常务委员会作出专项工作报告。

第二章　预防与应急准备

第十七条 国家建立健全突发事件应急预案体系。

国务院制定国家突发事件总体应急预案,组织制定国家突发事件专项应急预案;国务院有关部门根据各自的职责和国务院相关应急预案,制定国家突发事件部门应急预案。

地方各级人民政府和县级以上地方各级人民政府有关部门根据有关法律、法规、规章、上级人民政府及其有关部门的应急预案以及本地区的实际情况,制定相应的突发事件应急预案。

应急预案制定机关应当根据实际需要和情势变化,适时修订应急预案。应急预案的制定、修订程序由国务院规定。

第十八条 应急预案应当根据本法和其他有关法律、法规的规定,针对突发事件的性质、特点和可能造成的社会危害,具体规定突发事件应急管理工作的组织指挥体系与职责和突发事件的预防与预警机制、处置程序、应急保障措施以及事后恢复与重建措施等内容。

第十九条 城乡规划应当符合预防、处置突发事件的需要,统筹安排应对突发事件所必需的设备和基础设施建设,合理确定应急避难场所。

第二十条 县级人民政府应当对本行政区域内容易引发自然灾害、事故灾难和公共卫生事件的危险源、危险区域进行调查、登记、风险评估,定期进行检查、监控,并责令有关单位采取安全防范措施。

省级和设区的市级人民政府应当对本行政区域内容易引发特别重大、重大突发事件的危险源、危险区域进行调查、登记、风险评估,组织进行检查、监控,并责令有关单位采取安全防范措施。

县级以上地方各级人民政府按照本法规定登记的危险源、危险区域,应当按照国家规定及时向社会公布。

第二十一条 县级人民政府及其有关部门、乡级人民政府、街道办事处、居民委员会、村民委员会应当及时调解处理可能引发社会安全事件的矛盾纠纷。

第二十二条 所有单位应当建立健全安全管理制度,定期检查本单位各项安全防范措施的落实情况,及时消除事故隐患;掌握并及时处理本单位存在的可能引发社会安全事件的问题,防止矛盾激化和事态扩大;对本单位可能发生的突发事件和采取安全防范措施的情况,应当按照规定及时向所在地人民政府或者人民政府有关部门报告。

第二十三条 矿山、建筑施工单位和易燃易爆物品、危险化学品、放射性物品等危险物品的生产、经营、储运、使用单位,应当制定具体应急预案,并对生产经营场所、有危险物品的建筑物、构筑物及周边环境开展隐患排查,及时采取措施消除隐患,防止发生突发事件。

第二十四条 公共交通工具、公共场所和其他人员密集场所的经营单位或者管理单位应当制定具体应急预案,为交通工具和有关场所配备报警装置和必要的应急救援设备、设施,注明其使用方法,并显著标明安全撤离的通道、路线,保证安全通道、出口的畅通。

有关单位应当定期检测、维护其报警装置和应急救援设备、设施,使其处于良好状态,确保正常使用。

第二十五条 县级以上人民政府应当建立健全突发事件应急管理培训制度,对人民政府及其有关部门负有处置突发事件职责的工作人员定期进行培训。

第二十六条 县级以上人民政府应当整合应急资源,建立或者确定综合性应急救援队伍。人民政府有关部门可以根据实际需要设立专业应急救援队伍。

县级以上人民政府及其有关部门可以建立由成年志愿者组成的应急救援队伍。单位应当建立由本单位职工组成的专职或者兼职应急救援队伍。

县级以上人民政府应当加强专业应急救援队伍与非专业应急救援队伍的合作,联合培训、联合演练,提高合成应急、协同应急的能力。

第二十七条 国务院有关部门、县级以上地方各级人民政府及其有关部门、有关单位应当为专业应急救援人员购买人身意外伤害保险,配备必要的防护装备和器材,减少应急救援人员的人身风险。

第二十八条 中国人民解放军、中国人民武装警察部队和民兵组织应当有计划地组织开展应急救援的专门训练。

第二十九条 县级人民政府及其有关部门、乡级人民政府、街道办事处应当组织开展应急知识的宣传普及活动和必要的应急演练。

居民委员会、村民委员会、企业事业单位应当根据所在地人民政府的要求，结合各自的实际情况，开展有关突发事件应急知识的宣传普及活动和必要的应急演练。

新闻媒体应当无偿开展突发事件预防与应急、自救与互救知识的公益宣传。

第三十条 各级各类学校应当把应急知识教育纳入教学内容，对学生进行应急知识教育，培养学生的安全意识和自救与互救能力。

教育主管部门应当对学校开展应急知识教育进行指导和监督。

第三十一条 国务院和县级以上地方各级人民政府应当采取财政措施，保障突发事件应对工作所需经费。

第三十二条 国家建立健全应急物资储备保障制度，完善重要应急物资的监管、生产、储备、调拨和紧急配送体系。

设区的市级以上人民政府和突发事件易发、多发地区的县级人民政府应当建立应急救援物资、生活必需品和应急处置装备的储备制度。

县级以上地方各级人民政府应当根据本地区的实际情况，与有关企业签订协议，保障应急救援物资、生活必需品和应急处置装备的生产、供给。

第三十三条 国家建立健全应急通信保障体系，完善公用通信网，建立有线与无线相结合、基础电信网络与机动通信系统相配套的应急通信系统，确保突发事件应对工作的通信畅通。

第三十四条 国家鼓励公民、法人和其他组织为人民政府应对突发事件工作提供物资、资金、技术支持和捐赠。

第三十五条 国家发展保险事业，建立国家财政支持的巨灾风险保险体系，并鼓励单位和公民参加保险。

第三十六条 国家鼓励、扶持具备相应条件的教学科研机构培养应急管理专门人才，鼓励、扶持教学科研机构和有关企业研究开发用于突发事件预防、监测、预警、应急处置与救援的新技术、新设备和新工具。

第三章 监测与预警

第三十七条 国务院建立全国统一的突发事件信息系统。

县级以上地方各级人民政府应当建立或者确定本地区统一的突发事件信息系统，汇集、储存、分析、传输有关突发事件的信息，并与上级人民政府及其有关部门、下级人民政府及其有关部门、专业机构和监测网点的突发事件信息系统实现互联互通，加强跨部门、跨地区的信息交流与情报合作。

第三十八条 县级以上人民政府及其有关部门、专业机构应当通过多种途径收集突发事件信息。

县级人民政府应当在居民委员会、村民委员会和有关单位建立专职或者兼职信息报告员制度。

获悉突发事件信息的公民、法人或者其他组织,应当立即向所在地人民政府、有关主管部门或者指定的专业机构报告。

第三十九条 地方各级人民政府应当按照国家有关规定向上级人民政府报送突发事件信息。县级以上人民政府有关主管部门应当向本级人民政府相关部门通报突发事件信息。专业机构、监测网点和信息报告员应当及时向所在地人民政府及其有关主管部门报告突发事件信息。

有关单位和人员报送、报告突发事件信息,应当做到及时、客观、真实,不得迟报、谎报、瞒报、漏报。

第四十条 县级以上地方各级人民政府应当及时汇总分析突发事件隐患和预警信息,必要时组织相关部门、专业技术人员、专家学者进行会商,对发生突发事件的可能性及其可能造成的影响进行评估;认为可能发生重大或者特别重大突发事件的,应当立即向上级人民政府报告,并向上级人民政府有关部门、当地驻军和可能受到危害的毗邻或者相关地区的人民政府通报。

第四十一条 国家建立健全突发事件监测制度。

县级以上人民政府及其有关部门应当根据自然灾害、事故灾难和公共卫生事件的种类和特点,建立健全基础信息数据库,完善监测网络,划分监测区域,确定监测点,明确监测项目,提供必要的设备、设施,配备专职或者兼职人员,对可能发生的突发事件进行监测。

第四十二条 国家建立健全突发事件预警制度。

可以预警的自然灾害、事故灾难和公共卫生事件的预警级别,按照突发事件发生的紧急程度、发展势态和可能造成的危害程度分为一级、二级、三级和四级,分别用红色、橙色、黄色和蓝色标示,一级为最高级别。

预警级别的划分标准由国务院或者国务院确定的部门制定。

第四十三条 可以预警的自然灾害、事故灾难或者公共卫生事件即将发生或者发生的可能性增大时,县级以上地方各级人民政府应当根据有关法律、行政法规和国务院规定的权限和程序,发布相应级别的警报,决定并宣布有关地区进入预警期,同时向上一级人民政府报告,必要时可以越级上报,并向当地驻军和可能受到危害的毗邻或者相关地区的人民政府通报。

第四十四条 发布三级、四级警报,宣布进入预警期后,县级以上地方各级人民政府应当根据即将发生的突发事件的特点和可能造成的危害,采取下列措施:

(一)启动应急预案;

(二)责令有关部门、专业机构、监测网点和负有特定职责的人员及时收集、报告有关信息,向社会公布反映突发事件信息的渠道,加强对突发事件发生、发展情况的监测、预报和预警工作;

(三)组织有关部门和机构、专业技术人员、有关专家学者,随时对突发事件信息进行分析评估,预测发生突发事件可能性的大小、影响范围和强度以及可能发生的突发事件的级别；

（四）定时向社会发布与公众有关的突发事件预测信息和分析评估结果，并对相关信息的报道工作进行管理；

（五）及时按照有关规定向社会发布可能受到突发事件危害的警告，宣传避免、减轻危害的常识，公布咨询电话。

第四十五条 发布一级、二级警报，宣布进入预警期后，县级以上地方各级人民政府除采取本法第四十四条规定的措施外，还应当针对即将发生的突发事件的特点和可能造成的危害，采取下列一项或者多项措施：

（一）责令应急救援队伍、负有特定职责的人员进入待命状态，并动员后备人员做好参加应急救援和处置工作的准备；

（二）调集应急救援所需物资、设备、工具，准备应急设施和避难场所，并确保其处于良好状态、随时可以投入正常使用；

（三）加强对重点单位、重要部位和重要基础设施的安全保卫，维护社会治安秩序；

（四）采取必要措施，确保交通、通信、供水、排水、供电、供气、供热等公共设施的安全和正常运行；

（五）及时向社会发布有关采取特定措施避免或者减轻危害的建议、劝告；

（六）转移、疏散或者撤离易受突发事件危害的人员并予以妥善安置，转移重要财产；

（七）关闭或者限制使用易受突发事件危害的场所，控制或者限制容易导致危害扩大的公共场所的活动；

（八）法律、法规、规章规定的其他必要的防范性、保护性措施。

第四十六条 对即将发生或者已经发生的社会安全事件，县级以上地方各级人民政府及其有关主管部门应当按照规定向上一级人民政府及其有关主管部门报告，必要时可以越级上报。

第四十七条 发布突发事件警报的人民政府应当根据事态的发展，按照有关规定适时调整预警级别并重新发布。

有事实证明不可能发生突发事件或者危险已经解除的，发布警报的人民政府应当立即宣布解除警报，终止预警期，并解除已经采取的有关措施。

第四章 应急处置与救援

第四十八条 突发事件发生后，履行统一领导职责或者组织处置突发事件的人民政府应当针对其性质、特点和危害程度，立即组织有关部门，调动应急救援队伍和社会力量，依照本章的规定和有关法律、法规、规章的规定采取应急处置措施。

第四十九条 自然灾害、事故灾难或者公共卫生事件发生后，履行统一领导职责的人民政府可以采取下列一项或者多项应急处置措施：

（一）组织营救和救治受害人员，疏散、撤离并妥善安置受到威胁的人员以及采取其他救助措施；

（二）迅速控制危险源，标明危险区域，封锁危险场所，划定警戒区，实行交通管制以及其他控制措施；

(三)立即抢修被损坏的交通、通信、供水、排水、供电、供气、供热等公共设施,向受到危害的人员提供避难场所和生活必需品,实施医疗救护和卫生防疫以及其他保障措施;

(四)禁止或者限制使用有关设备、设施,关闭或者限制使用有关场所,中止人员密集的活动或者可能导致危害扩大的生产经营活动以及采取其他保护措施;

(五)启用本级人民政府设置的财政预备费和储备的应急救援物资,必要时调用其他急需物资、设备、设施、工具;

(六)组织公民参加应急救援和处置工作,要求具有特定专长的人员提供服务;

(七)保障食品、饮用水、燃料等基本生活必需品的供应;

(八)依法从严惩处囤积居奇、哄抬物价、制假售假等扰乱市场秩序的行为,稳定市场价格,维护市场秩序;

(九)依法从严惩处哄抢财物、干扰破坏应急处置工作等扰乱社会秩序的行为,维护社会治安;

(十)采取防止发生次生、衍生事件的必要措施。

第五十条 社会安全事件发生后,组织处置工作的人民政府应当立即组织有关部门并由公安机关针对事件的性质和特点,依照有关法律、行政法规和国家其他有关规定,采取下列一项或者多项应急处置措施:

(一)强制隔离使用器械相互对抗或者以暴力行为参与冲突的当事人,妥善解决现场纠纷和争端,控制事态发展;

(二)对特定区域内的建筑物、交通工具、设备、设施以及燃料、燃气、电力、水的供应进行控制;

(三)封锁有关场所、道路,查验现场人员的身份证件,限制有关公共场所内的活动;

(四)加强对易受冲击的核心机关和单位的警卫,在国家机关、军事机关、国家通讯社、广播电台、电视台、外国驻华使领馆等单位附近设置临时警戒线;

(五)法律、行政法规和国务院规定的其他必要措施。

严重危害社会治安秩序的事件发生时,公安机关应当立即依法出动警力,根据现场情况依法采取相应的强制性措施,尽快使社会秩序恢复正常。

第五十一条 发生突发事件,严重影响国民经济正常运行时,国务院或者国务院授权的有关主管部门可以采取保障、控制等必要的应急措施,保障人民群众的基本生活需要,最大限度地减轻突发事件的影响。

第五十二条 履行统一领导职责或者组织处置突发事件的人民政府,必要时可以向单位和个人征用应急救援所需设备、设施、场地、交通工具和其他物资,请求其他地方人民政府提供人力、物力、财力或者技术支援,要求生产、供应生活必需品和应急救援物资的企业组织生产、保证供给,要求提供医疗、交通等公共服务的组织提供相应的服务。

履行统一领导职责或者组织处置突发事件的人民政府,应当组织协调运输经营单位,优先运送处置突发事件所需物资、设备、工具、应急救援人员和受到突发事件危害的人员。

第五十三条 履行统一领导职责或者组织处置突发事件的人民政府,应当按照有关规定统一、准确、及时发布有关突发事件事态发展和应急处置工作的信息。

第五十四条 任何单位和个人不得编造、传播有关突发事件事态发展或者应急处置工作的虚假信息。

第五十五条 突发事件发生地的居民委员会、村民委员会和其他组织应当按照当地人民政府的决定、命令,进行宣传动员,组织群众开展自救和互救,协助维护社会秩序。

第五十六条 受到自然灾害危害或者发生事故灾难、公共卫生事件的单位,应当立即组织本单位应急救援队伍和工作人员营救受害人员,疏散、撤离、安置受到威胁的人员,控制危险源,标明危险区域,封锁危险场所,并采取其他防止危害扩大的必要措施,同时向所在地县级人民政府报告;对因本单位的问题引发的或者主体是本单位人员的社会安全事件,有关单位应当按照规定上报情况,并迅速派出负责人赶赴现场开展劝解、疏导工作。

突发事件发生地的其他单位应当服从人民政府发布的决定、命令,配合人民政府采取的应急处置措施,做好本单位的应急救援工作,并积极组织人员参加所在地的应急救援和处置工作。

第五十七条 突发事件发生地的公民应当服从人民政府、居民委员会、村民委员会或者所属单位的指挥和安排,配合人民政府采取的应急处置措施,积极参加应急救援工作,协助维护社会秩序。

第五章 事后恢复与重建

第五十八条 突发事件的威胁和危害得到控制或者消除后,履行统一领导职责或者组织处置突发事件的人民政府应当停止执行依照本法规定采取的应急处置措施,同时采取或者继续实施必要措施,防止发生自然灾害、事故灾难、公共卫生事件的次生、衍生事件或者重新引发社会安全事件。

第五十九条 突发事件应急处置工作结束后,履行统一领导职责的人民政府应当立即组织对突发事件造成的损失进行评估,组织受影响地区尽快恢复生产、生活、工作和社会秩序,制定恢复重建计划,并向上一级人民政府报告。

受突发事件影响地区的人民政府应当及时组织和协调公安、交通、铁路、民航、邮电、建设等有关部门恢复社会治安秩序,尽快修复被损坏的交通、通信、供水、排水、供电、供气、供热等公共设施。

第六十条 受突发事件影响地区的人民政府开展恢复重建工作需要上一级人民政府支持的,可以向上一级人民政府提出请求。上一级人民政府应当根据受影响地区遭受的损失和实际情况,提供资金、物资支持和技术指导,组织其他地区提供资金、物资和人力支援。

第六十一条 国务院根据受突发事件影响地区遭受损失的情况,制定扶持该地区有关行业发展的优惠政策。

受突发事件影响地区的人民政府应当根据本地区遭受损失的情况,制定救助、补偿、抚慰、抚恤、安置等善后工作计划并组织实施,妥善解决因处置突发事件引发的矛盾和纠纷。

公民参加应急救援工作或者协助维护社会秩序期间,其在本单位的工资待遇和福利不变;表现突出、成绩显著的,由县级以上人民政府给予表彰或者奖励。

县级以上人民政府对在应急救援工作中伤亡的人员依法给予抚恤。

第六十二条 履行统一领导职责的人民政府应当及时查明突发事件的发生经过和原

因,总结突发事件应急处置工作的经验教训,制定改进措施,并向上一级人民政府提出报告。

第六章 法律责任

第六十三条 地方各级人民政府和县级以上各级人民政府有关部门违反本法规定,不履行法定职责的,由其上级行政机关或者监察机关责令改正;有下列情形之一的,根据情节对直接负责的主管人员和其他直接责任人员依法给予处分:

(一)未按规定采取预防措施,导致发生突发事件,或者未采取必要的防范措施,导致发生次生、衍生事件的;

(二)迟报、谎报、瞒报、漏报有关突发事件的信息,或者通报、报送、公布虚假信息,造成后果的;

(三)未按规定及时发布突发事件警报、采取预警期的措施,导致损害发生的;

(四)未按规定及时采取措施处置突发事件或者处置不当,造成后果的;

(五)不服从上级人民政府对突发事件应急处置工作的统一领导、指挥和协调的;

(六)未及时组织开展生产自救、恢复重建等善后工作的;

(七)截留、挪用、私分或者变相私分应急救援资金、物资的;

(八)不及时归还征用的单位和个人的财产,或者对被征用财产的单位和个人不按规定给予补偿的。

第六十四条 有关单位有下列情形之一的,由所在地履行统一领导职责的人民政府责令停产停业,暂扣或者吊销许可证或者营业执照,并处五万元以上二十万元以下的罚款;构成违反治安管理行为的,由公安机关依法给予处罚:

(一)未按规定采取预防措施,导致发生严重突发事件的;

(二)未及时消除已发现的可能引发突发事件的隐患,导致发生严重突发事件的;

(三)未做好应急设备、设施日常维护、检测工作,导致发生严重突发事件或者突发事件危害扩大的;

(四)突发事件发生后,不及时组织开展应急救援工作,造成严重后果的。

前款规定的行为,其他法律、行政法规规定由人民政府有关部门依法决定处罚的,从其规定。

第六十五条 违反本法规定,编造并传播有关突发事件事态发展或者应急处置工作的虚假信息,或者明知是有关突发事件事态发展或者应急处置工作的虚假信息而进行传播的,责令改正,给予警告;造成严重后果的,依法暂停其业务活动或者吊销其执业许可证;负有直接责任的人员是国家工作人员的,还应当对其依法给予处分;构成违反治安管理行为的,由公安机关依法给予处罚。

第六十六条 单位或者个人违反本法规定,不服从所在地人民政府及其有关部门发布的决定、命令或者不配合其依法采取的措施,构成违反治安管理行为的,由公安机关依法给予处罚。

第六十七条 单位或者个人违反本法规定,导致突发事件发生或者危害扩大,给他人人身、财产造成损害的,应当依法承担民事责任。

第六十八条 违反本法规定，构成犯罪的，依法追究刑事责任。

第七章 附 则

第六十九条 发生特别重大突发事件，对人民生命财产安全、国家安全、公共安全、环境安全或者社会秩序构成重大威胁，采取本法和其他有关法律、法规、规章规定的应急处置措施不能消除或者有效控制、减轻其严重社会危害，需要进入紧急状态的，由全国人民代表大会常务委员会或者国务院依照宪法和其他有关法律规定的权限和程序决定。

紧急状态期间采取的非常措施，依照有关法律规定执行或者由全国人民代表大会常务委员会另行规定。

第七十条 本法自2007年11月1日起施行。

中华人民共和国职业病防治法

(2001 年 10 月 27 日第九届全国人民代表大会常务委员会第二十四次会议通过;2011 年12 月 31 日第十一届全国人民代表大会常务委员会第二十四次会议第一次修改;2016 年 7 月 2 日第十二届全国人民代表大会常务委员会第二十一次会议第二次修改;2017 年11 月 4 日第十二届全国人民代表大会常务委员会第三十次会议第三次修改;2018 年12 月 29 日第十三届全国人民代表大会常务委员会第七次会议第四次修改)

第一章 总 则

第一条 为了预防、控制和消除职业病危害,防治职业病,保护劳动者健康及其相关权益,促进经济社会发展,根据宪法,制定本法。

第二条 本法适用于中华人民共和国领域内的职业病防治活动。

本法所称职业病,是指企业、事业单位和个体经济组织等用人单位的劳动者在职业活动中,因接触粉尘、放射性物质和其他有毒、有害因素而引起的疾病。

职业病的分类和目录由国务院卫生行政部门会同国务院劳动保障行政部门制定、调整并公布。

第三条 职业病防治工作坚持预防为主、防治结合的方针,建立用人单位负责、行政机关监管、行业自律、职工参与和社会监督的机制,实行分类管理、综合治理。

第四条 劳动者依法享有职业卫生保护的权利。

用人单位应当为劳动者创造符合国家职业卫生标准和卫生要求的工作环境和条件,并采取措施保障劳动者获得职业卫生保护。

工会组织依法对职业病防治工作进行监督,维护劳动者的合法权益。用人单位制定或者修改有关职业病防治的规章制度,应当听取工会组织的意见。

第五条 用人单位应当建立、健全职业病防治责任制,加强对职业病防治的管理,提高职业病防治水平,对本单位产生的职业病危害承担责任。

第六条 用人单位的主要负责人对本单位的职业病防治工作全面负责。

第七条 用人单位必须依法参加工伤保险。

国务院和县级以上地方人民政府劳动保障行政部门应当加强对工伤社会保险的监督管理,确保劳动者依法享受工伤社会保险待遇。

第八条 国家鼓励和支持研制、开发、推广、应用有利于职业病防治和保护劳动者健康的新技术、新工艺、新设备、新材料,加强对职业病的机理和发生规律的基础研究,提高职业病防治科学技术水平;积极采用有效的职业病防治技术、工艺、设备、材料;限制使用或者淘汰职业病危害严重的技术、工艺、设备、材料。

国家鼓励和支持职业病医疗康复机构的建设。

第九条 国家实行职业卫生监督制度。国务院卫生行政部门、劳动保障行政部门依照本法和国务院确定的职责,负责全国职业病防治的监督管理工作。国务院有关部门在各自的职责范围内负责职业病防治的有关监督管理工作。

县级以上地方人民政府卫生行政部门、劳动保障行政部门依据各自职责,负责本行政区域内职业病防治的监督管理工作。县级以上地方人民政府有关部门在各自的职责范围内负责职业病防治的有关监督管理工作。

县级以上人民政府卫生行政部门、劳动保障行政部门(以下统称职业卫生监督管理部门)应当加强沟通,密切配合,按照各自职责分工,依法行使职权,承担责任。

第十条 国务院和县级以上地方人民政府应当制定职业病防治规划,将其纳入国民经济和社会发展计划,并组织实施。

县级以上地方人民政府统一负责、领导、组织、协调本行政区域的职业病防治工作,建立健全职业病防治工作体制、机制,统一领导、指挥职业卫生突发事件应对工作;加强职业病防治能力建设和服务体系建设,完善、落实职业病防治工作责任制。

乡、民族乡、镇的人民政府应当认真执行本法,支持职业卫生监督管理部门依法履行职责。

第十一条 县级以上人民政府职业卫生监督管理部门应当加强对职业病防治的宣传教育,普及职业病防治的知识,增强用人单位的职业病防治观念,提高劳动者的职业健康意识、自我保护意识和行使职业卫生保护权利的能力。

第十二条 有关防治职业病的国家职业卫生标准,由国务院卫生行政部门组织制定并公布。

国务院卫生行政部门应当组织开展重点职业病监测和专项调查,对职业健康风险进行评估,为制定职业卫生标准和职业病防治政策提供科学依据。

县级以上地方人民政府卫生行政部门应当定期对本行政区域的职业病防治情况进行统计和调查分析。

第十三条 任何单位和个人有权对违反本法的行为进行检举和控告。有关部门收到相关的检举和控告后,应当及时处理。

对防治职业病成绩显著的单位和个人,给予奖励。

第二章 前期预防

第十四条 用人单位应当依照法律、法规要求,严格遵守国家职业卫生标准,落实职业病预防措施,从源头上控制和消除职业病危害。

第十五条 产生职业病危害的用人单位的设立除应当符合法律、行政法规规定的设立条件外,其工作场所还应当符合下列职业卫生要求:

(一)职业病危害因素的强度或者浓度符合国家职业卫生标准;

(二)有与职业病危害防护相适应的设施;

(三)生产布局合理,符合有害与无害作业分开的原则;

(四)有配套的更衣间、洗浴间、孕妇休息间等卫生设施;

(五)设备、工具、用具等设施符合保护劳动者生理、心理健康的要求;

(六)法律、行政法规和国务院卫生行政部门关于保护劳动者健康的其他要求。

第十六条 国家建立职业病危害项目申报制度。用人单位工作场所存在职业病目录所列职业病的危害因素的,应当及时、如实向所在地卫生行政部门申报危害项目,接受监督。

职业病危害因素分类目录由国务院卫生行政部门制定、调整并公布。职业病危害项目申报的具体办法由国务院卫生行政部门制定。

第十七条 新建、扩建、改建建设项目和技术改造、技术引进项目(以下统称建设项目)可能产生职业病危害的,建设单位在可行性论证阶段应当进行职业病危害预评价。

医疗机构建设项目可能产生放射性职业病危害的,建设单位应当向卫生行政部门提交放射性职业病危害预评价报告。卫生行政部门应当自收到预评价报告之日起三十日内,作出审核决定并书面通知建设单位。未提交预评价报告或者预评价报告未经卫生行政部门审核同意的,不得开工建设。

职业病危害预评价报告应当对建设项目可能产生的职业病危害因素及其对工作场所和劳动者健康的影响作出评价,确定危害类别和职业病防护措施。

建设项目职业病危害分类管理办法由国务院卫生行政部门制定。

第十八条 建设项目的职业病防护设施所需费用应当纳入建设项目工程预算,并与主体工程同时设计,同时施工,同时投入生产和使用。

建设项目的职业病防护设施设计应当符合国家职业卫生标准和卫生要求;其中,医疗机构放射性职业病危害严重的建设项目的防护设施设计,应当经卫生行政部门审查同意后,方可施工。

建设项目在竣工验收前,建设单位应当进行职业病危害控制效果评价。

医疗机构可能产生放射性职业病危害的建设项目竣工验收时,其放射性职业病防护设施经卫生行政部门验收合格后,方可投入使用;其他建设项目的职业病防护设施应当由建设单位负责依法组织验收,验收合格后,方可投入生产和使用。卫生行政部门应当加强对建设单位组织的验收活动和验收结果的监督核查。

第十九条 国家对从事放射性、高毒、高危粉尘等作业实行特殊管理。具体管理办法由国务院制定。

第三章 劳动过程中的防护与管理

第二十条 用人单位应当采取下列职业病防治管理措施:

(一)设置或者指定职业卫生管理机构或者组织,配备专职或者兼职的职业卫生管理人员,负责本单位的职业病防治工作;

(二)制定职业病防治计划和实施方案;

(三)建立、健全职业卫生管理制度和操作规程;

(四)建立、健全职业卫生档案和劳动者健康监护档案;

(五)建立、健全工作场所职业病危害因素监测及评价制度;

(六)建立、健全职业病危害事故应急救援预案。

第二十一条 用人单位应当保障职业病防治所需的资金投入,不得挤占、挪用,并对因资金投入不足导致的后果承担责任。

第二十二条 用人单位必须采用有效的职业病防护设施，并为劳动者提供个人使用的职业病防护用品。

用人单位为劳动者个人提供的职业病防护用品必须符合防治职业病的要求；不符合要求的，不得使用。

第二十三条 用人单位应当优先采用有利于防治职业病和保护劳动者健康的新技术、新工艺、新设备、新材料，逐步替代职业病危害严重的技术、工艺、设备、材料。

第二十四条 产生职业病危害的用人单位，应当在醒目位置设置公告栏，公布有关职业病防治的规章制度、操作规程、职业病危害事故应急救援措施和工作场所职业病危害因素检测结果。

对产生严重职业病危害的作业岗位，应当在其醒目位置，设置警示标识和中文警示说明。警示说明应当载明产生职业病危害的种类、后果、预防以及应急救治措施等内容。

第二十五条 对可能发生急性职业损伤的有毒、有害工作场所，用人单位应当设置报警装置，配置现场急救用品、冲洗设备、应急撤离通道和必要的泄险区。

对放射工作场所和放射性同位素的运输、贮存，用人单位必须配置防护设备和报警装置，保证接触放射线的工作人员佩戴个人剂量计。

对职业病防护设备、应急救援设施和个人使用的职业病防护用品，用人单位应当进行经常性的维护、检修，定期检测其性能和效果，确保其处于正常状态，不得擅自拆除或者停止使用。

第二十六条 用人单位应当实施由专人负责的职业病危害因素日常监测，并确保监测系统处于正常运行状态。

用人单位应当按照国务院卫生行政部门的规定，定期对工作场所进行职业病危害因素检测、评价。检测、评价结果存入用人单位职业卫生档案，定期向所在地卫生行政部门报告并向劳动者公布。

职业病危害因素检测、评价由依法设立的国务院卫生行政部门或者设区的市级以上地方人民政府卫生行政部门按照职责分工给予资质认可的职业卫生技术服务机构进行。职业卫生技术服务机构所作检测、评价应当客观、真实。

发现工作场所职业病危害因素不符合国家职业卫生标准和卫生要求时，用人单位应当立即采取相应治理措施，仍然达不到国家职业卫生标准和卫生要求的，必须停止存在职业病危害因素的作业；职业病危害因素经治理后，符合国家职业卫生标准和卫生要求的，方可重新作业。

第二十七条 职业卫生技术服务机构依法从事职业病危害因素检测、评价工作，接受卫生行政部门的监督检查。卫生行政部门应当依法履行监督职责。

第二十八条 向用人单位提供可能产生职业病危害的设备的，应当提供中文说明书，并在设备的醒目位置设置警示标识和中文警示说明。警示说明应当载明设备性能、可能产生的职业病危害、安全操作和维护注意事项、职业病防护以及应急救治措施等内容。

第二十九条 向用人单位提供可能产生职业病危害的化学品、放射性同位素和含有放射性物质的材料的，应当提供中文说明书。说明书应当载明产品特性、主要成分、存在的有害因素、可能产生的危害后果、安全使用注意事项、职业病防护以及应急救治措施等内容。

产品包装应当有醒目的警示标识和中文警示说明。贮存上述材料的场所应当在规定的部位设置危险物品标识或者放射性警示标识。

国内首次使用或者首次进口与职业病危害有关的化学材料,使用单位或者进口单位按照国家规定经国务院有关部门批准后,应当向国务院卫生行政部门、报送该化学材料的毒性鉴定以及经有关部门登记注册或者批准进口的文件等资料。进口放射性同位素、射线装置和含有放射性物质的物品的,按照国家有关规定办理。

第三十条 任何单位和个人不得生产、经营、进口和使用国家明令禁止使用的可能产生职业病危害的设备或者材料。

第三十一条 任何单位和个人不得将产生职业病危害的作业转移给不具备职业病防护条件的单位和个人。不具备职业病防护条件的单位和个人不得接受产生职业病危害的作业。

第三十二条 用人单位对采用的技术、工艺、设备、材料,应当知悉其产生的职业病危害,对有职业病危害的技术、工艺、设备、材料隐瞒其危害而采用的,对所造成的职业病危害后果承担责任。

第三十三条 用人单位与劳动者订立劳动合同(含聘用合同,下同)时,应当将工作过程中可能产生的职业病危害及其后果、职业病防护措施和待遇等如实告知劳动者,并在劳动合同中写明,不得隐瞒或者欺骗。

劳动者在已订立劳动合同期间因工作岗位或者工作内容变更,从事与所订立劳动合同中未告知的存在职业病危害的作业时,用人单位应当依照前款规定,向劳动者履行如实告知的义务,并协商变更原劳动合同相关条款。

用人单位违反前两款规定的,劳动者有权拒绝从事存在职业病危害的作业,用人单位不得因此解除与劳动者所订立的劳动合同。

第三十四条 用人单位的主要负责人和职业卫生管理人员应当接受职业卫生培训,遵守职业病防治法律、法规,依法组织本单位的职业病防治工作。

用人单位应当对劳动者进行上岗前的职业卫生培训和在岗期间的定期职业卫生培训,普及职业卫生知识,督促劳动者遵守职业病防治法律、法规、规章和操作规程,指导劳动者正确使用职业病防护设备和个人使用的职业病防护用品。

劳动者应当学习和掌握相关的职业卫生知识,增强职业病防范意识,遵守职业病防治法律、法规、规章和操作规程,正确使用、维护职业病防护设备和个人使用的职业病防护用品,发现职业病危害事故隐患应当及时报告。

劳动者不履行前款规定义务的,用人单位应当对其进行教育。

第三十五条 对从事接触职业病危害的作业的劳动者,用人单位应当按照国务院、卫生行政部门的规定组织上岗前、在岗期间和离岗时的职业健康检查,并将检查结果书面告知劳动者。职业健康检查费用由用人单位承担。用人单位不得安排未经上岗前职业健康检查的劳动者从事接触职业病危害的作业;不得安排有职业禁忌的劳动者从事其所禁忌的作业;对在职业健康检查中发现有与所从事的职业相关的健康损害的劳动者,应当调离原工作岗位,并妥善安置;对未进行离岗前职业健康检查的劳动者不得解除或者终止与其订立的劳动合同。

职业健康检查应当由取得《医疗机构执业许可证》的医疗卫生机构承担。卫生行政部门应当加强对职业健康检查工作的规范管理，具体管理办法由国务院卫生行政部门制定。

第三十六条　用人单位应当为劳动者建立职业健康监护档案，并按照规定的期限妥善保存。

职业健康监护档案应当包括劳动者的职业史、职业病危害接触史、职业健康检查结果和职业病诊疗等有关个人健康资料。

劳动者离开用人单位时，有权索取本人职业健康监护档案复印件，用人单位应当如实、无偿提供，并在所提供的复印件上签章。

第三十七条　发生或者可能发生急性职业病危害事故时，用人单位应当立即采取应急救援和控制措施，并及时报告所在地卫生行政部门和有关部门。卫生行政部门接到报告后，应当及时会同有关部门组织调查处理；必要时，可以采取临时控制措施。卫生行政部门应当组织做好医疗救治工作。

对遭受或者可能遭受急性职业病危害的劳动者，用人单位应当及时组织救治、进行健康检查和医学观察，所需费用由用人单位承担。

第三十八条　用人单位不得安排未成年工从事接触职业病危害的作业；不得安排孕期、哺乳期的女职工从事对本人和胎儿、婴儿有危害的作业。

第三十九条　劳动者享有下列职业卫生保护权利：

（一）获得职业卫生教育、培训；

（二）获得职业健康检查、职业病诊疗、康复等职业病防治服务；

（三）了解工作场所产生或者可能产生的职业病危害因素、危害后果和应当采取的职业病防护措施；

（四）要求用人单位提供符合防治职业病要求的职业病防护设施和个人使用的职业病防护用品，改善工作条件；

（五）对违反职业病防治法律、法规以及危及生命健康的行为提出批评、检举和控告；

（六）拒绝违章指挥和强令进行没有职业病防护措施的作业；

（七）参与用人单位职业卫生工作的民主管理，对职业病防治工作提出意见和建议。

用人单位应当保障劳动者行使前款所列权利。因劳动者依法行使正当权利而降低其工资、福利等待遇或者解除、终止与其订立的劳动合同的，其行为无效。

第四十条　工会组织应当督促并协助用人单位开展职业卫生宣传教育和培训，有权对用人单位的职业病防治工作提出意见和建议，依法代表劳动者与用人单位签订劳动安全卫生专项集体合同，与用人单位就劳动者反映的有关职业病防治的问题进行协调并督促解决。

工会组织对用人单位违反职业病防治法律、法规，侵犯劳动者合法权益的行为，有权要求纠正；产生严重职业病危害时，有权要求采取防护措施，或者向政府有关部门建议采取强制性措施；发生职业病危害事故时，有权参与事故调查处理；发现危及劳动者生命健康的情形时，有权向用人单位建议组织劳动者撤离危险现场，用人单位应当立即作出处理。

第四十一条　用人单位按照职业病防治要求，用于预防和治理职业病危害、工作场所卫生检测、健康监护和职业卫生培训等费用，按照国家有关规定，在生产成本中据实列支。

第四十二条　职业卫生监督管理部门应当按照职责分工，加强对用人单位落实职业病防护管理措施情况的监督检查,依法行使职权,承担责任。

第四章 职业病诊断与职业病病人保障

第四十三条 职业病诊断应当由取得《医疗机构执业许可证》的医疗卫生机构承担。卫生行政部门应当加强对职业病诊断工作的规范管理,具体管理办法由国务院卫生行政部门制定。

承担职业病诊断的医疗卫生机构还应当具备下列条件:

(一)具有与开展职业病诊断相适应的医疗卫生技术人员;

(二)具有与开展职业病诊断相适应的仪器、设备;

(三)具有健全的职业病诊断质量管理制度。

承担职业病诊断的医疗卫生机构不得拒绝劳动者进行职业病诊断的要求。

第四十四条 劳动者可以在用人单位所在地、本人户籍所在地或者经常居住地依法承担职业病诊断的医疗卫生机构进行职业病诊断。

第四十五条 职业病诊断标准和职业病诊断、鉴定办法由国务院卫生行政部门制定。职业病伤残等级的鉴定办法由国务院劳动保障行政部门会同国务院卫生行政部门制定。

第四十六条 职业病诊断,应当综合分析下列因素:

(一)病人的职业史;

(二)职业病危害接触史和工作场所职业病危害因素情况;

(三)临床表现以及辅助检查结果等。

没有证据否定职业病危害因素与病人临床表现之间的必然联系的,应当诊断为职业病。

职业病诊断证明书应当由参与诊断的取得职业病诊断资格的执业医师签署,并经承担职业病诊断的医疗卫生机构审核盖章。

第四十七条 用人单位应当如实提供职业病诊断、鉴定所需的劳动者职业史和职业病危害接触史、工作场所职业病危害因素检测结果等资料;卫生行政部门应当监督检查和督促用人单位提供上述资料;劳动者和有关机构也应当提供与职业病诊断、鉴定有关的资料。

职业病诊断、鉴定机构需要了解工作场所职业病危害因素情况时,可以对工作场所进行现场调查,也可以向卫生行政部门提出,卫生行政部门应当在十日内组织现场调查。用人单位不得拒绝、阻挠。

第四十八条 职业病诊断、鉴定过程中,用人单位不提供工作场所职业病危害因素检测结果等资料的,诊断、鉴定机构应当结合劳动者的临床表现、辅助检查结果和劳动者的职业史、职业病危害接触史,并参考劳动者的自述、卫生行政部门提供的日常监督检查信息等,作出职业病诊断、鉴定结论。

劳动者对用人单位提供的工作场所职业病危害因素检测结果等资料有异议,或者因劳动者的用人单位解散、破产,无用人单位提供上述资料的,诊断、鉴定机构应当提请卫生行政部门进行调查,卫生行政部门应当自接到申请之日起三十日内对存在异议的资料或者工作场所职业病危害因素情况作出判定;有关部门应当配合。

第四十九条 职业病诊断、鉴定过程中,在确认劳动者职业史、职业病危害接触史时,当事人对劳动关系、工种、工作岗位或者在岗时间有争议的,可以向当地的劳动人事争议仲裁委员会申请仲裁;接到申请的劳动人事争议仲裁委员会应当受理,并在三十日内作出裁决。

当事人在仲裁过程中对自己提出的主张,有责任提供证据。劳动者无法提供由用人单位掌握管理的与仲裁主张有关的证据的,仲裁庭应当要求用人单位在指定期限内提供;用人单位在指定期限内不提供的,应当承担不利后果。

劳动者对仲裁裁决不服的,可以依法向人民法院提起诉讼。

用人单位对仲裁裁决不服的,可以在职业病诊断、鉴定程序结束之日起十五日内依法向人民法院提起诉讼;诉讼期间,劳动者的治疗费用按照职业病待遇规定的途径支付。

第五十条 用人单位和医疗卫生机构发现职业病病人或者疑似职业病病人时,应当及时向所在地卫生行政部门报告。确诊为职业病的,用人单位还应当向所在地劳动保障行政部门报告。接到报告的部门应当依法作出处理。

第五十一条 县级以上地方人民政府卫生行政部门负责本行政区域内的职业病统计报告的管理工作,并按照规定上报。

第五十二条 当事人对职业病诊断有异议的,可以向作出诊断的医疗卫生机构所在地地方人民政府卫生行政部门申请鉴定。

职业病诊断争议由设区的市级以上地方人民政府卫生行政部门根据当事人的申请,组织职业病诊断鉴定委员会进行鉴定。

当事人对设区的市级职业病诊断鉴定委员会的鉴定结论不服的,可以向省、自治区、直辖市人民政府卫生行政部门申请再鉴定。

第五十三条 职业病诊断鉴定委员会由相关专业的专家组成。省、自治区、直辖市人民政府卫生行政部门应当设立相关的专家库,需要对职业病争议作出诊断鉴定时,由当事人或者当事人委托有关卫生行政部门从专家库中以随机抽取的方式确定参加诊断鉴定委员会的专家。

职业病诊断鉴定委员会应当按照国务院卫生行政部门颁布的职业病诊断标准和职业病诊断、鉴定办法进行职业病诊断鉴定,向当事人出具职业病诊断鉴定书。职业病诊断、鉴定费用由用人单位承担。

第五十四条 职业病诊断鉴定委员会组成人员应当遵守职业道德,客观、公正地进行诊断鉴定,并承担相应的责任。职业病诊断鉴定委员会组成人员不得私下接触当事人,不得收受当事人的财物或者其他好处,与当事人有利害关系的,应当回避。

人民法院受理有关案件需要进行职业病鉴定时,应当从省、自治区、直辖市人民政府卫生行政部门依法设立的相关的专家库中选取参加鉴定的专家。

第五十五条 医疗卫生机构发现疑似职业病病人时,应当告知劳动者本人并及时通知用人单位。

用人单位应当及时安排对疑似职业病病人进行诊断;在疑似职业病病人诊断或者医学观察期间,不得解除或者终止与其订立的劳动合同。

疑似职业病病人在诊断、医学观察期间的费用,由用人单位承担。

第五十六条 用人单位应当保障职业病病人依法享受国家规定的职业病待遇。

用人单位应当按照国家有关规定,安排职业病病人进行治疗、康复和定期检查。

用人单位对不适宜继续从事原工作的职业病病人,应当调离原岗位,并妥善安置。

用人单位对从事接触职业病危害的作业的劳动者,应当给予适当岗位津贴。

第五十七条 职业病病人的诊疗、康复费用,伤残以及丧失劳动能力的职业病病人的社会保障,按照国家有关工伤保险的规定执行。

第五十八条 职业病病人除依法享有工伤保险外,依照有关民事法律,尚有获得赔偿的权利的,有权向用人单位提出赔偿要求。

第五十九条 劳动者被诊断患有职业病,但用人单位没有依法参加工伤保险的,其医疗和生活保障由该用人单位承担。

第六十条 职业病病人变动工作单位,其依法享有的待遇不变。

用人单位在发生分立、合并、解散、破产等情形时,应当对从事接触职业病危害的作业的劳动者进行健康检查,并按照国家有关规定妥善安置职业病病人。

第六十一条 用人单位已经不存在或者无法确认劳动关系的职业病病人,可以向地方人民政府医疗保障、民政部门申请医疗救助和生活等方面的救助。

地方各级人民政府应当根据本地区的实际情况,采取其他措施,使前款规定的职业病病人获得医疗救治。

第五章 监督检查

第六十二条 县级以上人民政府职业卫生监督管理部门依照职业病防治法律、法规、国家职业卫生标准和卫生要求,依据职责划分,对职业病防治工作进行监督检查。

第六十三条 卫生行政部门履行监督检查职责时,有权采取下列措施:

(一)进入被检查单位和职业病危害现场,了解情况,调查取证;

(二)查阅或者复制与违反职业病防治法律、法规的行为有关的资料和采集样品;

(三)责令违反职业病防治法律、法规的单位和个人停止违法行为。

第六十四条 发生职业病危害事故或者有证据证明危害状态可能导致职业病危害事故发生时,卫生行政部门可以采取下列临时控制措施:

(一)责令暂停导致职业病危害事故的作业;

(二)封存造成职业病危害事故或者可能导致职业病危害事故发生的材料和设备;

(三)组织控制职业病危害事故现场。

在职业病危害事故或者危害状态得到有效控制后,卫生行政部门应当及时解除控制措施。

第六十五条 职业卫生监督执法人员依法执行职务时,应当出示监督执法证件。

职业卫生监督执法人员应当忠于职守,秉公执法,严格遵守执法规范;涉及用人单位的秘密的,应当为其保密。

第六十六条 职业卫生监督执法人员依法执行职务时,被检查单位应当接受检查并予以支持配合,不得拒绝和阻碍。

第六十七条 卫生行政部门及其职业卫生监督执法人员履行职责时,不得有下列行为:

(一)对不符合法定条件的,发给建设项目有关证明文件、资质证明文件或者予以批准;

(二)对已经取得有关证明文件的,不履行监督检查职责;

(三)发现用人单位存在职业病危害的,可能造成职业病危害事故,不及时依法采取控制

措施;

(四)其他违反本法的行为。

第六十八条 职业卫生监督执法人员应当依法经过资格认定。职业卫生监督管理部门应当加强队伍建设,提高职业卫生监督执法人员的政治、业务素质,依照本法和其他有关法律、法规的规定,建立、健全内部监督制度,对其工作人员执行法律、法规和遵守纪律的情况,进行监督检查。

第六章 法律责任

第六十九条 建设单位违反本法规定,有下列行为之一的,由卫生行政部门给予警告,责令限期改正;逾期不改正的,处十万元以上五十万元以下的罚款;情节严重的,责令停止产生职业病危害的作业,或者提请有关人民政府按照国务院规定的权限责令停建、关闭:

(一)未按照规定进行职业病危害预评价的;

(二)医疗机构可能产生放射性职业病危害的建设项目未按照规定提交放射性职业病危害预评价报告,或者放射性职业病危害预评价报告未经卫生行政部门审核同意,开工建设的;

(三)建设项目的职业病防护设施未按照规定与主体工程同时设计、同时施工、同时投入生产和使用的;

(四)建设项目的职业病防护设施设计不符合国家职业卫生标准和卫生要求,或者医疗机构放射性职业病危害严重的建设项目的防护设施设计未经卫生行政部门审查同意擅自施工的;

(五)未按照规定对职业病防护设施进行职业病危害控制效果评价的;

(六)建设项目竣工投入生产和使用前,职业病防护设施未按照规定验收合格的。

第七十条 违反本法规定,有下列行为之一的,由卫生行政部门给予警告,责令限期改正;逾期不改正的,处十万元以下的罚款:

(一)工作场所职业病危害因素检测、评价结果没有存档、上报、公布的;

(二)未采取本法第二十条规定的职业病防治管理措施的;

(三)未按照规定公布有关职业病防治的规章制度、操作规程、职业病危害事故应急救援措施的;

(四)未按照规定组织劳动者进行职业卫生培训,或者未对劳动者个人职业病防护采取指导、督促措施的;

(五)国内首次使用或者首次进口与职业病危害有关的化学材料,未按照规定报送毒性鉴定资料以及经有关部门登记注册或者批准进口的文件的。

第七十一条 用人单位违反本法规定,有下列行为之一的,由卫生行政部门责令限期改正,给予警告,可以并处五万元以上十万元以下的罚款:

(一)未按照规定及时、如实向卫生行政部门申报产生职业病危害的项目的;

(二)未实施由专人负责的职业病危害因素日常监测,或者监测系统不能正常监测的;

(三)订立或者变更劳动合同时,未告知劳动者职业病危害真实情况的;

(四)未按照规定组织职业健康检查、建立职业健康监护档案或者未将检查结果书面告

知劳动者的;

(五)未依照本法规定在劳动者离开用人单位时提供职业健康监护档案复印件的。

第七十二条 用人单位违反本法规定,有下列行为之一的,由卫生行政部门给予警告,责令限期改正,逾期不改正的,处五万元以上二十万元以下的罚款;情节严重的,责令停止产生职业病危害的作业,或者提请有关人民政府按照国务院规定的权限责令关闭:

(一)工作场所职业病危害因素的强度或者浓度超过国家职业卫生标准的;

(二)未提供职业病防护设施和个人使用的职业病防护用品,或者提供的职业病防护设施和个人使用的职业病防护用品不符合国家职业卫生标准和卫生要求的;

(三)对职业病防护设备、应急救援设施和个人使用的职业病防护用品未按照规定进行维护、检修、检测,或者不能保持正常运行、使用状态的;

(四)未按照规定对工作场所职业病危害因素进行检测、评价的;

(五)工作场所职业病危害因素经治理仍然达不到国家职业卫生标准和卫生要求时,未停止存在职业病危害因素的作业的;

(六)未按照规定安排职业病病人、疑似职业病病人进行诊治的;

(七)发生或者可能发生急性职业病危害事故时,未立即采取应急救援和控制措施或者未按照规定及时报告的;

(八)未按照规定在产生严重职业病危害的作业岗位醒目位置设置警示标识和中文警示说明的;

(九)拒绝职业卫生监督管理部门监督检查的;

(十)隐瞒、伪造、篡改、毁损职业健康监护档案、工作场所职业病危害因素检测评价结果等相关资料,或者拒不提供职业病诊断、鉴定所需资料的;

(十一)未按照规定承担职业病诊断、鉴定费用和职业病病人的医疗、生活保障费用的。

第七十三条 向用人单位提供可能产生职业病危害的设备、材料,未按照规定提供中文说明书或者设置警示标识和中文警示说明的,由卫生行政部门责令限期改正,给予警告,并处五万元以上二十万元以下的罚款。

第七十四条 用人单位和医疗卫生机构未按照规定报告职业病、疑似职业病的,由有关主管部门依据职责分工责令限期改正,给予警告,可以并处一万元以下的罚款;弄虚作假的,并处二万元以上五万元以下的罚款;对直接负责的主管人员和其他直接责任人员,可以依法给予降级或者撤职的处分。

第七十五条 违反本法规定,有下列情形之一的,由卫生行政部门责令限期治理,并处五万元以上三十万元以下的罚款;情节严重的,责令停止产生职业病危害的作业,或者提请有关人民政府按照国务院规定的权限责令关闭:

(一)隐瞒技术、工艺、设备、材料所产生的职业病危害而采用的;

(二)隐瞒本单位职业卫生真实情况的;

(三)可能发生急性职业损伤的有毒、有害工作场所、放射工作场所或者放射性同位素的运输、贮存不符合本法第二十六规定的;

(四)使用国家明令禁止使用的可能产生职业病危害的设备或者材料的;

(五)将产生职业病危害的作业转移给没有职业病防护条件的单位和个人,或者没有职业病防护条件的单位和个人接受产生职业病危害的作业的；

（六）擅自拆除、停止使用职业病防护设备或者应急救援设施的；

（七）安排未经职业健康检查的劳动者、有职业禁忌的劳动者、未成年工或者孕期、哺乳期女职工从事接触职业病危害的作业或者禁忌作业的；

（八）违章指挥和强令劳动者进行没有职业病防护措施的作业的。

第七十六条 生产、经营或者进口国家明令禁止使用的可能产生职业病危害的设备或者材料的，依照有关法律、行政法规的规定给予处罚。

第七十七条 用人单位违反本法规定，已经对劳动者生命健康造成严重损害的，由卫生行政部门责令停止产生职业病危害的作业，或者提请有关人民政府按照国务院规定的权限责令关闭，并处十万元以上五十万元以下的罚款。

第七十八条 用人单位违反本法规定，造成重大职业病危害事故或者其他严重后果，构成犯罪的，对直接负责的主管人员和其他直接责任人员，依法追究刑事责任。

第七十九条 未取得职业卫生技术服务资质认可擅自从事职业卫生技术服务的，由卫生行政部门责令立即停止违法行为，没收违法所得；违法所得五千元以上的，并处违法所得二倍以上十倍以下的罚款；没有违法所得或者违法所得不足五千元的，并处五千元以上五万元以下的罚款；情节严重的，对直接负责的主管人员和其他直接责任人员，依法给予降级、撤职或者开除的处分。

第八十条 从事职业卫生技术服务的机构和承担职业病诊断的医疗卫生机构违反本法规定，有下列行为之一的，由卫生行政部门责令立即停止违法行为，给予警告，没收违法所得；违法所得五千元以上的，并处违法所得二倍以上五倍以下的罚款；没有违法所得或者违法所得不足五千元的，并处五千元以上二万元以下的罚款；情节严重的，由原认可或者登记机关取消其相应的资格；对直接负责的主管人员和其他直接责任人员，依法给予降级、撤职或者开除的处分；构成犯罪的，依法追究刑事责任：

（一）超出资质认可或者诊疗项目登记范围从事职业卫生技术服务或者职业病诊断的；

（二）不按照本法规定履行法定职责的；

（三）出具虚假证明文件的。

第八十一条 职业病诊断鉴定委员会组成人员收受职业病诊断争议当事人的财物或者其他好处的，给予警告，没收收受的财物，可以并处三千元以上五万元以下的罚款，取消其担任职业病诊断鉴定委员会组成人员的资格，并从省、自治区、直辖市人民政府卫生行政部门设立的专家库中予以除名。

第八十二条 卫生行政部门不按照规定报告职业病和职业病危害事故的，由上一级行政部门责令改正，通报批评，给予警告；虚报、瞒报的，对单位负责人、直接负责的主管人员和其他直接责任人员依法给予降级、撤职或者开除的处分。

第八十三条 县级以上地方人民政府在职业病防治工作中未依照本法履行职责，本行政区域出现重大职业病危害事故、造成严重社会影响的，依法对直接负责的主管人员和其他直接责任人员给予记大过直至开除的处分。

县级以上人民政府职业卫生监督管理部门不履行本法规定的职责，滥用职权、玩忽职守、徇私舞弊，依法对直接负责的主管人员和其他直接责任人员给予记大过或者降级的处分;造成职业病危害事故或者其他严重后果的,依法给予撤职或者开除的处分。

第八十四条 违反本法规定,构成犯罪的,依法追究刑事责任。

第七章 附 则

第八十五条 本法下列用语的含义:

职业病危害,是指对从事职业活动的劳动者可能导致职业病的各种危害。职业病危害因素包括:职业活动中存在的各种有害的化学、物理、生物因素以及在作业过程中产生的其他职业有害因素。

职业禁忌,是指劳动者从事特定职业或者接触特定职业病危害因素时,比一般职业人群更易于遭受职业病危害和罹患职业病或者可能导致原有自身疾病病情加重,或者在从事作业过程中诱发可能导致对他人生命健康构成危险的疾病的个人特殊生理或者病理状态。

第八十六条 本法第二条规定的用人单位以外的单位,产生职业病危害的,其职业病防治活动可以参照本法执行。

劳务派遣用工单位应当履行本法规定的用人单位的义务。

中国人民解放军参照执行本法的办法,由国务院、中央军事委员会制定。

第八十七条 对医疗机构放射性职业病危害控制的监督管理,由卫生行政部门依照本法的规定实施。

第八十八条 本法自 2002 年 5 月 1 日起施行。

最高人民法院、最高人民检察院关于办理危害生产安全刑事案件适用法律若干问题的解释

（2015 年 11 月 9 日最高人民法院审判委员会第 1665 次会议、2015 年 12 月 9 日最高人民检察院第十二届检察委员会第 44 次会议通过）

为依法惩治危害生产安全犯罪，根据刑法有关规定，现就办理此类刑事案件适用法律的若干问题解释如下：

第一条 刑法第一百三十四条第一款规定的犯罪主体，包括对生产、作业负有组织、指挥或者管理职责的负责人、管理人员、实际控制人、投资人等人员，以及直接从事生产、作业的人员。

第二条 刑法第一百三十四条第二款规定的犯罪主体，包括对生产、作业负有组织、指挥或者管理职责的负责人、管理人员、实际控制人、投资人等人员。

第三条 刑法第一百三十五条规定的“直接负责的主管人员和其他直接责任人员”，是指对安全生产设施或者安全生产条件不符合国家规定负有直接责任的生产经营单位负责人、管理人员、实际控制人、投资人，以及其他对安全生产设施或者安全生产条件负有管理、维护职责的人员。

第四条 刑法第一百三十九条之一规定的“负有报告职责的人员”，是指负有组织、指挥或者管理职责的负责人、管理人员、实际控制人、投资人，以及其他负有报告职责的人员。

第五条 明知存在事故隐患、继续作业存在危险，仍然违反有关安全管理的规定，实施下列行为之一的，应当认定为刑法第一百三十四条第二款规定的“强令他人违章冒险作业”：

（一）利用组织、指挥、管理职权，强制他人违章作业的；

（二）采取威逼、胁迫、恐吓等手段，强制他人违章作业的；

（三）故意掩盖事故隐患，组织他人违章作业的；

（四）其他强令他人违章作业的行为。

第六条 实施刑法第一百三十二条、第一百三十四条第一款、第一百三十五条、第一百三十五条之一、第一百三十六条、第一百三十九条规定的行为，因而发生安全事故，具有下列情形之一的，应当认定为“造成严重后果”或者“发生重大伤亡事故或者造成其他严重后果”，对相关责任人员，处三年以下有期徒刑或者拘役：

（一）造成死亡一人以上，或者重伤三人以上的；

（二）造成直接经济损失一百万元以上的；

（三）其他造成严重后果或者重大安全事故的情形。

实施刑法第一百三十四条第二款规定的行为，因而发生安全事故，具有本条第一款规定情形的，应当认定为“发生重大伤亡事故或者造成其他严重后果”，对相关责任人员，处五年

以下有期徒刑或者拘役。

实施刑法第一百三十七条规定的行为,因而发生安全事故,具有本条第一款规定情形的,应当认定为“造成重大安全事故”,对直接责任人员,处五年以下有期徒刑或者拘役,并处罚金。

实施刑法第一百三十八条规定的行为,因而发生安全事故,具有本条第一款第一项规定情形的,应当认定为“发生重大伤亡事故”,对直接责任人员,处三年以下有期徒刑或者拘役。

第七条 实施刑法第一百三十二条、第一百三十四条第一款、第一百三十五条、第一百三十五条之一、第一百三十六条、第一百三十九条规定的行为,因而发生安全事故,具有下列情形之一的,对相关责任人员,处三年以上七年以下有期徒刑:

(一)造成死亡三人以上或者重伤十人以上,负事故主要责任的;

(二)造成直接经济损失五百万元以上,负事故主要责任的;

(三)其他造成特别严重后果、情节特别恶劣或者后果特别严重的情形。

实施刑法第一百三十四条第二款规定的行为,因而发生安全事故,具有本条第一款规定情形的,对相关责任人员,处五年以上有期徒刑。

实施刑法第一百三十七条规定的行为,因而发生安全事故,具有本条第一款规定情形的,对直接责任人员,处五年以上十年以下有期徒刑,并处罚金。

实施刑法第一百三十八条规定的行为,因而发生安全事故,具有下列情形之一的,对直接责任人员,处三年以上七年以下有期徒刑:

(一)造成死亡三人以上或者重伤十人以上,负事故主要责任的;

(二)具有本解释第六条第一款第一项规定情形,同时造成直接经济损失五百万元以上并负事故主要责任的,或者同时造成恶劣社会影响的。

第八条 在安全事故发生后,负有报告职责的人员不报或者谎报事故情况,贻误事故抢救,具有下列情形之一的,应当认定为刑法第一百三十九条之一规定的“情节严重”:

(一)导致事故后果扩大,增加死亡一人以上,或者增加重伤三人以上,或者增加直接经济损失一百万元以上的;

(二)实施下列行为之一,致使不能及时有效开展事故抢救的:

1. 决定不报、迟报、谎报事故情况或者指使、串通有关人员不报、迟报、谎报事故情况的;

2. 在事故抢救期间擅离职守或者逃匿的;

3. 伪造、破坏事故现场,或者转移、藏匿、毁灭遇难人员尸体,或者转移、藏匿受伤人员的;

4. 毁灭、伪造、隐匿与事故有关的图纸、记录、计算机数据等资料以及其他证据的。

(三)其他情节严重的情形。

具有下列情形之一的,应当认定为刑法第一百三十九条之一规定的“情节特别严重”:

(一)导致事故后果扩大,增加死亡三人以上,或者增加重伤十人以上,或者增加直接经济损失五百万元以上的;

(二)采用暴力、胁迫、命令等方式阻止他人报告事故情况,导致事故后果扩大的;

(三)其他情节特别严重的情形。

第九条 在安全事故发生后,与负有报告职责的人员串通,不报或者谎报事故情况,贻误事故抢救，情节严重的，依照刑法第一百三十九条之一的规定，以共犯论处。

第十条 在安全事故发生后，直接负责的主管人员和其他直接责任人员故意阻挠开展抢救，导致人员死亡或者重伤，或者为了逃避法律追究，对被害人进行隐藏、遗弃，致使被害人因无法得到救助而死亡或者重度残疾的，分别依照刑法第二百三十二条、第二百三十四条的规定，以故意杀人罪或者故意伤害罪定罪处罚。

第十一条 生产不符合保障人身、财产安全的国家标准、行业标准的安全设备，或者明知安全设备不符合保障人身、财产安全的国家标准、行业标准而进行销售，致使发生安全事故，造成严重后果的，依照刑法第一百四十六条的规定，以生产、销售不符合安全标准的产品罪定罪处罚。

第十二条 实施刑法第一百三十二条、第一百三十四条至第一百三十九条之一规定的犯罪行为，具有下列情形之一的，从重处罚：

(一)未依法取得安全许可证件或者安全许可证件过期、被暂扣、吊销、注销后从事生产经营活动的；

(二)关闭、破坏必要的安全监控和报警设备的；

(三)已经发现事故隐患，经有关部门或者个人提出后，仍不采取措施的；

(四)一年内曾因危害生产安全违法犯罪活动受过行政处罚或者刑事处罚的；

(五)采取弄虚作假、行贿等手段，故意逃避、阻挠负有安全监督管理职责的部门实施监督检查的；

(六)安全事故发生后转移财产意图逃避承担责任的；

(七)其他从重处罚的情形。

实施前款第五项规定的行为，同时构成刑法第三百八十九条规定的犯罪的，依照数罪并罚的规定处罚。

第十三条 实施刑法第一百三十二条、第一百三十四条至第一百三十九条之一规定的犯罪行为，在安全事故发生后积极组织、参与事故抢救，或者积极配合调查、主动赔偿损失的，可以酌情从轻处罚。

第十四条 国家工作人员违反规定投资入股生产经营，构成本解释规定的有关犯罪的，或者国家工作人员的贪污、受贿犯罪行为与安全事故发生存在关联性的，从重处罚；同时构成贪污、受贿犯罪和危害生产安全犯罪的，依照数罪并罚的规定处罚。

第十五条 国家机关工作人员在履行安全监督管理职责时滥用职权、玩忽职守，致使公共财产、国家和人民利益遭受重大损失的，或者徇私舞弊，对发现的刑事案件依法应当移交司法机关追究刑事责任而不移交，情节严重的，分别依照刑法第三百九十七条、第四百零二条的规定，以滥用职权罪、玩忽职守罪或者徇私舞弊不移交刑事案件罪定罪处罚。

公司、企业、事业单位的工作人员在依法或者受委托行使安全监督管理职责时滥用职权或者玩忽职守，构成犯罪的，应当依照《全国人民代表大会常务委员会关于〈中华人民共和国刑法〉第九章渎职罪主体适用问题的解释》的规定，适用渎职罪的规定追究刑事责任。

第十六条 对于实施危害生产安全犯罪适用缓刑的犯罪分子，可以根据犯罪情况，禁止其在缓刑考验期限内从事与安全生产相关联的特定活动；对于被判处刑罚的犯罪分子，可以根据犯罪情况和预防再犯罪的需要,禁止其自刑罚执行完毕之日或者假释之日起三年至五年内从事与安全生产相关的职业。

第十七条 本解释自2015年12月16日起施行。本解释施行后,《最高人民法院、最高人民检察院关于办理危害矿山生产安全刑事案件具体应用法律若干问题的解释》(法释〔2007〕5号)同时废止。最高人民法院、最高人民检察院此前发布的司法解释和规范性文件与本解释不一致的,以本解释为准。

第二部分

安全生产相关行政法规

中华人民共和国道路运输条例

(2004年4月30日中华人民共和国国务院令第406号公布;根据2012年11月9日中华人民共和国国务院令第628号第一次修改;根据2016年2月6日中华人民共和国国务院令第666号第二次修改;根据2019年3月2日中华人民共和国国务院令第709号第三次修改)

第一章　总　　则

第一条　为了维护道路运输市场秩序,保障道路运输安全,保护道路运输有关各方当事人的合法权益,促进道路运输业的健康发展,制定本条例。

第二条　从事道路运输经营以及道路运输相关业务的,应当遵守本条例。

前款所称道路运输经营包括道路旅客运输经营(以下简称客运经营)和道路货物运输经营(以下简称货运经营);道路运输相关业务包括站(场)经营、机动车维修经营、机动车驾驶员培训。

第三条　从事道路运输经营以及道路运输相关业务,应当依法经营,诚实信用,公平竞争。

第四条　道路运输管理,应当公平、公正、公开和便民。

第五条　国家鼓励发展乡村道路运输,并采取必要的措施提高乡镇和行政村的通班车率,满足广大农民的生活和生产需要。

第六条　国家鼓励道路运输企业实行规模化、集约化经营。任何单位和个人不得封锁或者垄断道路运输市场。

第七条　国务院交通主管部门主管全国道路运输管理工作。

县级以上地方人民政府交通主管部门负责组织领导本行政区域的道路运输管理工作。

县级以上道路运输管理机构负责具体实施道路运输管理工作。

第二章　道路运输经营

第一节　客　　运

第八条　申请从事客运经营的,应当具备下列条件:

(一)有与其经营业务相适应并经检测合格的车辆;

(二)有符合本条例第九条规定条件的驾驶人员;

(三)有健全的安全生产管理制度。

申请从事班线客运经营的,还应当有明确的线路和站点方案。

第九条　从事客运经营的驾驶人员,应当符合下列条件:

(一)取得相应的机动车驾驶证;

(二)年龄不超过60周岁;

(三)3年内无重大以上交通责任事故记录;

(四)经设区的市级道路运输管理机构对有关客运法律法规、机动车维修和旅客急救基本知识考试合格。

第十条 申请从事客运经营的,应当依法向工商行政管理机关办理有关登记手续后,按照下列规定提出申请并提交符合本条例第八条规定条件的相关材料:

(一)从事县级行政区域内客运经营的,向县级道路运输管理机构提出申请;

(二)从事省、自治区、直辖市行政区域内跨2个县级以上行政区域客运经营的,向其共同的上一级道路运输管理机构提出申请;

(三)从事跨省、自治区、直辖市行政区域客运经营的,向所在地的省、自治区、直辖市道路运输管理机构提出申请。

依照前款规定收到申请的道路运输管理机构,应当自受理申请之日起20日内审查完毕,作出许可或者不予许可的决定。予以许可的,向申请人颁发道路运输经营许可证,并向申请人投入运输的车辆配发车辆营运证;不予许可的,应当书面通知申请人并说明理由。

对从事跨省、自治区、直辖市行政区域客运经营的申请,有关省、自治区、直辖市道路运输管理机构依照本条第二款规定颁发道路运输经营许可证前,应当与运输线路目的地的省、自治区、直辖市道路运输管理机构协商;协商不成的,应当报国务院交通主管部门决定。

第十一条 取得道路运输经营许可证的客运经营者,需要增加客运班线的,应当依照本条例第十条的规定办理有关手续。

第十二条 县级以上道路运输管理机构在审查客运申请时,应当考虑客运市场的供求状况、普遍服务和方便群众等因素。

同一线路有3个以上申请人时,可以通过招标的形式作出许可决定。

第十三条 县级以上道路运输管理机构应当定期公布客运市场供求状况。

第十四条 客运班线的经营期限为4年到8年。经营期限届满需要延续客运班线经营许可的,应当重新提出申请。

第十五条 客运经营者需要终止客运经营的,应当在终止前30日内告知原许可机关。

第十六条 客运经营者应当为旅客提供良好的乘车环境,保持车辆清洁、卫生,并采取必要的措施防止在运输过程中发生侵害旅客人身、财产安全的违法行为。

第十七条 旅客应当持有效客票乘车,遵守乘车秩序,讲究文明卫生,不得携带国家规定的危险物品及其他禁止携带的物品乘车。

第十八条 班线客运经营者取得道路运输经营许可证后,应当向公众连续提供运输服务,不得擅自暂停、终止或者转让班线运输。

第十九条 从事包车客运的,应当按照约定的起始地、目的地和线路运输。

从事旅游客运的,应当在旅游区域按照旅游线路运输。

第二十条 客运经营者不得强迫旅客乘车,不得甩客、敲诈旅客;不得擅自更换运输车辆。

第二节 货 运

第二十一条 申请从事货运经营的,应当具备下列条件:

（一）有与其经营业务相适应并经检测合格的车辆；

（二）有符合本条例第二十二条规定条件的驾驶人员；

（三）有健全的安全生产管理制度。

第二十二条 从事货运经营的驾驶人员，应当符合下列条件：

（一）取得相应的机动车驾驶证；

（二）年龄不超过60周岁；

（三）经设区的市级道路运输管理机构对有关货运法律法规、机动车维修和货物装载保管基本知识考试合格（使用总质量4500千克及以下普通货运车辆的驾驶人员除外）。

第二十三条 申请从事危险货物运输经营的，还应当具备下列条件：

（一）有5辆以上经检测合格的危险货物运输专用车辆、设备；

（二）有经所在地设区的市级人民政府交通主管部门考试合格，取得上岗资格证的驾驶人员、装卸管理人员、押运人员；

（三）危险货物运输专用车辆配有必要的通讯工具；

（四）有健全的安全生产管理制度。

第二十四条 申请从事货运经营的，应当依法向工商行政管理机关办理有关登记手续后，按照下列规定提出申请并分别提交符合本条例第二十一条、第二十三条规定条件的相关材料：

（一）从事危险货物运输经营以外的货运经营的，向县级道路运输管理机构提出申请。

（二）从事危险货物运输经营的，向设区的市级道路运输管理机构提出申请。

依照前款规定收到申请的道路运输管理机构，应当自受理申请之日起20日内审查完毕，作出许可或者不予许可的决定。予以许可的，向申请人颁发道路运输经营许可证，并向申请人投入运输的车辆配发车辆营运证；不予许可的，应当书面通知申请人并说明理由。

（三）使用总质量4500千克及以下普通货运车辆从事普通货运经营的，无需按照本条规定申请取得道路运输经营许可证及车辆营运证。

第二十五条 货运经营者不得运输法律、行政法规禁止运输的货物。

法律、行政法规规定必须办理有关手续后方可运输的货物，货运经营者应当查验有关手续。

第二十六条 国家鼓励货运经营者实行封闭式运输，保证环境卫生和货物运输安全。

货运经营者应当采取必要措施，防止货物脱落、扬撒等。

运输危险货物应当采取必要措施，防止危险货物燃烧、爆炸、辐射、泄漏等。

第二十七条 运输危险货物应当配备必要的押运人员，保证危险货物处于押运人员的监管之下，并悬挂明显的危险货物运输标志。

托运危险货物的，应当向货运经营者说明危险货物的品名、性质、应急处置方法等情况，并严格按照国家有关规定包装，设置明显标志。

第三节 客运和货运的共同规定

第二十八条 客运经营者、货运经营者应当加强对从业人员的安全教育、职业道德教育，确保道路运输安全。

道路运输从业人员应当遵守道路运输操作规程,不得违章作业。驾驶人员连续驾驶时间不得超过4个小时。

第二十九条 生产(改装)客运车辆、货运车辆的企业应当按照国家规定标定车辆的核定人数或者载重量,严禁多标或者少标车辆的核定人数或者载重量。

客运经营者、货运经营者应当使用符合国家规定标准的车辆从事道路运输经营。

第三十条 客运经营者、货运经营者应当加强对车辆的维护和检测,确保车辆符合国家规定的技术标准;不得使用报废的、擅自改装的和其他不符合国家规定的车辆从事道路运输经营。

第三十一条 客运经营者、货运经营者应当制定有关交通事故、自然灾害以及其他突发事件的道路运输应急预案。应急预案应当包括报告程序、应急指挥、应急车辆和设备的储备以及处置措施等内容。

第三十二条 发生交通事故、自然灾害以及其他突发事件,客运经营者和货运经营者应当服从县级以上人民政府或者有关部门的统一调度、指挥。

第三十三条 道路运输车辆应当随车携带车辆营运证,不得转让、出租。

第三十四条 道路运输车辆运输旅客的,不得超过核定的人数,不得违反规定载货;运输货物的,不得运输旅客,运输的货物应当符合核定的载重量,严禁超载;载物的长、宽、高不得违反装载要求。

违反前款规定的,由公安机关交通管理部门依照《中华人民共和国道路交通安全法》的有关规定进行处罚。

第三十五条 客运经营者、危险货物运输经营者应当分别为旅客或者危险货物投保承运人责任险。

第三章 道路运输相关业务

第三十六条 申请从事道路运输站(场)经营的,应当具备下列条件:

(一)有经验收合格的运输站(场);

(二)有相应的专业人员和管理人员;

(三)有相应的设备、设施;

(四)有健全的业务操作规程和安全管理制度。

第三十七条 从事机动车维修经营的,应当具备下列条件:

(一)有相应的机动车维修场地;

(二)有必要的设备、设施和技术人员;

(三)有健全的机动车维修管理制度;

(四)有必要的环境保护措施。

国务院交通主管部门根据前款规定的条件,制定机动车维修经营业务标准。

第三十八条 申请从事机动车驾驶员培训的,应当具备下列条件:

(一)取得企业法人资格;

(二)有健全的培训机构和管理制度;

(三)有与培训业务相适应的教学人员、管理人员;

(四)有必要的教学车辆和其他教学设施、设备、场地。

第三十九条 申请从事道路运输站(场)经营和机动车驾驶员培训业务的,应当在依法向工商行政管理机关办理有关登记手续后,向所在地县级道路运输管理机构提出申请,并分别附送符合本条例第三十六条、第三十八条规定条件的相关材料。县级道路运输管理机构应当自受理申请之日起 15 日内审查完毕,作出许可或者不予许可的决定,并书面通知申请人。

从事机动车维修经营业务的,应当在依法向工商行政管理机关办理有关登记手续后,向所在地县级道路运输管理机构进行备案,并附送符合本条例第三十七条规定条件的相关材料。

第四十条 道路运输站(场)经营者应当对出站的车辆进行安全检查,禁止无证经营的车辆进站从事经营活动,防止超载车辆或者未经安全检查的车辆出站。

道路运输站(场)经营者应当公平对待使用站(场)的客运经营者和货运经营者,无正当理由不得拒绝道路运输车辆进站从事经营活动。

道路运输站(场)经营者应当向旅客和货主提供安全、便捷、优质的服务;保持站(场)卫生、清洁;不得随意改变站(场)用途和服务功能。

第四十一条 道路旅客运输站(场)经营者应当为客运经营者合理安排班次,公布其运输线路、起止经停站点、运输班次、始发时间、票价,调度车辆进站、发车,疏导旅客,维持上下车秩序。

道路旅客运输站(场)经营者应当设置旅客购票、候车、行李寄存和托运等服务设施,按照车辆核定载客限额售票,并采取措施防止携带危险品的人员进站乘车。

第四十二条 道路货物运输站(场)经营者应当按照国务院交通主管部门规定的业务操作规程装卸、储存、保管货物。

第四十三条 机动车维修经营者应当按照国家有关技术规范对机动车进行维修,保证维修质量,不得使用假冒伪劣配件维修机动车。

机动车维修经营者应当公布机动车维修工时定额和收费标准,合理收取费用,维修服务完成后应当提供维修费用明细单。

第四十四条 机动车维修经营者对机动车进行二级维护、总成修理或者整车修理的,应当进行维修质量检验。检验合格的,维修质量检验人员应当签发机动车维修合格证。

机动车维修实行质量保证期制度。质量保证期内因维修质量原因造成机动车无法正常使用的,机动车维修经营者应当无偿返修。

机动车维修质量保证期制度的具体办法,由国务院交通主管部门制定。

第四十五条 机动车维修经营者不得承修已报废的机动车,不得擅自改装机动车。

第四十六条 机动车驾驶员培训机构应当按照国务院交通主管部门规定的教学大纲进行培训,确保培训质量。培训结业的,应当向参加培训的人员颁发培训结业证书。

第四章 国际道路运输

第四十七条 国务院交通主管部门应当及时向社会公布中国政府与有关国家政府签署的双边或者多边道路运输协定确定的国际道路运输线路。

第四十八条 申请从事国际道路运输经营的,应当具备下列条件:

(一)依照本条例第十条、第二十四条规定取得道路运输经营许可证的企业法人;

(二)在国内从事道路运输经营满3年,且未发生重大以上道路交通责任事故。

第四十九条 申请从事国际道路运输的,应当向省、自治区、直辖市道路运输管理机构提出申请并提交符合本条例第四十八条规定条件的相关材料。省、自治区、直辖市道路运输管理机构应当自受理申请之日起20日内审查完毕,作出批准或者不予批准的决定。予以批准的,应当向国务院交通主管部门备案;不予批准的,应当向当事人说明理由。

国际道路运输经营者应当持批准文件依法向有关部门办理相关手续。

第五十条 中国国际道路运输经营者应当在其投入运输车辆的显著位置,标明中国国籍识别标志。

外国国际道路运输经营者的车辆在中国境内运输,应当标明本国国籍识别标志,并按照规定的运输线路行驶;不得擅自改变运输线路,不得从事起止地都在中国境内的道路运输经营。

第五十一条 在口岸设立的国际道路运输管理机构应当加强对出入口岸的国际道路运输的监督管理。

第五十二条 外国国际道路运输经营者依法在中国境内设立的常驻代表机构不得从事经营活动。

第五章 执法监督

第五十三条 县级以上人民政府交通主管部门应当加强对道路运输管理机构实施道路运输管理工作的指导监督。

第五十四条 道路运输管理机构应当加强执法队伍建设,提高其工作人员的法制、业务素质。

道路运输管理机构的工作人员应当接受法制和道路运输管理业务培训、考核,考核不合格的,不得上岗执行职务。

第五十五条 上级道路运输管理机构应当对下级道路运输管理机构的执法活动进行监督。

道路运输管理机构应当建立健全内部监督制度,对其工作人员执法情况进行监督检查。

第五十六条 道路运输管理机构及其工作人员执行职务时,应当自觉接受社会和公民的监督。

第五十七条 道路运输管理机构应当建立道路运输举报制度,公开举报电话号码、通信地址或者电子邮件信箱。

任何单位和个人都有权对道路运输管理机构的工作人员滥用职权、徇私舞弊的行为进行举报。交通主管部门、道路运输管理机构及其他有关部门收到举报后,应当依法及时查处。

第五十八条 道路运输管理机构的工作人员应当严格按照职责权限和程序进行监督检查,不得乱设卡、乱收费、乱罚款。

道路运输管理机构的工作人员应当重点在道路运输及相关业务经营场所、客货集散地进行监督检查。

道路运输管理机构的工作人员在公路路口进行监督检查时,不得随意拦截正常行驶的道路运输车辆。

第五十九条 道路运输管理机构的工作人员实施监督检查时,应当有 2 名以上人员参加,并向当事人出示执法证件。

第六十条 道路运输管理机构的工作人员实施监督检查时,可以向有关单位和个人了解情况,查阅、复制有关资料。但是,应当保守被调查单位和个人的商业秘密。

被监督检查的单位和个人应当接受依法实施的监督检查,如实提供有关资料或者情况。

第六十一条 道路运输管理机构的工作人员在实施道路运输监督检查过程中,发现车辆超载行为的,应当立即予以制止,并采取相应措施安排旅客改乘或者强制卸货。

第六十二条 道路运输管理机构的工作人员在实施道路运输监督检查过程中,对没有车辆营运证又无法当场提供其他有效证明的车辆予以暂扣的,应当妥善保管,不得使用,不得收取或者变相收取保管费用。

第六章 法律责任

第六十三条 违反本条例的规定,未取得道路运输经营许可,擅自从事道路运输经营的,由县级以上道路运输管理机构责令停止经营;有违法所得的,没收违法所得,处违法所得 2 倍以上 10 倍以下的罚款;没有违法所得或者违法所得不足 2 万元的,处 3 万元以上 10 万元以下的罚款;构成犯罪的,依法追究刑事责任。

第六十四条 不符合本条例第九条、第二十二条规定条件的人员驾驶道路运输经营车辆的,由县级以上道路运输管理机构责令改正,处 200 元以上 2000 元以下的罚款;构成犯罪的,依法追究刑事责任。

第六十五条 违反本条例的规定,未经许可擅自从事道路运输站(场)经营、机动车驾驶员培训的,由县级以上道路运输管理机构责令停止经营;有违法所得的,没收违法所得,处违法所得 2 倍以上 10 倍以下的罚款;没有违法所得或者违法所得不足 1 万元的,处 2 万元以上 5 万元以下的罚款;构成犯罪的,依法追究刑事责任。

从事机动车维修经营业务不符合国务院交通主管部门制定的机动车维修经营业务标准的,由县级以上道路运输管理机构责令改正;情节严重的,由县级以上道路运输管理机构责令停业整顿。

从事机动车维修经营业务,未按规定进行备案的,由县级以上道路运输管理机构责令改正;拒不改正的,处 5000 元以上 2 万元以下的罚款。

第六十六条 违反本条例的规定,客运经营者、货运经营者、道路运输相关业务经营者非法转让、出租道路运输许可证件的,由县级以上道路运输管理机构责令停止违法行为,收缴有关证件,处 2000 元以上 1 万元以下的罚款;有违法所得的,没收违法所得。

第六十七条 违反本条例的规定,客运经营者、危险货物运输经营者未按规定投保承运人责任险的,由县级以上道路运输管理机构责令限期投保;拒不投保的,由原许可机关吊销道路运输经营许可证。

第六十八条 违反本条例的规定,客运经营者、货运经营者不按照规定携带车辆营运证的,由县级以上道路运输管理机构责令改正,处警告或者20元以上200元以下的罚款。

第六十九条 违反本条例的规定,客运经营者、货运经营者有下列情形之一的,由县级以上道路运输管理机构责令改正,处1000元以上3000元以下的罚款;情节严重的,由原许可机关吊销道路运输经营许可证:

(一)不按批准的客运站点停靠或者不按规定的线路、公布的班次行驶的;

(二)强行招揽旅客、货物的;

(三)在旅客运输途中擅自变更运输车辆或者将旅客移交他人运输的;

(四)未报告原许可机关,擅自终止客运经营的;

(五)没有采取必要措施防止货物脱落、扬撒等的。

第七十条 违反本条例的规定,客运经营者、货运经营者不按规定维护和检测运输车辆的,由县级以上道路运输管理机构责令改正,处1000元以上5000元以下的罚款。

违反本条例的规定,客运经营者、货运经营者擅自改装已取得车辆营运证的车辆的,由县级以上道路运输管理机构责令改正,处5000元以上2万元以下的罚款。

第七十一条 违反本条例的规定,道路运输站(场)经营者允许无证经营的车辆进站从事经营活动以及超载车辆、未经安全检查的车辆出站或者无正当理由拒绝道路运输车辆进站从事经营活动的,由县级以上道路运输管理机构责令改正,处1万元以上3万元以下的罚款。

违反本条例的规定,道路运输站(场)经营者擅自改变道路运输站(场)的用途和服务功能,或者不公布运输线路、起止经停站点、运输班次、始发时间、票价的,由县级以上道路运输管理机构责令改正;拒不改正的,处3000元的罚款;有违法所得的,没收违法所得。

第七十二条 违反本条例的规定,机动车维修经营者使用假冒伪劣配件维修机动车,承修已报废的机动车或者擅自改装机动车的,由县级以上道路运输管理机构责令改正;有违法所得的,没收违法所得,处违法所得2倍以上10倍以下的罚款;没有违法所得或者违法所得不足1万元的,处2万元以上5万元以下的罚款,没收假冒伪劣配件及报废车辆;情节严重的,由县级以上道路运输管理机构责令停业整顿;构成犯罪的,依法追究刑事责任。

第七十三条 违反本条例的规定,机动车维修经营者签发虚假的机动车维修合格证,由县级以上道路运输管理机构责令改正;有违法所得的,没收违法所得,处违法所得2倍以上10倍以下的罚款;没有违法所得或者违法所得不足3000元的,处5000元以上2万元以下的罚款;情节严重的,由县级以上道路运输管理机构责令停业整顿;构成犯罪的,依法追究刑事责任。

第七十四条 违反本条例的规定,机动车驾驶员培训机构不严格按照规定进行培训或者在培训结业证书发放时弄虚作假的,由县级以上道路运输管理机构责令改正;拒不改正的,由原许可机关吊销其经营许可。

第七十五条 违反本条例的规定,外国国际道路运输经营者未按照规定的线路运输,擅自从事中国境内道路运输或者未标明国籍识别标志的,由省、自治区、直辖市道路运输管理机构责令停止运输;有违法所得的,没收违法所得,处违法所得2倍以上10倍以下的罚款;没有违法所得或者违法所得不足1万元的,处3万元以上6万元以下的罚款。

第七十六条 县级以上道路运输管理机构应当将道路运输及其相关业务经营者和从业

人员的违法行为记入信用记录，并依照有关法律、行政法规的规定予以公示。

第七十七条 违反本条例的规定，道路运输管理机构的工作人员有下列情形之一的，依法给予行政处分；构成犯罪的，依法追究刑事责任：

（一）不依照本条例规定的条件、程序和期限实施行政许可的；

（二）参与或者变相参与道路运输经营以及道路运输相关业务的；

（三）发现违法行为不及时查处的；

（四）违反规定拦截、检查正常行驶的道路运输车辆的；

（五）违法扣留运输车辆、车辆营运证的；

（六）索取、收受他人财物，或者谋取其他利益的；

（七）其他违法行为。

第七章 附 则

第七十八条 内地与香港特别行政区、澳门特别行政区之间的道路运输，参照本条例的有关规定执行。

第七十九条 外商可以依照有关法律、行政法规和国家有关规定，在中华人民共和国境内采用中外合资、中外合作、独资形式投资有关的道路运输经营以及道路运输相关业务。

第八十条 从事非经营性危险货物运输的，应当遵守本条例有关规定。

第八十一条 道路运输管理机构依照本条例发放经营许可证件和车辆营运证，可以收取工本费。工本费的具体收费标准由省、自治区、直辖市人民政府财政部门、价格主管部门会同同级交通主管部门核定。

第八十二条 出租车客运和城市公共汽车客运的管理办法由国务院另行规定。

第八十三条 本条例自2004年7月1日起施行。

安全生产许可证条例

(2004年1月13日中华人民共和国国务院令第397号公布;根据2013年7月18日中华人民共和国国务院令第638号第一次修改;根据2014年7月29日中华人民共和国国务院令第653号第二次修改)

第一条 为了严格规范安全生产条件,进一步加强安全生产监督管理,防止和减少生产安全事故,根据《中华人民共和国安全生产法》的有关规定,制定本条例。

第二条 国家对矿山企业、建筑施工企业和危险化学品、烟花爆竹、民用爆炸物品生产企业(以下统称企业)实行安全生产许可制度。

企业未取得安全生产许可证的,不得从事生产活动。

第三条 国务院安全生产监督管理部门负责中央管理的非煤矿矿山企业和危险化学品、烟花爆竹生产企业安全生产许可证的颁发和管理。

省、自治区、直辖市人民政府安全生产监督管理部门负责前款规定以外的非煤矿矿山企业和危险化学品、烟花爆竹生产企业安全生产许可证的颁发和管理,并接受国务院安全生产监督管理部门的指导和监督。

国家煤矿安全监察机构负责中央管理的煤矿企业安全生产许可证的颁发和管理。

在省、自治区、直辖市设立的煤矿安全监察机构负责前款规定以外的其他煤矿企业安全生产许可证的颁发和管理,并接受国家煤矿安全监察机构的指导和监督。

第四条 省、自治区、直辖市人民政府建设主管部门负责建筑施工企业安全生产许可证的颁发和管理,并接受国务院建设主管部门的指导和监督。

第五条 省、自治区、直辖市人民政府民用爆炸物品行业主管部门负责民用爆炸物品生产企业安全生产许可证的颁发和管理,并接受国务院民用爆炸物品行业主管部门的指导和监督。

第六条 企业取得安全生产许可证,应当具备下列安全生产条件:

(一)建立、健全安全生产责任制,制定完备的安全生产规章制度和操作规程;

(二)安全投入符合安全生产要求;

(三)设置安全生产管理机构,配备专职安全生产管理人员;

(四)主要负责人和安全生产管理人员经考核合格;

(五)特种作业人员经有关业务主管部门考核合格,取得特种作业操作资格证书;

(六)从业人员经安全生产教育和培训合格;

(七)依法参加工伤保险,为从业人员缴纳保险费;

(八)厂房、作业场所和安全设施、设备、工艺符合有关安全生产法律、法规、标准和规程的要求;

(九)有职业危害防治措施,并为从业人员配备符合国家标准或者行业标准的劳动防护用品；

（十）依法进行安全评价；

（十一）有重大危险源检测、评估、监控措施和应急预案；

（十二）有生产安全事故应急救援预案、应急救援组织或者应急救援人员，配备必要的应急救援器材、设备；

（十三）法律、法规规定的其他条件。

第七条 企业进行生产前，应当依照本条例的规定向安全生产许可证颁发管理机关申请领取安全生产许可证，并提供本条例第六条规定的相关文件、资料。安全生产许可证颁发管理机关应当自收到申请之日起45日内审查完毕，经审查符合本条例规定的安全生产条件的，颁发安全生产许可证；不符合本条例规定的安全生产条件的，不予颁发安全生产许可证，书面通知企业并说明理由。

煤矿企业应当以矿（井）为单位，依照本条例的规定取得安全生产许可证。

第八条 安全生产许可证由国务院安全生产监督管理部门规定统一的式样。

第九条 安全生产许可证的有效期为3年。安全生产许可证有效期满需要延期的，企业应当于期满前3个月向原安全生产许可证颁发管理机关办理延期手续。

企业在安全生产许可证有效期内，严格遵守有关安全生产的法律法规，未发生死亡事故的，安全生产许可证有效期届满时，经原安全生产许可证颁发管理机关同意，不再审查，安全生产许可证有效期延期3年。

第十条 安全生产许可证颁发管理机关应当建立、健全安全生产许可证档案管理制度，并定期向社会公布企业取得安全生产许可证的情况。

第十一条 煤矿企业安全生产许可证颁发管理机关、建筑施工企业安全生产许可证颁发管理机关、民用爆炸物品生产企业安全生产许可证颁发管理机关，应当每年向同级安全生产监督管理部门通报其安全生产许可证颁发和管理情况。

第十二条 国务院安全生产监督管理部门和省、自治区、直辖市人民政府安全生产监督管理部门对建筑施工企业、民用爆炸物品生产企业、煤矿企业取得安全生产许可证的情况进行监督。

第十三条 企业不得转让、冒用安全生产许可证或者使用伪造的安全生产许可证。

第十四条 企业取得安全生产许可证后，不得降低安全生产条件，并应当加强日常安全生产管理，接受安全生产许可证颁发管理机关的监督检查。

安全生产许可证颁发管理机关应当加强对取得安全生产许可证的企业的监督检查，发现其不再具备本条例规定的安全生产条件的，应当暂扣或者吊销安全生产许可证。

第十五条 安全生产许可证颁发管理机关工作人员在安全生产许可证颁发、管理和监督检查工作中，不得索取或者接受企业的财物，不得谋取其他利益。

第十六条 监察机关依照《中华人民共和国行政监察法》的规定，对安全生产许可证颁发管理机关及其工作人员履行本条例规定的职责实施监察。

第十七条 任何单位或者个人对违反本条例规定的行为，有权向安全生产许可证颁发管理机关或者监察机关等有关部门举报。

第十八条 安全生产许可证颁发管理机关工作人员有下列行为之一的，给予降级或者

撤职的行政处分;构成犯罪的,依法追究刑事责任:

(一)向不符合本条例规定的安全生产条件的企业颁发安全生产许可证的;

(二)发现企业未依法取得安全生产许可证擅自从事生产活动,不依法处理的;

(三)发现取得安全生产许可证的企业不再具备本条例规定的安全生产条件,不依法处理的;

(四)接到对违反本条例规定行为的举报后,不及时处理的;

(五)在安全生产许可证颁发、管理和监督检查工作中,索取或者接受企业的财物,或者谋取其他利益的。

第十九条 违反本条例规定,未取得安全生产许可证擅自进行生产的,责令停止生产,没收违法所得,并处10万元以上50万元以下的罚款;造成重大事故或者其他严重后果,构成犯罪的,依法追究刑事责任。

第二十条 违反本条例规定,安全生产许可证有效期满未办理延期手续,继续进行生产的,责令停止生产,限期补办延期手续,没收违法所得,并处5万元以上10万元以下的罚款;逾期仍不办理延期手续,继续进行生产的,依照本条例第十九条的规定处罚。

第二十一条 违反本条例规定,转让安全生产许可证的,没收违法所得,处10万元以上50万元以下的罚款,并吊销其安全生产许可证;构成犯罪的,依法追究刑事责任;接受转让的,依照本条例第十九条的规定处罚。

冒用安全生产许可证或者使用伪造的安全生产许可证的,依照本条例第十九条的规定处罚。

第二十二条 本条例施行前已经进行生产的企业,应当自本条例施行之日起1年内,依照本条例的规定向安全生产许可证颁发管理机关申请办理安全生产许可证;逾期不办理安全生产许可证,或者经审查不符合本条例规定的安全生产条件,未取得安全生产许可证,继续进行生产的,依照本条例第十九条的规定处罚。

第二十三条 本条例规定的行政处罚,由安全生产许可证颁发管理机关决定。

第二十四条 本条例自公布之日起施行。

生产安全事故应急条例

（2019 年 2 月 17 日中华人民共和国国务院令第 708 号公布）

第一章　总　　则

第一条　为了规范生产安全事故应急工作，保障人民群众生命和财产安全，根据《中华人民共和国安全生产法》和《中华人民共和国突发事件应对法》，制定本条例。

第二条　本条例适用于生产安全事故应急工作；法律、行政法规另有规定的，适用其规定。

第三条　国务院统一领导全国的生产安全事故应急工作，县级以上地方人民政府统一领导本行政区域内的生产安全事故应急工作。生产安全事故应急工作涉及两个以上行政区域的，由有关行政区域共同的上一级人民政府负责，或者由各有关行政区域的上一级人民政府共同负责。

县级以上人民政府应急管理部门和其他对有关行业、领域的安全生产工作实施监督管理的部门（以下统称负有安全生产监督管理职责的部门）在各自职责范围内，做好有关行业、领域的生产安全事故应急工作。

县级以上人民政府应急管理部门指导、协调本级人民政府其他负有安全生产监督管理职责的部门和下级人民政府的生产安全事故应急工作。

乡、镇人民政府以及街道办事处等地方人民政府派出机关应当协助上级人民政府有关部门依法履行生产安全事故应急工作职责。

第四条　生产经营单位应当加强生产安全事故应急工作，建立、健全生产安全事故应急工作责任制，其主要负责人对本单位的生产安全事故应急工作全面负责。

第二章　应急准备

第五条　县级以上人民政府及其负有安全生产监督管理职责的部门和乡、镇人民政府以及街道办事处等地方人民政府派出机关，应当针对可能发生的生产安全事故的特点和危害，进行风险辨识和评估，制定相应的生产安全事故应急救援预案，并依法向社会公布。

生产经营单位应当针对本单位可能发生的生产安全事故的特点和危害，进行风险辨识和评估，制定相应的生产安全事故应急救援预案，并向本单位从业人员公布。

第六条　生产安全事故应急救援预案应当符合有关法律、法规、规章和标准的规定，具有科学性、针对性和可操作性，明确规定应急组织体系、职责分工以及应急救援程序和措施。

有下列情形之一的，生产安全事故应急救援预案制定单位应当及时修订相关预案：

（一）制定预案所依据的法律、法规、规章、标准发生重大变化；

（二）应急指挥机构及其职责发生调整；

(三)安全生产面临的风险发生重大变化;

(四)重要应急资源发生重大变化;

(五)在预案演练或者应急救援中发现需要修订预案的重大问题;

(六)其他应当修订的情形。

第七条 县级以上人民政府负有安全生产监督管理职责的部门应当将其制定的生产安全事故应急救援预案报送本级人民政府备案;易燃易爆物品、危险化学品等危险物品的生产、经营、储存、运输单位,矿山、金属冶炼、城市轨道交通运营、建筑施工单位,以及宾馆、商场、娱乐场所、旅游景区等人员密集场所经营单位,应当将其制定的生产安全事故应急救援预案按照国家有关规定报送县级以上人民政府负有安全生产监督管理职责的部门备案,并依法向社会公布。

第八条 县级以上地方人民政府以及县级以上人民政府负有安全生产监督管理职责的部门,乡、镇人民政府以及街道办事处等地方人民政府派出机关,应当至少每 2 年组织 1 次生产安全事故应急救援预案演练。

易燃易爆物品、危险化学品等危险物品的生产、经营、储存、运输单位,矿山、金属冶炼、城市轨道交通运营、建筑施工单位,以及宾馆、商场、娱乐场所、旅游景区等人员密集场所经营单位,应当至少每半年组织 1 次生产安全事故应急救援预案演练,并将演练情况报送所在地县级以上地方人民政府负有安全生产监督管理职责的部门。

县级以上地方人民政府负有安全生产监督管理职责的部门应当对本行政区域内前款规定的重点生产经营单位的生产安全事故应急救援预案演练进行抽查;发现演练不符合要求的,应当责令限期改正。

第九条 县级以上人民政府应当加强对生产安全事故应急救援队伍建设的统一规划、组织和指导。

县级以上人民政府负有安全生产监督管理职责的部门根据生产安全事故应急工作的实际需要,在重点行业、领域单独建立或者依托有条件的生产经营单位、社会组织共同建立应急救援队伍。

国家鼓励和支持生产经营单位和其他社会力量建立提供社会化应急救援服务的应急救援队伍。

第十条 易燃易爆物品、危险化学品等危险物品的生产、经营、储存、运输单位,矿山、金属冶炼、城市轨道交通运营、建筑施工单位,以及宾馆、商场、娱乐场所、旅游景区等人员密集场所经营单位,应当建立应急救援队伍;其中,小型企业或者微型企业等规模较小的生产经营单位,可以不建立应急救援队伍,但应当指定兼职的应急救援人员,并且可以与邻近的应急救援队伍签订应急救援协议。

工业园区、开发区等产业聚集区域内的生产经营单位,可以联合建立应急救援队伍。

第十一条 应急救援队伍的应急救援人员应当具备必要的专业知识、技能、身体素质和心理素质。

应急救援队伍建立单位或者兼职应急救援人员所在单位应当按照国家有关规定对应急救援人员进行培训;应急救援人员经培训合格后,方可参加应急救援工作。

应急救援队伍应当配备必要的应急救援装备和物资,并定期组织训练。

第十二条　生产经营单位应当及时将本单位应急救援队伍建立情况按照国家有关规定报送县级以上人民政府负有安全生产监督管理职责的部门，并依法向社会公布。

县级以上人民政府负有安全生产监督管理职责的部门应当定期将本行业、本领域的应急救援队伍建立情况报送本级人民政府，并依法向社会公布。

第十三条　县级以上地方人民政府应当根据本行政区域内可能发生的生产安全事故的特点和危害，储备必要的应急救援装备和物资，并及时更新和补充。

易燃易爆物品、危险化学品等危险物品的生产、经营、储存、运输单位，矿山、金属冶炼、城市轨道交通运营、建筑施工单位，以及宾馆、商场、娱乐场所、旅游景区等人员密集场所经营单位，应当根据本单位可能发生的生产安全事故的特点和危害，配备必要的灭火、排水、通风以及危险物品稀释、掩埋、收集等应急救援器材、设备和物资，并进行经常性维护、保养，保证正常运转。

第十四条　下列单位应当建立应急值班制度，配备应急值班人员：

（一）县级以上人民政府及其负有安全生产监督管理职责的部门；

（二）危险物品的生产、经营、储存、运输单位以及矿山、金属冶炼、城市轨道交通运营、建筑施工单位；

（三）应急救援队伍。

规模较大、危险性较高的易燃易爆物品、危险化学品等危险物品的生产、经营、储存、运输单位应当成立应急处置技术组，实行24小时应急值班。

第十五条　生产经营单位应当对从业人员进行应急教育和培训，保证从业人员具备必要的应急知识，掌握风险防范技能和事故应急措施。

第十六条　国务院负有安全生产监督管理职责的部门应当按照国家有关规定建立生产安全事故应急救援信息系统，并采取有效措施，实现数据互联互通、信息共享。

生产经营单位可以通过生产安全事故应急救援信息系统办理生产安全事故应急救援预案备案手续，报送应急救援预案演练情况和应急救援队伍建设情况；但依法需要保密的除外。

第三章　应急救援

第十七条　发生生产安全事故后，生产经营单位应当立即启动生产安全事故应急救援预案，采取下列一项或者多项应急救援措施，并按照国家有关规定报告事故情况：

（一）迅速控制危险源，组织抢救遇险人员；

（二）根据事故危害程度，组织现场人员撤离或者采取可能的应急措施后撤离；

（三）及时通知可能受到事故影响的单位和人员；

（四）采取必要措施，防止事故危害扩大和次生、衍生灾害发生；

（五）根据需要请求邻近的应急救援队伍参加救援，并向参加救援的应急救援队伍提供相关技术资料、信息和处置方法；

（六）维护事故现场秩序，保护事故现场和相关证据；

（七）法律、法规规定的其他应急救援措施。

第十八条　有关地方人民政府及其部门接到生产安全事故报告后，应当按照国家有关

规定上报事故情况,启动相应的生产安全事故应急救援预案,并按照应急救援预案的规定采取下列一项或者多项应急救援措施:

(一)组织抢救遇险人员,救治受伤人员,研判事故发展趋势以及可能造成的危害;

(二)通知可能受到事故影响的单位和人员,隔离事故现场,划定警戒区域,疏散受到威胁的人员,实施交通管制;

(三)采取必要措施,防止事故危害扩大和次生、衍生灾害发生,避免或者减少事故对环境造成的危害;

(四)依法发布调用和征用应急资源的决定;

(五)依法向应急救援队伍下达救援命令;

(六)维护事故现场秩序,组织安抚遇险人员和遇险遇难人员亲属;

(七)依法发布有关事故情况和应急救援工作的信息;

(八)法律、法规规定的其他应急救援措施。

有关地方人民政府不能有效控制生产安全事故的,应当及时向上级人民政府报告。上级人民政府应当及时采取措施,统一指挥应急救援。

第十九条 应急救援队伍接到有关人民政府及其部门的救援命令或者签有应急救援协议的生产经营单位的救援请求后,应当立即参加生产安全事故应急救援。

应急救援队伍根据救援命令参加生产安全事故应急救援所耗费用,由事故责任单位承担;事故责任单位无力承担的,由有关人民政府协调解决。

第二十条 发生生产安全事故后,有关人民政府认为有必要的,可以设立由本级人民政府及其有关部门负责人、应急救援专家、应急救援队伍负责人、事故发生单位负责人等人员组成的应急救援现场指挥部,并指定现场指挥部总指挥。

第二十一条 现场指挥部实行总指挥负责制,按照本级人民政府的授权组织制定并实施生产安全事故现场应急救援方案,协调、指挥有关单位和个人参加现场应急救援。

参加生产安全事故现场应急救援的单位和个人应当服从现场指挥部的统一指挥。

第二十二条 在生产安全事故应急救援过程中,发现可能直接危及应急救援人员生命安全的紧急情况时,现场指挥部或者统一指挥应急救援的人民政府应当立即采取相应措施消除隐患,降低或者化解风险,必要时可以暂时撤离应急救援人员。

第二十三条 生产安全事故发生地人民政府应当为应急救援人员提供必需的后勤保障,并组织通信、交通运输、医疗卫生、气象、水文、地质、电力、供水等单位协助应急救援。

第二十四条 现场指挥部或者统一指挥生产安全事故应急救援的人民政府及其有关部门应当完整、准确地记录应急救援的重要事项,妥善保存相关原始资料和证据。

第二十五条 生产安全事故的威胁和危害得到控制或者消除后,有关人民政府应当决定停止执行依照本条例和有关法律、法规采取的全部或者部分应急救援措施。

第二十六条 有关人民政府及其部门根据生产安全事故应急救援需要依法调用和征用的财产,在使用完毕或者应急救援结束后,应当及时归还。财产被调用、征用或者调用、征用后毁损、灭失的,有关人民政府及其部门应当按照国家有关规定给予补偿。

第二十七条 按照国家有关规定成立的生产安全事故调查组应当对应急救援工作进行评估,并在事故调查报告中作出评估结论。

第二十八条 县级以上地方人民政府应当按照国家有关规定，对在生产安全事故应急救援中伤亡的人员及时给予救治和抚恤；符合烈士评定条件的，按照国家有关规定评定为烈士。

第四章 法律责任

第二十九条 地方各级人民政府和街道办事处等地方人民政府派出机关以及县级以上人民政府有关部门违反本条例规定的，由其上级行政机关责令改正；情节严重的，对直接负责的主管人员和其他直接责任人员依法给予处分。

第三十条 生产经营单位未制定生产安全事故应急救援预案、未定期组织应急救援预案演练、未对从业人员进行应急教育和培训，生产经营单位的主要负责人在本单位发生生产安全事故时不立即组织抢救的，由县级以上人民政府负有安全生产监督管理职责的部门依照《中华人民共和国安全生产法》有关规定追究法律责任。

第三十一条 生产经营单位未对应急救援器材、设备和物资进行经常性维护、保养，导致发生严重生产安全事故或者生产安全事故危害扩大，或者在本单位发生生产安全事故后未立即采取相应的应急救援措施，造成严重后果的，由县级以上人民政府负有安全生产监督管理职责的部门依照《中华人民共和国突发事件应对法》有关规定追究法律责任。

第三十二条 生产经营单位未将生产安全事故应急救援预案报送备案、未建立应急值班制度或者配备应急值班人员的，由县级以上人民政府负有安全生产监督管理职责的部门责令限期改正；逾期未改正的，处 3 万元以上 5 万元以下的罚款，对直接负责的主管人员和其他直接责任人员处 1 万元以上 2 万元以下的罚款。

第三十三条 违反本条例规定，构成违反治安管理行为的，由公安机关依法给予处罚；构成犯罪的，依法追究刑事责任。

第五章 附 则

第三十四条 储存、使用易燃易爆物品、危险化学品等危险物品的科研机构、学校、医院等单位的安全事故应急工作，参照本条例有关规定执行。

第三十五条 本条例自 2019 年 4 月 1 日起施行。

生产安全事故报告和调查处理条例

(2007年3月28日中华人民共和国国务院令第493号公布)

第一章　总　　则

第一条　为了规范生产安全事故的报告和调查处理,落实生产安全事故责任追究制度,防止和减少生产安全事故,根据《中华人民共和国安全生产法》和有关法律,制定本条例。

第二条　生产经营活动中发生的造成人身伤亡或者直接经济损失的生产安全事故的报告和调查处理,适用本条例;环境污染事故、核设施事故、国防科研生产事故的报告和调查处理不适用本条例。

第三条　根据生产安全事故(以下简称事故)造成的人员伤亡或者直接经济损失,事故一般分为以下等级:

(一)特别重大事故,是指造成30人以上死亡,或者100人以上重伤(包括急性工业中毒,下同),或者1亿元以上直接经济损失的事故;

(二)重大事故,是指造成10人以上30人以下死亡,或者50人以上100人以下重伤,或者5000万元以上1亿元以下直接经济损失的事故;

(三)较大事故,是指造成3人以上10人以下死亡,或者10人以上50人以下重伤,或者1000万元以上5000万元以下直接经济损失的事故;

(四)一般事故,是指造成3人以下死亡,或者10人以下重伤,或者1000万元以下直接经济损失的事故。

国务院安全生产监督管理部门可以会同国务院有关部门,制定事故等级划分的补充性规定。

本条第一款所称的"以上"包括本数,所称的"以下"不包括本数。

第四条　事故报告应当及时、准确、完整,任何单位和个人对事故不得迟报、漏报、谎报或者瞒报。

事故调查处理应当坚持实事求是、尊重科学的原则,及时、准确地查清事故经过、事故原因和事故损失,查明事故性质,认定事故责任,总结事故教训,提出整改措施,并对事故责任者依法追究责任。

第五条　县级以上人民政府应当依照本条例的规定,严格履行职责,及时、准确地完成事故调查处理工作。

事故发生地有关地方人民政府应当支持、配合上级人民政府或者有关部门的事故调查处理工作,并提供必要的便利条件。

参加事故调查处理的部门和单位应当互相配合,提高事故调查处理工作的效率。

第六条　工会依法参加事故调查处理,有权向有关部门提出处理意见。

第七条 任何单位和个人不得阻挠和干涉对事故的报告和依法调查处理。

第八条 对事故报告和调查处理中的违法行为,任何单位和个人有权向安全生产监督管理部门、监察机关或者其他有关部门举报,接到举报的部门应当依法及时处理。

第二章 事故报告

第九条 事故发生后,事故现场有关人员应当立即向本单位负责人报告;单位负责人接到报告后,应当于1小时内向事故发生地县级以上人民政府安全生产监督管理部门和负有安全生产监督管理职责的有关部门报告。

情况紧急时,事故现场有关人员可以直接向事故发生地县级以上人民政府安全生产监督管理部门和负有安全生产监督管理职责的有关部门报告。

第十条 安全生产监督管理部门和负有安全生产监督管理职责的有关部门接到事故报告后,应当依照下列规定上报事故情况,并通知公安机关、劳动保障行政部门、工会和人民检察院:

(一)特别重大事故、重大事故逐级上报至国务院安全生产监督管理部门和负有安全生产监督管理职责的有关部门;

(二)较大事故逐级上报至省、自治区、直辖市人民政府安全生产监督管理部门和负有安全生产监督管理职责的有关部门;

(三)一般事故上报至设区的市级人民政府安全生产监督管理部门和负有安全生产监督管理职责的有关部门。

安全生产监督管理部门和负有安全生产监督管理职责的有关部门依照前款规定上报事故情况,应当同时报告本级人民政府。国务院安全生产监督管理部门和负有安全生产监督管理职责的有关部门以及省级人民政府接到发生特别重大事故、重大事故的报告后,应当立即报告国务院。

必要时,安全生产监督管理部门和负有安全生产监督管理职责的有关部门可以越级上报事故情况。

第十一条 安全生产监督管理部门和负有安全生产监督管理职责的有关部门逐级上报事故情况,每级上报的时间不得超过2小时。

第十二条 报告事故应当包括下列内容:

(一)事故发生单位概况;

(二)事故发生的时间、地点以及事故现场情况;

(三)事故的简要经过;

(四)事故已经造成或者可能造成的伤亡人数(包括下落不明的人数)和初步估计的直接经济损失;

(五)已经采取的措施;

(六)其他应当报告的情况。

第十三条 事故报告后出现新情况的,应当及时补报。

自事故发生之日起30日内,事故造成的伤亡人数发生变化的,应当及时补报。道路交通事故、火灾事故自发生之日起7日内,事故造成的伤亡人数发生变化的,应当及时补报。

第十四条 事故发生单位负责人接到事故报告后,应当立即启动事故相应应急预案,或者采取有效措施,组织抢救,防止事故扩大,减少人员伤亡和财产损失。

第十五条 事故发生地有关地方人民政府、安全生产监督管理部门和负有安全生产监督管理职责的有关部门接到事故报告后,其负责人应当立即赶赴事故现场,组织事故救援。

第十六条 事故发生后,有关单位和人员应当妥善保护事故现场以及相关证据,任何单位和个人不得破坏事故现场、毁灭相关证据。

因抢救人员、防止事故扩大以及疏通交通等原因,需要移动事故现场物件的,应当做出标志,绘制现场简图并做出书面记录,妥善保存现场重要痕迹、物证。

第十七条 事故发生地公安机关根据事故的情况,对涉嫌犯罪的,应当依法立案侦查,采取强制措施和侦查措施。犯罪嫌疑人逃匿的,公安机关应当迅速追捕归案。

第十八条 安全生产监督管理部门和负有安全生产监督管理职责的有关部门应当建立值班制度,并向社会公布值班电话,受理事故报告和举报。

第三章 事故调查

第十九条 特别重大事故由国务院或者国务院授权有关部门组织事故调查组进行调查。

重大事故、较大事故、一般事故分别由事故发生地省级人民政府、设区的市级人民政府、县级人民政府负责调查。省级人民政府、设区的市级人民政府、县级人民政府可以直接组织事故调查组进行调查,也可以授权或者委托有关部门组织事故调查组进行调查。

未造成人员伤亡的一般事故,县级人民政府也可以委托事故发生单位组织事故调查组进行调查。

第二十条 上级人民政府认为必要时,可以调查由下级人民政府负责调查的事故。

自事故发生之日起30日内(道路交通事故、火灾事故自发生之日起7日内),因事故伤亡人数变化导致事故等级发生变化,依照本条例规定应当由上级人民政府负责调查的,上级人民政府可以另行组织事故调查组进行调查。

第二十一条 特别重大事故以下等级事故,事故发生地与事故发生单位不在同一个县级以上行政区域的,由事故发生地人民政府负责调查,事故发生单位所在地人民政府应当派人参加。

第二十二条 事故调查组的组成应当遵循精简、效能的原则。

根据事故的具体情况,事故调查组由有关人民政府、安全生产监督管理部门、负有安全生产监督管理职责的有关部门、监察机关、公安机关以及工会派人组成,并应当邀请人民检察院派人参加。事故调查组可以聘请有关专家参与调查。

第二十三条 事故调查组成员应当具有事故调查所需要的知识和专长,并与所调查的事故没有直接利害关系。

第二十四条 事故调查组组长由负责事故调查的人民政府指定。事故调查组组长主持事故调查组的工作。

第二十五条 事故调查组履行下列职责:

(一)查明事故发生的经过、原因、人员伤亡情况及直接经济损失;

(二)认定事故的性质和事故责任;

(三)提出对事故责任者的处理建议;

(四)总结事故教训,提出防范和整改措施;

(五)提交事故调查报告。

第二十六条 事故调查组有权向有关单位和个人了解与事故有关的情况,并要求其提供相关文件、资料,有关单位和个人不得拒绝。

事故发生单位的负责人和有关人员在事故调查期间不得擅离职守,并应当随时接受事故调查组的询问,如实提供有关情况。事故调查中发现涉嫌犯罪的,事故调查组应当及时将有关材料或者其复印件移交司法机关处理。

第二十七条 事故调查中需要进行技术鉴定的,事故调查组应当委托具有国家规定资质的单位进行技术鉴定。必要时,事故调查组可以直接组织专家进行技术鉴定。技术鉴定所需时间不计入事故调查期限。

第二十八条 事故调查组成员在事故调查工作中应当诚信公正、恪尽职守,遵守事故调查组的纪律,保守事故调查的秘密。

未经事故调查组组长允许,事故调查组成员不得擅自发布有关事故的信息。

第二十九条 事故调查组应当自事故发生之日起60日内提交事故调查报告;特殊情况下,经负责事故调查的人民政府批准,提交事故调查报告的期限可以适当延长,但延长的期限最长不超过60日。

第三十条 事故调查报告应当包括下列内容:

(一)事故发生单位概况;

(二)事故发生经过和事故救援情况;

(三)事故造成的人员伤亡和直接经济损失;

(四)事故发生的原因和事故性质;

(五)事故责任的认定以及对事故责任者的处理建议;

(六)事故防范和整改措施。

事故调查报告应当附具有关证据材料。事故调查组成员应当在事故调查报告上签名。

第三十一条 事故调查报告报送负责事故调查的人民政府后,事故调查工作即告结束。事故调查的有关资料应当归档保存。

第四章 事故处理

第三十二条 重大事故、较大事故、一般事故,负责事故调查的人民政府应当自收到事故调查报告之日起15日内做出批复;特别重大事故,30日内做出批复,特殊情况下,批复时间可以适当延长,但延长的时间最长不超过30日。

有关机关应当按照人民政府的批复,依照法律、行政法规规定的权限和程序,对事故发生单位和有关人员进行行政处罚,对负有事故责任的国家工作人员进行处分。

事故发生单位应当按照负责事故调查的人民政府的批复,对本单位负有事故责任的人员进行处理。

负有事故责任的人员涉嫌犯罪的,依法追究刑事责任。

第三十三条 事故发生单位应当认真吸取事故教训,落实防范和整改措施,防止事故再次发生。防范和整改措施的落实情况应当接受工会和职工的监督。

安全生产监督管理部门和负有安全生产监督管理职责的有关部门应当对事故发生单位落实防范和整改措施的情况进行监督检查。

第三十四条 事故处理的情况由负责事故调查的人民政府或者其授权的有关部门、机构向社会公布,依法应当保密的除外。

第五章 法律责任

第三十五条 事故发生单位主要负责人有下列行为之一的,处上一年年收入40%至80%的罚款;属于国家工作人员的,并依法给予处分;构成犯罪的,依法追究刑事责任:

(一)不立即组织事故抢救的;

(二)迟报或者漏报事故的;

(三)在事故调查处理期间擅离职守的。

第三十六条 事故发生单位及其有关人员有下列行为之一的,对事故发生单位处100万元以上500万元以下的罚款;对主要负责人、直接负责的主管人员和其他直接责任人员处上一年年收入60%至100%的罚款;属于国家工作人员的,并依法给予处分;构成违反治安管理行为的,由公安机关依法给予治安管理处罚;构成犯罪的,依法追究刑事责任:

(一)谎报或者瞒报事故的;

(二)伪造或者故意破坏事故现场的;

(三)转移、隐匿资金、财产,或者销毁有关证据、资料的;

(四)拒绝接受调查或者拒绝提供有关情况和资料的;

(五)在事故调查中作伪证或者指使他人作伪证的;

(六)事故发生后逃匿的。

第三十七条 事故发生单位对事故发生负有责任的,依照下列规定处以罚款:

(一)发生一般事故的,处10万元以上20万元以下的罚款;

(二)发生较大事故的,处20万元以上50万元以下的罚款;

(三)发生重大事故的,处50万元以上200万元以下的罚款;

(四)发生特别重大事故的,处200万元以上500万元以下的罚款。

第三十八条 事故发生单位主要负责人未依法履行安全生产管理职责,导致事故发生的,依照下列规定处以罚款;属于国家工作人员的,并依法给予处分;构成犯罪的,依法追究刑事责任:

(一)发生一般事故的,处上一年年收入30%的罚款;

(二)发生较大事故的,处上一年年收入40%的罚款;

(三)发生重大事故的,处上一年年收入60%的罚款;

(四)发生特别重大事故的,处上一年年收入80%的罚款。

第三十九条 有关地方人民政府、安全生产监督管理部门和负有安全生产监督管理职责的有关部门有下列行为之一的,对直接负责的主管人员和其他直接责任人员依法给予处分;构成犯罪的,依法追究刑事责任:

(一)不立即组织事故抢救的;

(二)迟报、漏报、谎报或者瞒报事故的;

(三)阻碍、干涉事故调查工作的;

(四)在事故调查中作伪证或者指使他人作伪证的。

第四十条 事故发生单位对事故发生负有责任的,由有关部门依法暂扣或者吊销其有关证照;对事故发生单位负有事故责任的有关人员,依法暂停或者撤销其与安全生产有关的执业资格、岗位证书;事故发生单位主要负责人受到刑事处罚或者撤职处分的,自刑罚执行完毕或者受处分之日起,5 年内不得担任任何生产经营单位的主要负责人。

为发生事故的单位提供虚假证明的中介机构,由有关部门依法暂扣或者吊销其有关证照及其相关人员的执业资格;构成犯罪的,依法追究刑事责任。

第四十一条 参与事故调查的人员在事故调查中有下列行为之一的,依法给予处分;构成犯罪的,依法追究刑事责任:

(一)对事故调查工作不负责任,致使事故调查工作有重大疏漏的;

(二)包庇、袒护负有事故责任的人员或者借机打击报复的。

第四十二条 违反本条例规定,有关地方人民政府或者有关部门故意拖延或者拒绝落实经批复的对事故责任人的处理意见的,由监察机关对有关责任人员依法给予处分。

第四十三条 本条例规定的罚款的行政处罚,由安全生产监督管理部门决定。

法律、行政法规对行政处罚的种类、幅度和决定机关另有规定的,依照其规定。

第六章 附　　则

第四十四条 没有造成人员伤亡,但是社会影响恶劣的事故,国务院或者有关地方人民政府认为需要调查处理的,依照本条例的有关规定执行。

国家机关、事业单位、人民团体发生的事故的报告和调查处理,参照本条例的规定执行。

第四十五条 特别重大事故以下等级事故的报告和调查处理,有关法律、行政法规或者国务院另有规定的,依照其规定。

第四十六条 本条例自 2007 年 6 月 1 日起施行。国务院 1989 年 3 月 29 日公布的《特别重大事故调查程序暂行规定》和 1991 年 2 月 22 日公布的《企业职工伤亡事故报告和处理规定》同时废止。

工伤保险条例

(2003年4月27日中华人民共和国国务院令第375号公布;根据2010年12月20日中华人民共和国国务院令第586号第一次修改)

第一章 总 则

第一条 为了保障因工作遭受事故伤害或者患职业病的职工获得医疗救治和经济补偿,促进工伤预防和职业康复,分散用人单位的工伤风险,制定本条例。

第二条 中华人民共和国境内的企业、事业单位、社会团体、民办非企业单位、基金会、律师事务所、会计师事务所等组织和有雇工的个体工商户(以下称用人单位)应当依照本条例规定参加工伤保险,为本单位全部职工或者雇工(以下称职工)缴纳工伤保险费。

中华人民共和国境内的企业、事业单位、社会团体、民办非企业单位、基金会、律师事务所、会计师事务所等组织的职工和个体工商户的雇工,均有依照本条例的规定享受工伤保险待遇的权利。

第三条 工伤保险费的征缴按照《社会保险费征缴暂行条例》关于基本养老保险费、基本医疗保险费、失业保险费的征缴规定执行。

第四条 用人单位应当将参加工伤保险的有关情况在本单位内公示。

用人单位和职工应当遵守有关安全生产和职业病防治的法律法规,执行安全卫生规程和标准,预防工伤事故发生,避免和减少职业病危害。

职工发生工伤时,用人单位应当采取措施使工伤职工得到及时救治。

第五条 国务院社会保险行政部门负责全国的工伤保险工作。

县级以上地方各级人民政府社会保险行政部门负责本行政区域内的工伤保险工作。

社会保险行政部门按照国务院有关规定设立的社会保险经办机构(以下称经办机构)具体承办工伤保险事务。

第六条 社会保险行政部门等部门制定工伤保险的政策、标准,应当征求工会组织、用人单位代表的意见。

第二章 工伤保险基金

第七条 工伤保险基金由用人单位缴纳的工伤保险费、工伤保险基金的利息和依法纳入工伤保险基金的其他资金构成。

第八条 工伤保险费根据以支定收、收支平衡的原则,确定费率。

国家根据不同行业的工伤风险程度确定行业的差别费率,并根据工伤保险费使用、工伤发生率等情况在每个行业内确定若干费率档次。行业差别费率及行业内费率档次由国务院社会保险行政部门制定,报国务院批准后公布施行。

统筹地区经办机构根据用人单位工伤保险费使用、工伤发生率等情况，适用所属行业内相应的费率档次确定单位缴费费率。

第九条 国务院社会保险行政部门应当定期了解全国各统筹地区工伤保险基金收支情况，及时提出调整行业差别费率及行业内费率档次的方案，报国务院批准后公布施行。

第十条 用人单位应当按时缴纳工伤保险费。职工个人不缴纳工伤保险费。

用人单位缴纳工伤保险费的数额为本单位职工工资总额乘以单位缴费费率之积。

对难以按照工资总额缴纳工伤保险费的行业，其缴纳工伤保险费的具体方式，由国务院社会保险行政部门规定。

第十一条 工伤保险基金逐步实行省级统筹。

跨地区、生产流动性较大的行业，可以采取相对集中的方式异地参加统筹地区的工伤保险。具体办法由国务院社会保险行政部门会同有关行业的主管部门制定。

第十二条 工伤保险基金存入社会保障基金财政专户，用于本条例规定的工伤保险待遇，劳动能力鉴定，工伤预防的宣传、培训等费用，以及法律、法规规定的用于工伤保险的其他费用的支付。

工伤预防费用的提取比例、使用和管理的具体办法，由国务院社会保险行政部门会同国务院财政、卫生行政、安全生产监督管理等部门规定。

任何单位或者个人不得将工伤保险基金用于投资运营、兴建或者改建办公场所、发放奖金，或者挪作其他用途。

第十三条 工伤保险基金应当留有一定比例的储备金，用于统筹地区重大事故的工伤保险待遇支付；储备金不足支付的，由统筹地区的人民政府垫付。储备金占基金总额的具体比例和储备金的使用办法，由省、自治区、直辖市人民政府规定。

第三章 工伤认定

第十四条 职工有下列情形之一的，应当认定为工伤：

（一）在工作时间和工作场所内，因工作原因受到事故伤害的；

（二）工作时间前后在工作场所内，从事与工作有关的预备性或者收尾性工作受到事故伤害的；

（三）在工作时间和工作场所内，因履行工作职责受到暴力等意外伤害的；

（四）患职业病的；

（五）因工外出期间，由于工作原因受到伤害或者发生事故下落不明的；

（六）在上下班途中，受到非本人主要责任的交通事故或者城市轨道交通、客运轮渡、火车事故伤害的；

（七）法律、行政法规规定应当认定为工伤的其他情形。

第十五条 职工有下列情形之一的，视同工伤：

（一）在工作时间和工作岗位，突发疾病死亡或者在48小时之内经抢救无效死亡的；

（二）在抢险救灾等维护国家利益、公共利益活动中受到伤害的；

（三）职工原在军队服役，因战、因公负伤致残，已取得革命伤残军人证，到用人单位后旧伤复发的。

职工有前款第(一)项、第(二)项情形的,按照本条例的有关规定享受工伤保险待遇;职工有前款第(三)项情形的,按照本条例的有关规定享受除一次性伤残补助金以外的工伤保险待遇。

第十六条 职工符合本条例第十四条、第十五条的规定,但是有下列情形之一的,不得认定为工伤或者视同工伤:

(一)故意犯罪的;

(二)醉酒或者吸毒的;

(三)自残或者自杀的。

第十七条 职工发生事故伤害或者按照职业病防治法规定被诊断、鉴定为职业病,所在单位应当自事故伤害发生之日或者被诊断、鉴定为职业病之日起30日内,向统筹地区社会保险行政部门提出工伤认定申请。遇有特殊情况,经报社会保险行政部门同意,申请时限可以适当延长。

用人单位未按前款规定提出工伤认定申请的,工伤职工或者其近亲属、工会组织在事故伤害发生之日或者被诊断、鉴定为职业病之日起1年内,可以直接向用人单位所在地统筹地区社会保险行政部门提出工伤认定申请。

按照本条第一款规定应当由省级社会保险行政部门进行工伤认定的事项,根据属地原则由用人单位所在地的设区的市级社会保险行政部门办理。

用人单位未在本条第一款规定的时限内提交工伤认定申请,在此期间发生符合本条例规定的工伤待遇等有关费用由该用人单位负担。

第十八条 提出工伤认定申请应当提交下列材料:

(一)工伤认定申请表;

(二)与用人单位存在劳动关系(包括事实劳动关系)的证明材料;

(三)医疗诊断证明或者职业病诊断证明书(或者职业病诊断鉴定书)。

工伤认定申请表应当包括事故发生的时间、地点、原因以及职工伤害程度等基本情况。

工伤认定申请人提供材料不完整的,社会保险行政部门应当一次性书面告知工伤认定申请人需要补正的全部材料。申请人按照书面告知要求补正材料后,社会保险行政部门应当受理。

第十九条 社会保险行政部门受理工伤认定申请后,根据审核需要可以对事故伤害进行调查核实,用人单位、职工、工会组织、医疗机构以及有关部门应当予以协助。职业病诊断和诊断争议的鉴定,依照职业病防治法的有关规定执行。对依法取得职业病诊断证明书或者职业病诊断鉴定书的,社会保险行政部门不再进行调查核实。

职工或者其近亲属认为是工伤,用人单位不认为是工伤的,由用人单位承担举证责任。

第二十条 社会保险行政部门应当自受理工伤认定申请之日起60日内作出工伤认定的决定,并书面通知申请工伤认定的职工或者其近亲属和该职工所在单位。

社会保险行政部门对受理的事实清楚、权利义务明确的工伤认定申请,应当在15日内作出工伤认定的决定。

作出工伤认定决定需要以司法机关或者有关行政主管部门的结论为依据的,在司法机关或者有关行政主管部门尚未作出结论期间,作出工伤认定决定的时限中止。

社会保险行政部门工作人员与工伤认定申请人有利害关系的,应当回避。

第四章　劳动能力鉴定

第二十一条　职工发生工伤,经治疗伤情相对稳定后存在残疾、影响劳动能力的,应当进行劳动能力鉴定。

第二十二条　劳动能力鉴定是指劳动功能障碍程度和生活自理障碍程度的等级鉴定。

劳动功能障碍分为十个伤残等级,最重的为一级,最轻的为十级。

生活自理障碍分为三个等级:生活完全不能自理、生活大部分不能自理和生活部分不能自理。

劳动能力鉴定标准由国务院社会保险行政部门会同国务院卫生行政部门等部门制定。

第二十三条　劳动能力鉴定由用人单位、工伤职工或者其近亲属向设区的市级劳动能力鉴定委员会提出申请,并提供工伤认定决定和职工工伤医疗的有关资料。

第二十四条　省、自治区、直辖市劳动能力鉴定委员会和设区的市级劳动能力鉴定委员会分别由省、自治区、直辖市和设区的市级社会保险行政部门、卫生行政部门、工会组织、经办机构代表以及用人单位代表组成。

劳动能力鉴定委员会建立医疗卫生专家库。列入专家库的医疗卫生专业技术人员应当具备下列条件:

(一)具有医疗卫生高级专业技术职务任职资格;

(二)掌握劳动能力鉴定的相关知识;

(三)具有良好的职业品德。

第二十五条　设区的市级劳动能力鉴定委员会收到劳动能力鉴定申请后,应当从其建立的医疗卫生专家库中随机抽取3名或者5名相关专家组成专家组,由专家组提出鉴定意见。设区的市级劳动能力鉴定委员会根据专家组的鉴定意见作出工伤职工劳动能力鉴定结论;必要时,可以委托具备资格的医疗机构协助进行有关的诊断。

设区的市级劳动能力鉴定委员会应当自收到劳动能力鉴定申请之日起60日内作出劳动能力鉴定结论,必要时,作出劳动能力鉴定结论的期限可以延长30日。劳动能力鉴定结论应当及时送达申请鉴定的单位和个人。

第二十六条　申请鉴定的单位或者个人对设区的市级劳动能力鉴定委员会作出的鉴定结论不服的,可以在收到该鉴定结论之日起15日内向省、自治区、直辖市劳动能力鉴定委员会提出再次鉴定申请。省、自治区、直辖市劳动能力鉴定委员会作出的劳动能力鉴定结论为最终结论。

第二十七条　劳动能力鉴定工作应当客观、公正。劳动能力鉴定委员会组成人员或者参加鉴定的专家与当事人有利害关系的,应当回避。

第二十八条　自劳动能力鉴定结论作出之日起1年后,工伤职工或者其近亲属、所在单位或者经办机构认为伤残情况发生变化的,可以申请劳动能力复查鉴定。

第二十九条 劳动能力鉴定委员会依照本条例第二十六条和第二十八条的规定进行再次鉴定和复查鉴定的期限,依照本条例第二十五条第二款的规定执行。

第五章 工伤保险待遇

第三十条 职工因工作遭受事故伤害或者患职业病进行治疗,享受工伤医疗待遇。

职工治疗工伤应当在签订服务协议的医疗机构就医,情况紧急时可以先到就近的医疗机构急救。

治疗工伤所需费用符合工伤保险诊疗项目目录、工伤保险药品目录、工伤保险住院服务标准的,从工伤保险基金支付。工伤保险诊疗项目目录、工伤保险药品目录、工伤保险住院服务标准,由国务院社会保险行政部门会同国务院卫生行政部门、食品药品监督管理部门等部门规定。

职工住院治疗工伤的伙食补助费,以及经医疗机构出具证明,报经办机构同意,工伤职工到统筹地区以外就医所需的交通、食宿费用从工伤保险基金支付,基金支付的具体标准由统筹地区人民政府规定。

工伤职工治疗非工伤引发的疾病,不享受工伤医疗待遇,按照基本医疗保险办法处理。

工伤职工到签订服务协议的医疗机构进行工伤康复的费用,符合规定的,从工伤保险基金支付。

第三十一条 社会保险行政部门作出认定为工伤的决定后发生行政复议、行政诉讼的,行政复议和行政诉讼期间不停止支付工伤职工治疗工伤的医疗费用。

第三十二条 工伤职工因日常生活或者就业需要,经劳动能力鉴定委员会确认,可以安装假肢、矫形器、假眼、假牙和配置轮椅等辅助器具,所需费用按照国家规定的标准从工伤保险基金支付。

第三十三条 职工因工作遭受事故伤害或者患职业病需要暂停工作接受工伤医疗的,在停工留薪期内,原工资福利待遇不变,由所在单位按月支付。

停工留薪期一般不超过12个月。伤情严重或者情况特殊,经设区的市级劳动能力鉴定委员会确认,可以适当延长,但延长不得超过12个月。工伤职工评定伤残等级后,停发原待遇,按照本章的有关规定享受伤残待遇。工伤职工在停工留薪期满后仍需治疗的,继续享受工伤医疗待遇。

生活不能自理的工伤职工在停工留薪期需要护理的,由所在单位负责。

第三十四条 工伤职工已经评定伤残等级并经劳动能力鉴定委员会确认需要生活护理的,从工伤保险基金按月支付生活护理费。

生活护理费按照生活完全不能自理、生活大部分不能自理或者生活部分不能自理3个不同等级支付,其标准分别为统筹地区上年度职工月平均工资的50%、40%或者30%。

第三十五条 职工因工致残被鉴定为一级至四级伤残的,保留劳动关系,退出工作岗位,享受以下待遇:

(一)从工伤保险基金按伤残等级支付一次性伤残补助金,标准为:一级伤残为27个月的本人工资,二级伤残为25个月的本人工资,三级伤残为23个月的本人工资,四级伤残为

21 个月的本人工资。

(二)从工伤保险基金按月支付伤残津贴,标准为:一级伤残为本人工资的 90%,二级伤残为本人工资的 85%,三级伤残为本人工资的 80%,四级伤残为本人工资的 75%。伤残津贴实际金额低于当地最低工资标准的,由工伤保险基金补足差额。

(三)工伤职工达到退休年龄并办理退休手续后,停发伤残津贴,按照国家有关规定享受基本养老保险待遇。基本养老保险待遇低于伤残津贴的,由工伤保险基金补足差额。

职工因工致残被鉴定为一级至四级伤残的,由用人单位和职工个人以伤残津贴为基数,缴纳基本医疗保险费。

第三十六条 职工因工致残被鉴定为五级、六级伤残的,享受以下待遇:

(一)从工伤保险基金按伤残等级支付一次性伤残补助金,标准为:五级伤残为 18 个月的本人工资,六级伤残为 16 个月的本人工资;

(二)保留与用人单位的劳动关系,由用人单位安排适当工作。难以安排工作的,由用人单位按月发给伤残津贴,标准为:五级伤残为本人工资的 70%,六级伤残为本人工资的 60%,并由用人单位按照规定为其缴纳应缴纳的各项社会保险费。伤残津贴实际金额低于当地最低工资标准的,由用人单位补足差额。

经工伤职工本人提出,该职工可以与用人单位解除或者终止劳动关系,由工伤保险基金支付一次性工伤医疗补助金,由用人单位支付一次性伤残就业补助金。一次性工伤医疗补助金和一次性伤残就业补助金的具体标准由省、自治区、直辖市人民政府规定。

第三十七条 职工因工致残被鉴定为七级至十级伤残的,享受以下待遇:

(一)从工伤保险基金按伤残等级支付一次性伤残补助金,标准为:七级伤残为 13 个月的本人工资,八级伤残为 11 个月的本人工资,九级伤残为 9 个月的本人工资,十级伤残为 7 个月的本人工资;

(二)劳动、聘用合同期满终止,或者职工本人提出解除劳动、聘用合同的,由工伤保险基金支付一次性工伤医疗补助金,由用人单位支付一次性伤残就业补助金。一次性工伤医疗补助金和一次性伤残就业补助金的具体标准由省、自治区、直辖市人民政府规定。

第三十八条 工伤职工工伤复发,确认需要治疗的,享受本条例第三十条、第三十二条和第三十三条规定的工伤待遇。

第三十九条 职工因工死亡,其近亲属按照下列规定从工伤保险基金领取丧葬补助金、供养亲属抚恤金和一次性工亡补助金:

(一)丧葬补助金为 6 个月的统筹地区上年度职工月平均工资。

(二)供养亲属抚恤金按照职工本人工资的一定比例发给由因工死亡职工生前提供主要生活来源、无劳动能力的亲属。标准为:配偶每月 40%,其他亲属每人每月 30%,孤寡老人或者孤儿每人每月在上述标准的基础上增加 10%。核定的各供养亲属的抚恤金之和不应高于因工死亡职工生前的工资。供养亲属的具体范围由国务院社会保险行政部门规定。

(三)一次性工亡补助金标准为上一年度全国城镇居民人均可支配收入的 20 倍。

伤残职工在停工留薪期内因工伤导致死亡的,其近亲属享受本条第一款规定的待遇。

一级至四级伤残职工在停工留薪期满后死亡的,其近亲属可以享受本条第一款第(一)

项、第(二)项规定的待遇。

第四十条 伤残津贴、供养亲属抚恤金、生活护理费由统筹地区社会保险行政部门根据职工平均工资和生活费用变化等情况适时调整。调整办法由省、自治区、直辖市人民政府规定。

第四十一条 职工因工外出期间发生事故或者在抢险救灾中下落不明的,从事故发生当月起3个月内照发工资,从第4个月起停发工资,由工伤保险基金向其供养亲属按月支付供养亲属抚恤金。生活有困难的,可以预支一次性工亡补助金的50%。职工被人民法院宣告死亡的,按照本条例第三十九条职工因工死亡的规定处理。

第四十二条 工伤职工有下列情形之一的,停止享受工伤保险待遇:

(一)丧失享受待遇条件的;

(二)拒不接受劳动能力鉴定的;

(三)拒绝治疗的。

第四十三条 用人单位分立、合并、转让的,承继单位应当承担原用人单位的工伤保险责任;原用人单位已经参加工伤保险的,承继单位应当到当地经办机构办理工伤保险变更登记。

用人单位实行承包经营的,工伤保险责任由职工劳动关系所在单位承担。

职工被借调期间受到工伤事故伤害的,由原用人单位承担工伤保险责任,但原用人单位与借调单位可以约定补偿办法。

企业破产的,在破产清算时依法拨付应当由单位支付的工伤保险待遇费用。

第四十四条 职工被派遣出境工作,依据前往国家或者地区的法律应当参加当地工伤保险的,参加当地工伤保险,其国内工伤保险关系中止;不能参加当地工伤保险的,其国内工伤保险关系不中止。

第四十五条 职工再次发生工伤,根据规定应当享受伤残津贴的,按照新认定的伤残等级享受伤残津贴待遇。

第六章 监督管理

第四十六条 经办机构具体承办工伤保险事务,履行下列职责:

(一)根据省、自治区、直辖市人民政府规定,征收工伤保险费;

(二)核查用人单位的工资总额和职工人数,办理工伤保险登记,并负责保存用人单位缴费和职工享受工伤保险待遇情况的记录;

(三)进行工伤保险的调查、统计;

(四)按照规定管理工伤保险基金的支出;

(五)按照规定核定工伤保险待遇;

(六)为工伤职工或者其近亲属免费提供咨询服务。

第四十七条 经办机构与医疗机构、辅助器具配置机构在平等协商的基础上签订服务协议,并公布签订服务协议的医疗机构、辅助器具配置机构的名单。具体办法由国务院社会保险行政部门分别会同国务院卫生行政部门、民政部门等部门制定。

第四十八条 经办机构按照协议和国家有关目录、标准对工伤职工医疗费用、康复费用、辅助器具费用的使用情况进行核查，并按时足额结算费用。

第四十九条 经办机构应当定期公布工伤保险基金的收支情况，及时向社会保险行政部门提出调整费率的建议。

第五十条 社会保险行政部门、经办机构应当定期听取工伤职工、医疗机构、辅助器具配置机构以及社会各界对改进工伤保险工作的意见。

第五十一条 社会保险行政部门依法对工伤保险费的征缴和工伤保险基金的支付情况进行监督检查。

财政部门和审计机关依法对工伤保险基金的收支、管理情况进行监督。

第五十二条 任何组织和个人对有关工伤保险的违法行为，有权举报。社会保险行政部门对举报应当及时调查，按照规定处理，并为举报人保密。

第五十三条 工会组织依法维护工伤职工的合法权益，对用人单位的工伤保险工作实行监督。

第五十四条 职工与用人单位发生工伤待遇方面的争议，按照处理劳动争议的有关规定处理。

第五十五条 有下列情形之一的，有关单位或者个人可以依法申请行政复议，也可以依法向人民法院提起行政诉讼：

（一）申请工伤认定的职工或者其近亲属、该职工所在单位对工伤认定申请不予受理的决定不服的；

（二）申请工伤认定的职工或者其近亲属、该职工所在单位对工伤认定结论不服的；

（三）用人单位对经办机构确定的单位缴费费率不服的；

（四）签订服务协议的医疗机构、辅助器具配置机构认为经办机构未履行有关协议或者规定的；

（五）工伤职工或者其近亲属对经办机构核定的工伤保险待遇有异议的。

第七章 法律责任

第五十六条 单位或者个人违反本条例第十二条规定挪用工伤保险基金，构成犯罪的，依法追究刑事责任；尚不构成犯罪的，依法给予处分或者纪律处分。被挪用的基金由社会保险行政部门追回，并入工伤保险基金；没收的违法所得依法上缴国库。

第五十七条 社会保险行政部门工作人员有下列情形之一的，依法给予处分；情节严重，构成犯罪的，依法追究刑事责任：

（一）无正当理由不受理工伤认定申请，或者弄虚作假将不符合工伤条件的人员认定为工伤职工的；

（二）未妥善保管申请工伤认定的证据材料，致使有关证据灭失的；

（三）收受当事人财物的。

第五十八条 经办机构有下列行为之一的，由社会保险行政部门责令改正，对直接负责的主管人员和其他责任人员依法给予纪律处分；情节严重，构成犯罪的，依法追究刑事责任；造成当事人经济损失的，由经办机构依法承担赔偿责任：

（一）未按规定保存用人单位缴费和职工享受工伤保险待遇情况记录的；

(二)不按规定核定工伤保险待遇的;

(三)收受当事人财物的。

第五十九条 医疗机构、辅助器具配置机构不按服务协议提供服务的,经办机构可以解除服务协议。

经办机构不按时足额结算费用的,由社会保险行政部门责令改正;医疗机构、辅助器具配置机构可以解除服务协议。

第六十条 用人单位、工伤职工或者其近亲属骗取工伤保险待遇,医疗机构、辅助器具配置机构骗取工伤保险基金支出的,由社会保险行政部门责令退还,处骗取金额2倍以上5倍以下的罚款;情节严重,构成犯罪的,依法追究刑事责任。

第六十一条 从事劳动能力鉴定的组织或者个人有下列情形之一的,由社会保险行政部门责令改正,处2000元以上1万元以下的罚款;情节严重,构成犯罪的,依法追究刑事责任:

(一)提供虚假鉴定意见的;

(二)提供虚假诊断证明的;

(三)收受当事人财物的。

第六十二条 用人单位依照本条例规定应当参加工伤保险而未参加的,由社会保险行政部门责令限期参加,补缴应当缴纳的工伤保险费,并自欠缴之日起,按日加收万分之五的滞纳金;逾期仍不缴纳的,处欠缴数额1倍以上3倍以下的罚款。

依照本条例规定应当参加工伤保险而未参加工伤保险的用人单位职工发生工伤的,由该用人单位按照本条例规定的工伤保险待遇项目和标准支付费用。

用人单位参加工伤保险并补缴应当缴纳的工伤保险费、滞纳金后,由工伤保险基金和用人单位依照本条例的规定支付新发生的费用。

第六十三条 用人单位违反本条例第十九条的规定,拒不协助社会保险行政部门对事故进行调查核实的,由社会保险行政部门责令改正,处2000元以上2万元以下的罚款。

第八章 附 则

第六十四条 本条例所称工资总额,是指用人单位直接支付给本单位全部职工的劳动报酬总额。

本条例所称本人工资,是指工伤职工因工作遭受事故伤害或者患职业病前12个月平均月缴费工资。本人工资高于统筹地区职工平均工资300%的,按照统筹地区职工平均工资的300%计算;本人工资低于统筹地区职工平均工资60%的,按照统筹地区职工平均工资的60%计算。

第六十五条 公务员和参照公务员法管理的事业单位、社会团体的工作人员因工作遭受事故伤害或者患职业病的,由所在单位支付费用。具体办法由国务院社会保险行政部门会同国务院财政部门规定。

第六十六条 无营业执照或者未经依法登记、备案的单位以及被依法吊销营业执照或者撤销登记、备案的单位的职工受到事故伤害或者患职业病的,由该单位向伤残职工或者死亡职工的近亲属给予一次性赔偿,赔偿标准不得低于本条例规定的工伤保险待遇;用人单位不得使用童工,用人单位使用童工造成童工伤残、死亡的,由该单位向童工或者童工的近亲属给予一次性赔偿,赔偿标准不得低于本条例规定的工伤保险待遇。具体办法由国务院社会保险行政部门规定。

前款规定的伤残职工或者死亡职工的近亲属就赔偿数额与单位发生争议的,以及前款规定的童工或者童工的近亲属就赔偿数额与单位发生争议的,按照处理劳动争议的有关规定处理。

第六十七条 本条例自2004年1月1日起施行。本条例施行前已受到事故伤害或者患职业病的职工尚未完成工伤认定的,按照本条例的规定执行。

危险化学品安全管理条例

(2002 年 1 月 26 日中华人民共和国国务院令第 344 号公布;根据 2011 年 2 月 16 日中华人民共和国国务院令第 591 号第一次修改;根据 2013 年 12 月 4 日中华人民共和国国务院令第 645 号第二次修改)

第一章 总 则

第一条 为了加强危险化学品的安全管理,预防和减少危险化学品事故,保障人民群众生命财产安全,保护环境,制定本条例。

第二条 危险化学品生产、储存、使用、经营和运输的安全管理,适用本条例。

废弃危险化学品的处置,依照有关环境保护的法律、行政法规和国家有关规定执行。

第三条 本条例所称危险化学品,是指具有毒害、腐蚀、爆炸、燃烧、助燃等性质,对人体、设施、环境具有危害的剧毒化学品和其他化学品。

危险化学品目录,由国务院安全生产监督管理部门会同国务院工业和信息化、公安、环境保护、卫生、质量监督检验检疫、交通运输、铁路、民用航空、农业主管部门,根据化学品危险特性的鉴别和分类标准确定、公布,并适时调整。

第四条 危险化学品安全管理,应当坚持安全第一、预防为主、综合治理的方针,强化和落实企业的主体责任。

生产、储存、使用、经营、运输危险化学品的单位(以下统称危险化学品单位)的主要负责人对本单位的危险化学品安全管理工作全面负责。

危险化学品单位应当具备法律、行政法规规定和国家标准、行业标准要求的安全条件,建立、健全安全管理规章制度和岗位安全责任制度,对从业人员进行安全教育、法制教育和岗位技术培训。从业人员应当接受教育和培训,考核合格后上岗作业;对有资格要求的岗位,应当配备依法取得相应资格的人员。

第五条 任何单位和个人不得生产、经营、使用国家禁止生产、经营、使用的危险化学品。

国家对危险化学品的使用有限制性规定的,任何单位和个人不得违反限制性规定使用危险化学品。

第六条 对危险化学品的生产、储存、使用、经营、运输实施安全监督管理的有关部门(以下统称负有危险化学品安全监督管理职责的部门),依照下列规定履行职责:

(一)安全生产监督管理部门负责危险化学品安全监督管理综合工作,组织确定、公布、调整危险化学品目录,对新建、改建、扩建生产、储存危险化学品(包括使用长输管道输送危险化学品,下同)的建设项目进行安全条件审查,核发危险化学品安全生产许可证、危险化学品安全使用许可证和危险化学品经营许可证,并负责危险化学品登记工作。

（二）公安机关负责危险化学品的公共安全管理，核发剧毒化学品购买许可证、剧毒化学品道路运输通行证，并负责危险化学品运输车辆的道路交通安全管理。

（三）质量监督检验检疫部门负责核发危险化学品及其包装物、容器（不包括储存危险化学品的固定式大型储罐，下同）生产企业的工业产品生产许可证，并依法对其产品质量实施监督，负责对进出口危险化学品及其包装实施检验。

（四）环境保护主管部门负责废弃危险化学品处置的监督管理，组织危险化学品的环境危害性鉴定和环境风险程度评估，确定实施重点环境管理的危险化学品，负责危险化学品环境管理登记和新化学物质环境管理登记；依照职责分工调查相关危险化学品环境污染事故和生态破坏事件，负责危险化学品事故现场的应急环境监测。

（五）交通运输主管部门负责危险化学品道路运输、水路运输的许可以及运输工具的安全管理，对危险化学品水路运输安全实施监督，负责危险化学品道路运输企业、水路运输企业驾驶人员、船员、装卸管理人员、押运人员、申报人员、集装箱装箱现场检查员的资格认定。铁路监管部门负责危险化学品铁路运输及其运输工具的安全管理。民用航空主管部门负责危险化学品航空运输以及航空运输企业及其运输工具的安全管理。

（六）卫生主管部门负责危险化学品毒性鉴定的管理，负责组织、协调危险化学品事故受伤人员的医疗卫生救援工作。

（七）工商行政管理部门依据有关部门的许可证件，核发危险化学品生产、储存、经营、运输企业营业执照，查处危险化学品经营企业违法采购危险化学品的行为。

（八）邮政管理部门负责依法查处寄递危险化学品的行为。

第七条　负有危险化学品安全监督管理职责的部门依法进行监督检查，可以采取下列措施：

（一）进入危险化学品作业场所实施现场检查，向有关单位和人员了解情况，查阅、复制有关文件、资料；

（二）发现危险化学品事故隐患，责令立即消除或者限期消除；

（三）对不符合法律、行政法规、规章规定或者国家标准、行业标准要求的设施、设备、装置、器材、运输工具，责令立即停止使用；

（四）经本部门主要负责人批准，查封违法生产、储存、使用、经营危险化学品的场所，扣押违法生产、储存、使用、经营、运输的危险化学品以及用于违法生产、使用、运输危险化学品的原材料、设备、运输工具；

（五）发现影响危险化学品安全的违法行为，当场予以纠正或者责令限期改正。

负有危险化学品安全监督管理职责的部门依法进行监督检查，监督检查人员不得少于2人，并应当出示执法证件；有关单位和个人对依法进行的监督检查应当予以配合，不得拒绝、阻碍。

第八条　县级以上人民政府应当建立危险化学品安全监督管理工作协调机制，支持、督促负有危险化学品安全监督管理职责的部门依法履行职责，协调、解决危险化学品安全监督管理工作中的重大问题。

负有危险化学品安全监督管理职责的部门应当相互配合、密切协作，依法加强对危险化学品的安全监督管理。

第九条 任何单位和个人对违反本条例规定的行为,有权向负有危险化学品安全监督管理职责的部门举报。负有危险化学品安全监督管理职责的部门接到举报,应当及时依法处理;对不属于本部门职责的,应当及时移送有关部门处理。

第十条 国家鼓励危险化学品生产企业和使用危险化学品从事生产的企业采用有利于提高安全保障水平的先进技术、工艺、设备以及自动控制系统,鼓励对危险化学品实行专门储存、统一配送、集中销售。

第二章 生产、储存安全

第十一条 国家对危险化学品的生产、储存实行统筹规划、合理布局。

国务院工业和信息化主管部门以及国务院其他有关部门依据各自职责,负责危险化学品生产、储存的行业规划和布局。

地方人民政府组织编制城乡规划,应当根据本地区的实际情况,按照确保安全的原则,规划适当区域专门用于危险化学品的生产、储存。

第十二条 新建、改建、扩建生产、储存危险化学品的建设项目(以下简称建设项目),应当由安全生产监督管理部门进行安全条件审查。

建设单位应当对建设项目进行安全条件论证,委托具备国家规定的资质条件的机构对建设项目进行安全评价,并将安全条件论证和安全评价的情况报告报建设项目所在地设区的市级以上人民政府安全生产监督管理部门;安全生产监督管理部门应当自收到报告之日起45日内作出审查决定,并书面通知建设单位。具体办法由国务院安全生产监督管理部门制定。

新建、改建、扩建储存、装卸危险化学品的港口建设项目,由港口行政管理部门按照国务院交通运输主管部门的规定进行安全条件审查。

第十三条 生产、储存危险化学品的单位,应当对其铺设的危险化学品管道设置明显标志,并对危险化学品管道定期检查、检测。

进行可能危及危险化学品管道安全的施工作业,施工单位应当在开工的7日前书面通知管道所属单位,并与管道所属单位共同制定应急预案,采取相应的安全防护措施。管道所属单位应当指派专门人员到现场进行管道安全保护指导。

第十四条 危险化学品生产企业进行生产前,应当依照《安全生产许可证条例》的规定,取得危险化学品安全生产许可证。

生产列入国家实行生产许可证制度的工业产品目录的危险化学品的企业,应当依照《中华人民共和国工业产品生产许可证管理条例》的规定,取得工业产品生产许可证。

负责颁发危险化学品安全生产许可证、工业产品生产许可证的部门,应当将其颁发许可证的情况及时向同级工业和信息化主管部门、环境保护主管部门和公安机关通报。

第十五条 危险化学品生产企业应当提供与其生产的危险化学品相符的化学品安全技术说明书,并在危险化学品包装(包括外包装件)上粘贴或者拴挂与包装内危险化学品相符的化学品安全标签。化学品安全技术说明书和化学品安全标签所载明的内容应当符合国家标准的要求。

危险化学品生产企业发现其生产的危险化学品有新的危险特性的,应当立即公告,并及时修订其化学品安全技术说明书和化学品安全标签。

第十六条 生产实施重点环境管理的危险化学品的企业,应当按照国务院环境保护主管部门的规定,将该危险化学品向环境中释放等相关信息向环境保护主管部门报告。环境保护主管部门可以根据情况采取相应的环境风险控制措施。

第十七条 危险化学品的包装应当符合法律、行政法规、规章的规定以及国家标准、行业标准的要求。

危险化学品包装物、容器的材质以及危险化学品包装的型式、规格、方法和单件质量(重量),应当与所包装的危险化学品的性质和用途相适应。

第十八条 生产列入国家实行生产许可证制度的工业产品目录的危险化学品包装物、容器的企业,应当依照《中华人民共和国工业产品生产许可证管理条例》的规定,取得工业产品生产许可证;其生产的危险化学品包装物、容器经国务院质量监督检验检疫部门认定的检验机构检验合格,方可出厂销售。

运输危险化学品的船舶及其配载的容器,应当按照国家船舶检验规范进行生产,并经海事管理机构认定的船舶检验机构检验合格,方可投入使用。

对重复使用的危险化学品包装物、容器,使用单位在重复使用前应当进行检查;发现存在安全隐患的,应当维修或者更换。使用单位应当对检查情况作出记录,记录的保存期限不得少于2年。

第十九条 危险化学品生产装置或者储存数量构成重大危险源的危险化学品储存设施(运输工具加油站、加气站除外),与下列场所、设施、区域的距离应当符合国家有关规定:

(一)居住区以及商业中心、公园等人员密集场所;

(二)学校、医院、影剧院、体育场(馆)等公共设施;

(三)饮用水源、水厂以及水源保护区;

(四)车站、码头(依法经许可从事危险化学品装卸作业的除外)、机场以及通信干线、通信枢纽、铁路线路、道路交通干线、水路交通干线、地铁风亭以及地铁站出入口;

(五)基本农田保护区、基本草原、畜禽遗传资源保护区、畜禽规模化养殖场(养殖小区)、渔业水域以及种子、种畜禽、水产苗种生产基地;

(六)河流、湖泊、风景名胜区、自然保护区;

(七)军事禁区、军事管理区;

(八)法律、行政法规规定的其他场所、设施、区域。

已建的危险化学品生产装置或者储存数量构成重大危险源的危险化学品储存设施不符合前款规定的,由所在地设区的市级人民政府安全生产监督管理部门会同有关部门监督其所属单位在规定期限内进行整改;需要转产、停产、搬迁、关闭的,由本级人民政府决定并组织实施。

储存数量构成重大危险源的危险化学品储存设施的选址,应当避开地震活动断层和容易发生洪灾、地质灾害的区域。

本条例所称重大危险源,是指生产、储存、使用或者搬运危险化学品,且危险化学品的数量等于或者超过临界量的单元(包括场所和设施)。

第二十条 生产、储存危险化学品的单位,应当根据其生产、储存的危险化学品的种类和危险特性,在作业场所设置相应的监测、监控、通风、防晒、调温、防火、灭火、防爆、泄压、防毒、中和、防潮、防雷、防静电、防腐、防泄漏以及防护围堤或者隔离操作等安全设施、设备,并按照国家标准、行业标准或者国家有关规定对安全设施、设备进行经常性维护、保养,保证安全设施、设备的正常使用。

生产、储存危险化学品的单位,应当在其作业场所和安全设施、设备上设置明显的安全警示标志。

第二十一条 生产、储存危险化学品的单位,应当在其作业场所设置通信、报警装置,并保证处于适用状态。

第二十二条 生产、储存危险化学品的企业,应当委托具备国家规定的资质条件的机构,对本企业的安全生产条件每3年进行一次安全评价,提出安全评价报告。安全评价报告的内容应当包括对安全生产条件存在的问题进行整改的方案。

生产、储存危险化学品的企业,应当将安全评价报告以及整改方案的落实情况报所在地县级人民政府安全生产监督管理部门备案。在港区内储存危险化学品的企业,应当将安全评价报告以及整改方案的落实情况报港口行政管理部门备案。

第二十三条 生产、储存剧毒化学品或者国务院公安部门规定的可用于制造爆炸物品的危险化学品(以下简称易制爆危险化学品)的单位,应当如实记录其生产、储存的剧毒化学品、易制爆危险化学品的数量、流向,并采取必要的安全防范措施,防止剧毒化学品、易制爆危险化学品丢失或者被盗;发现剧毒化学品、易制爆危险化学品丢失或者被盗的,应当立即向当地公安机关报告。

生产、储存剧毒化学品、易制爆危险化学品的单位,应当设置治安保卫机构,配备专职治安保卫人员。

第二十四条 危险化学品应当储存在专用仓库、专用场地或者专用储存室(以下统称专用仓库)内,并由专人负责管理;剧毒化学品以及储存数量构成重大危险源的其他危险化学品,应当在专用仓库内单独存放,并实行双人收发、双人保管制度。

危险化学品的储存方式、方法以及储存数量应当符合国家标准或者国家有关规定。

第二十五条 储存危险化学品的单位应当建立危险化学品出入库核查、登记制度。

对剧毒化学品以及储存数量构成重大危险源的其他危险化学品,储存单位应当将其储存数量、储存地点以及管理人员的情况,报所在地县级人民政府安全生产监督管理部门(在港区内储存的,报港口行政管理部门)和公安机关备案。

第二十六条 危险化学品专用仓库应当符合国家标准、行业标准的要求,并设置明显的标志。储存剧毒化学品、易制爆危险化学品的专用仓库,应当按照国家有关规定设置相应的技术防范设施。

储存危险化学品的单位应当对其危险化学品专用仓库的安全设施、设备定期进行检测、检验。

第二十七条 生产、储存危险化学品的单位转产、停产、停业或者解散的,应当采取有效措施,及时、妥善处置其危险化学品生产装置、储存设施以及库存的危险化学品,不得丢弃危险化学品;处置方案应当报所在地县级人民政府安全生产监督管理部门、工业和信息化主管部门、环境保护主管部门和公安机关备案。安全生产监督管理部门应当会同环境保护主管部门和公安机关对处置情况进行监督检查,发现未依照规定处置的,应当责令其立即处置。

第三章 使用安全

第二十八条 使用危险化学品的单位,其使用条件(包括工艺)应当符合法律、行政法规的规定和国家标准、行业标准的要求,并根据所使用的危险化学品的种类、危险特性以及使用量和使用方式,建立、健全使用危险化学品的安全管理规章制度和安全操作规程,保证危险化学品的安全使用。

第二十九条 使用危险化学品从事生产并且使用量达到规定数量的化工企业(属于危险化学品生产企业的除外,下同),应当依照本条例的规定取得危险化学品安全使用许可证。

前款规定的危险化学品使用量的数量标准,由国务院安全生产监督管理部门会同国务院公安部门、农业主管部门确定并公布。

第三十条 申请危险化学品安全使用许可证的化工企业,除应当符合本条例第二十八条的规定外,还应当具备下列条件:

(一)有与所使用的危险化学品相适应的专业技术人员;

(二)有安全管理机构和专职安全管理人员;

(三)有符合国家规定的危险化学品事故应急预案和必要的应急救援器材、设备;

(四)依法进行了安全评价。

第三十一条 申请危险化学品安全使用许可证的化工企业,应当向所在地设区的市级人民政府安全生产监督管理部门提出申请,并提交其符合本条例第三十条规定条件的证明材料。设区的市级人民政府安全生产监督管理部门应当依法进行审查,自收到证明材料之日起45日内作出批准或者不予批准的决定。予以批准的,颁发危险化学品安全使用许可证;不予批准的,书面通知申请人并说明理由。

安全生产监督管理部门应当将其颁发危险化学品安全使用许可证的情况及时向同级环境保护主管部门和公安机关通报。

第三十二条 本条例第十六条关于生产实施重点环境管理的危险化学品的企业的规定,适用于使用实施重点环境管理的危险化学品从事生产的企业;第二十条、第二十一条、第二十三条第一款、第二十七条关于生产、储存危险化学品的单位的规定,适用于使用危险化学品的单位;第二十二条关于生产、储存危险化学品的企业的规定,适用于使用危险化学品从事生产的企业。

第四章 经营安全

第三十三条 国家对危险化学品经营(包括仓储经营,下同)实行许可制度。未经许可,任何单位和个人不得经营危险化学品。

依法设立的危险化学品生产企业在其厂区范围内销售本企业生产的危险化学品,不需要取得危险化学品经营许可。

依照《中华人民共和国港口法》的规定取得港口经营许可证的港口经营人,在港区内从事危险化学品仓储经营,不需要取得危险化学品经营许可。

第三十四条 从事危险化学品经营的企业应当具备下列条件:

(一)有符合国家标准、行业标准的经营场所,储存危险化学品的,还应当有符合国家标准、行业标准的储存设施;

(二)从业人员经过专业技术培训并经考核合格;

(三)有健全的安全管理规章制度;

(四)有专职安全管理人员;

(五)有符合国家规定的危险化学品事故应急预案和必要的应急救援器材、设备;

(六)法律、法规规定的其他条件。

第三十五条 从事剧毒化学品、易制爆危险化学品经营的企业,应当向所在地设区的市级人民政府安全生产监督管理部门提出申请,从事其他危险化学品经营的企业,应当向所在地县级人民政府安全生产监督管理部门提出申请(有储存设施的,应当向所在地设区的市级人民政府安全生产监督管理部门提出申请)。申请人应当提交其符合本条例第三十四条规定条件的证明材料。设区的市级人民政府安全生产监督管理部门或者县级人民政府安全生产监督管理部门应当依法进行审查,并对申请人的经营场所、储存设施进行现场核查,自收到证明材料之日起30日内作出批准或者不予批准的决定。予以批准的,颁发危险化学品经营许可证;不予批准的,书面通知申请人并说明理由。

设区的市级人民政府安全生产监督管理部门和县级人民政府安全生产监督管理部门应当将其颁发危险化学品经营许可证的情况及时向同级环境保护主管部门和公安机关通报。

申请人持危险化学品经营许可证向工商行政管理部门办理登记手续后,方可从事危险化学品经营活动。法律、行政法规或者国务院规定经营危险化学品还需要经其他有关部门许可的,申请人向工商行政管理部门办理登记手续时还应当持相应的许可证件。

第三十六条 危险化学品经营企业储存危险化学品的,应当遵守本条例第二章关于储存危险化学品的规定。危险化学品商店内只能存放民用小包装的危险化学品。

第三十七条 危险化学品经营企业不得向未经许可从事危险化学品生产、经营活动的企业采购危险化学品,不得经营没有化学品安全技术说明书或者化学品安全标签的危险化学品。

第三十八条 依法取得危险化学品安全生产许可证、危险化学品安全使用许可证、危险化学品经营许可证的企业,凭相应的许可证件购买剧毒化学品、易制爆危险化学品。民用爆炸物品生产企业凭民用爆炸物品生产许可证购买易制爆危险化学品。

前款规定以外的单位购买剧毒化学品的,应当向所在地县级人民政府公安机关申请取得剧毒化学品购买许可证;购买易制爆危险化学品的,应当持本单位出具的合法用途说明。

个人不得购买剧毒化学品(属于剧毒化学品的农药除外)和易制爆危险化学品。

第三十九条 申请取得剧毒化学品购买许可证,申请人应当向所在地县级人民政府公安机关提交下列材料:

(一)营业执照或者法人证书(登记证书)的复印件;

(二)拟购买的剧毒化学品品种、数量的说明;

(三)购买剧毒化学品用途的说明;

(四)经办人的身份证明。

县级人民政府公安机关应当自收到前款规定的材料之日起3日内,作出批准或者不予批准的决定。予以批准的,颁发剧毒化学品购买许可证;不予批准的,书面通知申请人并说明理由。

剧毒化学品购买许可证管理办法由国务院公安部门制定。

第四十条 危险化学品生产企业、经营企业销售剧毒化学品、易制爆危险化学品,应当查验本条例第三十八条第一款、第二款规定的相关许可证件或者证明文件,不得向不具有相关许可证件或者证明文件的单位销售剧毒化学品、易制爆危险化学品。对持剧毒化学品购买许可证购买剧毒化学品的,应当按照许可证载明的品种、数量销售。

禁止向个人销售剧毒化学品(属于剧毒化学品的农药除外)和易制爆危险化学品。

第四十一条 危险化学品生产企业、经营企业销售剧毒化学品、易制爆危险化学品,应当如实记录购买单位的名称、地址、经办人的姓名、身份证号码以及所购买的剧毒化学品、易制爆危险化学品的品种、数量、用途。销售记录以及经办人的身份证明复印件、相关许可证件复印件或者证明文件的保存期限不得少于1年。

剧毒化学品、易制爆危险化学品的销售企业、购买单位应当在销售、购买后5日内,将所销售、购买的剧毒化学品、易制爆危险化学品的品种、数量以及流向信息报所在地县级人民政府公安机关备案,并输入计算机系统。

第四十二条 使用剧毒化学品、易制爆危险化学品的单位不得出借、转让其购买的剧毒化学品、易制爆危险化学品;因转产、停产、搬迁、关闭等确需转让的,应当向具有本条例第三十八条第一款、第二款规定的相关许可证件或者证明文件的单位转让,并在转让后将有关情况及时向所在地县级人民政府公安机关报告。

第五章 运输安全

第四十三条 从事危险化学品道路运输、水路运输的,应当分别依照有关道路运输、水路运输的法律、行政法规的规定,取得危险货物道路运输许可、危险货物水路运输许可,并向工商行政管理部门办理登记手续。

危险化学品道路运输企业、水路运输企业应当配备专职安全管理人员。

第四十四条 危险化学品道路运输企业、水路运输企业的驾驶人员、船员、装卸管理人员、押运人员、申报人员、集装箱装箱现场检查员应当经交通运输主管部门考核合格,取得从业资格。具体办法由国务院交通运输主管部门制定。

危险化学品的装卸作业应当遵守安全作业标准、规程和制度,并在装卸管理人员的现场指挥或者监控下进行。水路运输危险化学品的集装箱装箱作业应当在集装箱装箱现场检查员的指挥或者监控下进行,并符合积载、隔离的规范和要求;装箱作业完毕后,集装箱装箱现场检查员应当签署装箱证明书。

第四十五条 运输危险化学品,应当根据危险化学品的危险特性采取相应的安全防护措施,并配备必要的防护用品和应急救援器材。

用于运输危险化学品的槽罐以及其他容器应当封口严密,能够防止危险化学品在运输过程中因温度、湿度或者压力的变化发生渗漏、洒漏;槽罐以及其他容器的溢流和泄压装置应当设置准确、起闭灵活。

运输危险化学品的驾驶人员、船员、装卸管理人员、押运人员、申报人员、集装箱装箱现场检查员,应当了解所运输的危险化学品的危险特性及其包装物、容器的使用要求和出现危险情况时的应急处置方法。

第四十六条 通过道路运输危险化学品的,托运人应当委托依法取得危险货物道路运输许可的企业承运。

第四十七条 通过道路运输危险化学品的,应当按照运输车辆的核定载质量装载危险化学品,不得超载。

危险化学品运输车辆应当符合国家标准要求的安全技术条件,并按照国家有关规定定期进行安全技术检验。

危险化学品运输车辆应当悬挂或者喷涂符合国家标准要求的警示标志。

第四十八条 通过道路运输危险化学品的,应当配备押运人员,并保证所运输的危险化学品处于押运人员的监控之下。

运输危险化学品途中因住宿或者发生影响正常运输的情况,需要较长时间停车的,驾驶人员、押运人员应当采取相应的安全防范措施;运输剧毒化学品或者易制爆危险化学品的,还应当向当地公安机关报告。

第四十九条 未经公安机关批准,运输危险化学品的车辆不得进入危险化学品运输车辆限制通行的区域。危险化学品运输车辆限制通行的区域由县级人民政府公安机关划定,并设置明显的标志。

第五十条 通过道路运输剧毒化学品的,托运人应当向运输始发地或者目的地县级人民政府公安机关申请剧毒化学品道路运输通行证。

申请剧毒化学品道路运输通行证,托运人应当向县级人民政府公安机关提交下列材料:

(一)拟运输的剧毒化学品品种、数量的说明;

(二)运输始发地、目的地、运输时间和运输路线的说明;

(三)承运人取得危险货物道路运输许可、运输车辆取得营运证以及驾驶人员、押运人员取得上岗资格的证明文件;

(四)本条例第三十八条第一款、第二款规定的购买剧毒化学品的相关许可证件,或者海关出具的进出口证明文件。

县级人民政府公安机关应当自收到前款规定的材料之日起 7 日内,作出批准或者不予批准的决定。予以批准的,颁发剧毒化学品道路运输通行证;不予批准的,书面通知申请人并说明理由。

剧毒化学品道路运输通行证管理办法由国务院公安部门制定。

第五十一条 剧毒化学品、易制爆危险化学品在道路运输途中丢失、被盗、被抢或者出现流散、泄漏等情况的,驾驶人员、押运人员应当立即采取相应的警示措施和安全措施,并向当地公安机关报告。公安机关接到报告后,应当根据实际情况立即向安全生产监督管理部门、环境保护主管部门、卫生主管部门通报。有关部门应当采取必要的应急处置措施。

第五十二条 通过水路运输危险化学品的,应当遵守法律、行政法规以及国务院交通运输主管部门关于危险货物水路运输安全的规定。

第五十三条 海事管理机构应当根据危险化学品的种类和危险特性,确定船舶运输危险化学品的相关安全运输条件。

拟交付船舶运输的化学品的相关安全运输条件不明确的，货物所有人或者代理人应当委托相关技术机构进行评估，明确相关安全运输条件并经海事管理机构确认后，方可交付船舶运输。

第五十四条 禁止通过内河封闭水域运输剧毒化学品以及国家规定禁止通过内河运输的其他危险化学品。

前款规定以外的内河水域，禁止运输国家规定禁止通过内河运输的剧毒化学品以及其他危险化学品。

禁止通过内河运输的剧毒化学品以及其他危险化学品的范围，由国务院交通运输主管部门会同国务院环境保护主管部门、工业和信息化主管部门、安全生产监督管理部门，根据危险化学品的危险特性、危险化学品对人体和水环境的危害程度以及消除危害后果的难易程度等因素规定并公布。

第五十五条 国务院交通运输主管部门应当根据危险化学品的危险特性，对通过内河运输本条例第五十四条规定以外的危险化学品（以下简称通过内河运输危险化学品）实行分类管理，对各类危险化学品的运输方式、包装规范和安全防护措施等分别作出规定并监督实施。

第五十六条 通过内河运输危险化学品，应当由依法取得危险货物水路运输许可的水路运输企业承运，其他单位和个人不得承运。托运人应当委托依法取得危险货物水路运输许可的水路运输企业承运，不得委托其他单位和个人承运。

第五十七条 通过内河运输危险化学品，应当使用依法取得危险货物适装证书的运输船舶。水路运输企业应当针对所运输的危险化学品的危险特性，制定运输船舶危险化学品事故应急救援预案，并为运输船舶配备充足、有效的应急救援器材和设备。

通过内河运输危险化学品的船舶，其所有人或者经营人应当取得船舶污染损害责任保险证书或者财务担保证明。船舶污染损害责任保险证书或者财务担保证明的副本应当随船携带。

第五十八条 通过内河运输危险化学品，危险化学品包装物的材质、型式、强度以及包装方法应当符合水路运输危险化学品包装规范的要求。国务院交通运输主管部门对单船运输的危险化学品数量有限制性规定的，承运人应当按照规定安排运输数量。

第五十九条 用于危险化学品运输作业的内河码头、泊位应当符合国家有关安全规范，与饮用水取水口保持国家规定的距离。有关管理单位应当制定码头、泊位危险化学品事故应急预案，并为码头、泊位配备充足、有效的应急救援器材和设备。

用于危险化学品运输作业的内河码头、泊位，经交通运输主管部门按照国家有关规定验收合格后方可投入使用。

第六十条 船舶载运危险化学品进出内河港口，应当将危险化学品的名称、危险特性、包装以及进出港时间等事项，事先报告海事管理机构。海事管理机构接到报告后，应当在国务院交通运输主管部门规定的时间内作出是否同意的决定，通知报告人，同时通报港口行政管理部门。定船舶、定航线、定货种的船舶可以定期报告。

在内河港口内进行危险化学品的装卸、过驳作业，应当将危险化学品的名称、危险特性、包装和作业的时间、地点等事项报告港口行政管理部门。港口行政管理部门接到报告后，应当在国务院交通运输主管部门规定的时间内作出是否同意的决定,通知报告人,同时通报海事管理机构。

载运危险化学品的船舶在内河航行,通过过船建筑物的,应当提前向交通运输主管部门申报,并接受交通运输主管部门的管理。

第六十一条 载运危险化学品的船舶在内河航行、装卸或者停泊,应当悬挂专用的警示标志,按照规定显示专用信号。

载运危险化学品的船舶在内河航行,按照国务院交通运输主管部门的规定需要引航的,应当申请引航。

第六十二条 载运危险化学品的船舶在内河航行,应当遵守法律、行政法规和国家其他有关饮用水水源保护的规定。内河航道发展规划应当与依法经批准的饮用水水源保护区划定方案相协调。

第六十三条 托运危险化学品的,托运人应当向承运人说明所托运的危险化学品的种类、数量、危险特性以及发生危险情况的应急处置措施,并按照国家有关规定对所托运的危险化学品妥善包装,在外包装上设置相应的标志。

运输危险化学品需要添加抑制剂或者稳定剂的,托运人应当添加,并将有关情况告知承运人。

第六十四条 托运人不得在托运的普通货物中夹带危险化学品,不得将危险化学品匿报或者谎报为普通货物托运。

任何单位和个人不得交寄危险化学品或者在邮件、快件内夹带危险化学品,不得将危险化学品匿报或者谎报为普通物品交寄。邮政企业、快递企业不得收寄危险化学品。

对涉嫌违反本条第一款、第二款规定的,交通运输主管部门、邮政管理部门可以依法开拆查验。

第六十五条 通过铁路、航空运输危险化学品的安全管理,依照有关铁路、航空运输的法律、行政法规、规章的规定执行。

第六章 危险化学品登记与事故应急救援

第六十六条 国家实行危险化学品登记制度,为危险化学品安全管理以及危险化学品事故预防和应急救援提供技术、信息支持。

第六十七条 危险化学品生产企业、进口企业,应当向国务院安全生产监督管理部门负责危险化学品登记的机构(以下简称危险化学品登记机构)办理危险化学品登记。

危险化学品登记包括下列内容:

(一)分类和标签信息;

(二)物理、化学性质;

(三)主要用途;

(四)危险特性;

(五)储存、使用、运输的安全要求;

(六)出现危险情况的应急处置措施。

对同一企业生产、进口的同一品种的危险化学品,不进行重复登记。危险化学品生产企业、进口企业发现其生产、进口的危险化学品有新的危险特性的，应当及时向危险化学品登记机构办理登记内容变更手续。

危险化学品登记的具体办法由国务院安全生产监督管理部门制定。

第六十八条 危险化学品登记机构应当定期向工业和信息化、环境保护、公安、卫生、交通运输、铁路、质量监督检验检疫等部门提供危险化学品登记的有关信息和资料。

第六十九条 县级以上地方人民政府安全生产监督管理部门应当会同工业和信息化、环境保护、公安、卫生、交通运输、铁路、质量监督检验检疫等部门，根据本地区实际情况，制定危险化学品事故应急预案，报本级人民政府批准。

第七十条 危险化学品单位应当制定本单位危险化学品事故应急预案，配备应急救援人员和必要的应急救援器材、设备，并定期组织应急救援演练。

危险化学品单位应当将其危险化学品事故应急预案报所在地设区的市级人民政府安全生产监督管理部门备案。

第七十一条 发生危险化学品事故，事故单位主要负责人应当立即按照本单位危险化学品应急预案组织救援，并向当地安全生产监督管理部门和环境保护、公安、卫生主管部门报告；道路运输、水路运输过程中发生危险化学品事故的，驾驶人员、船员或者押运人员还应当向事故发生地交通运输主管部门报告。

第七十二条 发生危险化学品事故，有关地方人民政府应当立即组织安全生产监督管理、环境保护、公安、卫生、交通运输等有关部门，按照本地区危险化学品事故应急预案组织实施救援，不得拖延、推诿。

有关地方人民政府及其有关部门应当按照下列规定，采取必要的应急处置措施，减少事故损失，防止事故蔓延、扩大：

(一)立即组织营救和救治受害人员，疏散、撤离或者采取其他措施保护危害区域内的其他人员；

(二)迅速控制危害源，测定危险化学品的性质、事故的危害区域及危害程度；

(三)针对事故对人体、动植物、土壤、水源、大气造成的现实危害和可能产生的危害，迅速采取封闭、隔离、洗消等措施；

(四)对危险化学品事故造成的环境污染和生态破坏状况进行监测、评估，并采取相应的环境污染治理和生态修复措施。

第七十三条 有关危险化学品单位应当为危险化学品事故应急救援提供技术指导和必要的协助。

第七十四条 危险化学品事故造成环境污染的，由设区的市级以上人民政府环境保护主管部门统一发布有关信息。

第七章 法律责任

第七十五条 生产、经营、使用国家禁止生产、经营、使用的危险化学品的，由安全生产监督管理部门责令停止生产、经营、使用活动，处20万元以上50万元以下的罚款，有违法所得的，没收违法所得；构成犯罪的，依法追究刑事责任。

有前款规定行为的，安全生产监督管理部门还应当责令其对所生产、经营、使用的危险化学品进行无害化处理。

违反国家关于危险化学品使用的限制性规定使用危险化学品的,依照本条第一款的规定处理。

第七十六条 未经安全条件审查,新建、改建、扩建生产、储存危险化学品的建设项目的,由安全生产监督管理部门责令停止建设,限期改正;逾期不改正的,处50万元以上100万元以下的罚款;构成犯罪的,依法追究刑事责任。

未经安全条件审查,新建、改建、扩建储存、装卸危险化学品的港口建设项目的,由港口行政管理部门依照前款规定予以处罚。

第七十七条 未依法取得危险化学品安全生产许可证从事危险化学品生产,或者未依法取得工业产品生产许可证从事危险化学品及其包装物、容器生产的,分别依照《安全生产许可证条例》《中华人民共和国工业产品生产许可证管理条例》的规定处罚。

违反本条例规定,化工企业未取得危险化学品安全使用许可证,使用危险化学品从事生产的,由安全生产监督管理部门责令限期改正,处10万元以上20万元以下的罚款;逾期不改正的,责令停产整顿。

违反本条例规定,未取得危险化学品经营许可证从事危险化学品经营的,由安全生产监督管理部门责令停止经营活动,没收违法经营的危险化学品以及违法所得,并处10万元以上20万元以下的罚款;构成犯罪的,依法追究刑事责任。

第七十八条 有下列情形之一的,由安全生产监督管理部门责令改正,可以处5万元以下的罚款;拒不改正的,处5万元以上10万元以下的罚款;情节严重的,责令停产停业整顿:

(一)生产、储存危险化学品的单位未对其铺设的危险化学品管道设置明显的标志,或者未对危险化学品管道定期检查、检测的;

(二)进行可能危及危险化学品管道安全的施工作业,施工单位未按照规定书面通知管道所属单位,或者未与管道所属单位共同制定应急预案、采取相应的安全防护措施,或者管道所属单位未指派专门人员到现场进行管道安全保护指导的;

(三)危险化学品生产企业未提供化学品安全技术说明书,或者未在包装(包括外包装件)上粘贴、拴挂化学品安全标签的;

(四)危险化学品生产企业提供的化学品安全技术说明书与其生产的危险化学品不相符,或者在包装(包括外包装件)粘贴、拴挂的化学品安全标签与包装内危险化学品不相符,或者化学品安全技术说明书、化学品安全标签所载明的内容不符合国家标准要求的;

(五)危险化学品生产企业发现其生产的危险化学品有新的危险特性不立即公告,或者不及时修订其化学品安全技术说明书和化学品安全标签的;

(六)危险化学品经营企业经营没有化学品安全技术说明书和化学品安全标签的危险化学品的;

(七)危险化学品包装物、容器的材质以及包装的型式、规格、方法和单件质量(重量)与所包装的危险化学品的性质和用途不相适应的;

(八)生产、储存危险化学品的单位未在作业场所和安全设施、设备上设置明显的安全警示标志,或者未在作业场所设置通信、报警装置的;

(九)危险化学品专用仓库未设专人负责管理,或者对储存的剧毒化学品以及储存数量构成重大危险源的其他危险化学品未实行双人收发、双人保管制度的；

(十)储存危险化学品的单位未建立危险化学品出入库核查、登记制度的；

(十一)危险化学品专用仓库未设置明显标志的；

(十二)危险化学品生产企业、进口企业不办理危险化学品登记，或者发现其生产、进口的危险化学品有新的危险特性不办理危险化学品登记内容变更手续的。

从事危险化学品仓储经营的港口经营人有前款规定情形的，由港口行政管理部门依照前款规定予以处罚。储存剧毒化学品、易制爆危险化学品的专用仓库未按照国家有关规定设置相应的技术防范设施的，由公安机关依照前款规定予以处罚。

生产、储存剧毒化学品、易制爆危险化学品的单位未设置治安保卫机构、配备专职治安保卫人员的，依照《企业事业单位内部治安保卫条例》的规定处罚。

第七十九条 危险化学品包装物、容器生产企业销售未经检验或者经检验不合格的危险化学品包装物、容器的，由质量监督检验检疫部门责令改正，处10万元以上20万元以下的罚款，有违法所得的，没收违法所得；拒不改正的，责令停产停业整顿；构成犯罪的，依法追究刑事责任。

将未经检验合格的运输危险化学品的船舶及其配载的容器投入使用的，由海事管理机构依照前款规定予以处罚。

第八十条 生产、储存、使用危险化学品的单位有下列情形之一的，由安全生产监督管理部门责令改正，处5万元以上10万元以下的罚款；拒不改正的，责令停产停业整顿直至由原发证机关吊销其相关许可证件，并由工商行政管理部门责令其办理经营范围变更登记或者吊销其营业执照；有关责任人员构成犯罪的，依法追究刑事责任：

(一)对重复使用的危险化学品包装物、容器，在重复使用前不进行检查的；

(二)未根据其生产、储存的危险化学品的种类和危险特性，在作业场所设置相关安全设施、设备，或者未按照国家标准、行业标准或者国家有关规定对安全设施、设备进行经常性维护、保养的；

(三)未依照本条例规定对其安全生产条件定期进行安全评价的；

(四)未将危险化学品储存在专用仓库内，或者未将剧毒化学品以及储存数量构成重大危险源的其他危险化学品在专用仓库内单独存放的；

(五)危险化学品的储存方式、方法或者储存数量不符合国家标准或者国家有关规定的；

(六)危险化学品专用仓库不符合国家标准、行业标准的要求的；

(七)未对危险化学品专用仓库的安全设施、设备定期进行检测、检验的。

从事危险化学品仓储经营的港口经营人有前款规定情形的，由港口行政管理部门依照前款规定予以处罚。

第八十一条 有下列情形之一的，由公安机关责令改正，可以处1万元以下的罚款；拒不改正的，处1万元以上5万元以下的罚款：

(一)生产、储存、使用剧毒化学品、易制爆危险化学品的单位不如实记录生产、储存、使用的剧毒化学品、易制爆危险化学品的数量、流向的；

(二)生产、储存、使用剧毒化学品、易制爆危险化学品的单位发现剧毒化学品、易制爆危险化学品丢失或者被盗，不立即向公安机关报告的；

(三)储存剧毒化学品的单位未将剧毒化学品的储存数量、储存地点以及管理人员的情况报所在地县级人民政府公安机关备案的;

(四)危险化学品生产企业、经营企业不如实记录剧毒化学品、易制爆危险化学品购买单位的名称、地址、经办人的姓名、身份证号码以及所购买的剧毒化学品、易制爆危险化学品的品种、数量、用途,或者保存销售记录和相关材料的时间少于1年的;

(五)剧毒化学品、易制爆危险化学品的销售企业、购买单位未在规定的时限内将所销售、购买的剧毒化学品、易制爆危险化学品的品种、数量以及流向信息报所在地县级人民政府公安机关备案的;

(六)使用剧毒化学品、易制爆危险化学品的单位依照本条例规定转让其购买的剧毒化学品、易制爆危险化学品,未将有关情况向所在地县级人民政府公安机关报告的。

生产、储存危险化学品的企业或者使用危险化学品从事生产的企业未按照本条例规定将安全评价报告以及整改方案的落实情况报安全生产监督管理部门或者港口行政管理部门备案,或者储存危险化学品的单位未将其剧毒化学品以及储存数量构成重大危险源的其他危险化学品的储存数量、储存地点以及管理人员的情况报安全生产监督管理部门或者港口行政管理部门备案的,分别由安全生产监督管理部门或者港口行政管理部门依照前款规定予以处罚。

生产实施重点环境管理的危险化学品的企业或者使用实施重点环境管理的危险化学品从事生产的企业未按照规定将相关信息向环境保护主管部门报告的,由环境保护主管部门依照本条第一款的规定予以处罚。

第八十二条 生产、储存、使用危险化学品的单位转产、停产、停业或者解散,未采取有效措施及时、妥善处置其危险化学品生产装置、储存设施以及库存的危险化学品,或者丢弃危险化学品的,由安全生产监督管理部门责令改正,处5万元以上10万元以下的罚款;构成犯罪的,依法追究刑事责任。

生产、储存、使用危险化学品的单位转产、停产、停业或者解散,未依照本条例规定将其危险化学品生产装置、储存设施以及库存危险化学品的处置方案报有关部门备案的,分别由有关部门责令改正,可以处1万元以下的罚款;拒不改正的,处1万元以上5万元以下的罚款。

第八十三条 危险化学品经营企业向未经许可违法从事危险化学品生产、经营活动的企业采购危险化学品的,由工商行政管理部门责令改正,处10万元以上20万元以下的罚款;拒不改正的,责令停业整顿直至由原发证机关吊销其危险化学品经营许可证,并由工商行政管理部门责令其办理经营范围变更登记或者吊销其营业执照。

第八十四条 危险化学品生产企业、经营企业有下列情形之一的,由安全生产监督管理部门责令改正,没收违法所得,并处10万元以上20万元以下的罚款;拒不改正的,责令停产停业整顿直至吊销其危险化学品安全生产许可证、危险化学品经营许可证,并由工商行政管理部门责令其办理经营范围变更登记或者吊销其营业执照:

(一)向不具有本条例第三十八条第一款、第二款规定的相关许可证件或者证明文件的单位销售剧毒化学品、易制爆危险化学品的;

(二)不按照剧毒化学品购买许可证载明的品种、数量销售剧毒化学品的;

（三）向个人销售剧毒化学品（属于剧毒化学品的农药除外）、易制爆危险化学品的。

不具有本条例第三十八条第一款、第二款规定的相关许可证件或者证明文件的单位购买剧毒化学品、易制爆危险化学品，或者个人购买剧毒化学品（属于剧毒化学品的农药除外）、易制爆危险化学品的，由公安机关没收所购买的剧毒化学品、易制爆危险化学品，可以并处5000元以下的罚款。

使用剧毒化学品、易制爆危险化学品的单位出借或者向不具有本条例第三十八条第一款、第二款规定的相关许可证件的单位转让其购买的剧毒化学品、易制爆危险化学品，或者向个人转让其购买的剧毒化学品（属于剧毒化学品的农药除外）、易制爆危险化学品的，由公安机关责令改正，处10万元以上20万元以下的罚款；拒不改正的，责令停产停业整顿。

第八十五条 未依法取得危险货物道路运输许可、危险货物水路运输许可，从事危险化学品道路运输、水路运输的，分别依照有关道路运输、水路运输的法律、行政法规的规定处罚。

第八十六条 有下列情形之一的，由交通运输主管部门责令改正，处5万元以上10万元以下的罚款；拒不改正的，责令停产停业整顿；构成犯罪的，依法追究刑事责任：

（一）危险化学品道路运输企业、水路运输企业的驾驶人员、船员、装卸管理人员、押运人员、申报人员、集装箱装箱现场检查员未取得从业资格上岗作业的；

（二）运输危险化学品，未根据危险化学品的危险特性采取相应的安全防护措施，或者未配备必要的防护用品和应急救援器材的；

（三）使用未依法取得危险货物适装证书的船舶，通过内河运输危险化学品的；

（四）通过内河运输危险化学品的承运人违反国务院交通运输主管部门对单船运输的危险化学品数量的限制性规定运输危险化学品的；

（五）用于危险化学品运输作业的内河码头、泊位不符合国家有关安全规范，或者未与饮用水取水口保持国家规定的安全距离，或者未经交通运输主管部门验收合格投入使用的；

（六）托运人不向承运人说明所托运的危险化学品的种类、数量、危险特性以及发生危险情况的应急处置措施，或者未按照国家有关规定对所托运的危险化学品妥善包装并在外包装上设置相应标志的；

（七）运输危险化学品需要添加抑制剂或者稳定剂，托运人未添加或者未将有关情况告知承运人的。

第八十七条 有下列情形之一的，由交通运输主管部门责令改正，处10万元以上20万元以下的罚款，有违法所得的，没收违法所得；拒不改正的，责令停产停业整顿；构成犯罪的，依法追究刑事责任：

（一）委托未依法取得危险货物道路运输许可、危险货物水路运输许可的企业承运危险化学品的；

（二）通过内河封闭水域运输剧毒化学品以及国家规定禁止通过内河运输的其他危险化学品的；

（三）通过内河运输国家规定禁止通过内河运输的剧毒化学品以及其他危险化学品的；

（四）在托运的普通货物中夹带危险化学品，或者将危险化学品谎报或者匿报为普通货物托运的。

在邮件、快件内夹带危险化学品,或者将危险化学品谎报为普通物品交寄的,依法给予治安管理处罚;构成犯罪的,依法追究刑事责任。

邮政企业、快递企业收寄危险化学品的,依照《中华人民共和国邮政法》的规定处罚。

第八十八条 有下列情形之一的,由公安机关责令改正,处5万元以上10万元以下的罚款;构成违反治安管理行为的,依法给予治安管理处罚;构成犯罪的,依法追究刑事责任:

(一)超过运输车辆的核定载质量装载危险化学品的;

(二)使用安全技术条件不符合国家标准要求的车辆运输危险化学品的;

(三)运输危险化学品的车辆未经公安机关批准进入危险化学品运输车辆限制通行的区域的;

(四)未取得剧毒化学品道路运输通行证,通过道路运输剧毒化学品的。

第八十九条 有下列情形之一的,由公安机关责令改正,处1万元以上5万元以下的罚款;构成违反治安管理行为的,依法给予治安管理处罚:

(一)危险化学品运输车辆未悬挂或者喷涂警示标志,或者悬挂或者喷涂的警示标志不符合国家标准要求的;

(二)通过道路运输危险化学品,不配备押运人员的;

(三)运输剧毒化学品或者易制爆危险化学品途中需要较长时间停车,驾驶人员、押运人员不向当地公安机关报告的;

(四)剧毒化学品、易制爆危险化学品在道路运输途中丢失、被盗、被抢或者发生流散、泄露等情况,驾驶人员、押运人员不采取必要的警示措施和安全措施,或者不向当地公安机关报告的。

第九十条 对发生交通事故负有全部责任或者主要责任的危险化学品道路运输企业,由公安机关责令消除安全隐患,未消除安全隐患的危险化学品运输车辆,禁止上道路行驶。

第九十一条 有下列情形之一的,由交通运输主管部门责令改正,可以处1万元以下的罚款;拒不改正的,处1万元以上5万元以下的罚款:

(一)危险化学品道路运输企业、水路运输企业未配备专职安全管理人员的;

(二)用于危险化学品运输作业的内河码头、泊位的管理单位未制定码头、泊位危险化学品事故应急救援预案,或者未为码头、泊位配备充足、有效的应急救援器材和设备的。

第九十二条 有下列情形之一的,依照《中华人民共和国内河交通安全管理条例》的规定处罚:

(一)通过内河运输危险化学品的水路运输企业未制定运输船舶危险化学品事故应急救援预案,或者未为运输船舶配备充足、有效的应急救援器材和设备的;

(二)通过内河运输危险化学品的船舶的所有人或者经营人未取得船舶污染损害责任保险证书或者财务担保证明的;

(三)船舶载运危险化学品进出内河港口,未将有关事项事先报告海事管理机构并经其同意的;

(四)载运危险化学品的船舶在内河航行、装卸或者停泊,未悬挂专用的警示标志,或者未按照规定显示专用信号,或者未按照规定申请引航的。

未向港口行政管理部门报告并经其同意，在港口内进行危险化学品的装卸、过驳作业的，依照《中华人民共和国港口法》的规定处罚。

第九十三条 伪造、变造或者出租、出借、转让危险化学品安全生产许可证、工业产品生产许可证，或者使用伪造、变造的危险化学品安全生产许可证、工业产品生产许可证的，分别依照《安全生产许可证条例》《中华人民共和国工业产品生产许可证管理条例》的规定处罚。

伪造、变造或者出租、出借、转让本条例规定的其他许可证，或者使用伪造、变造的本条例规定的其他许可证的，分别由相关许可证的颁发管理机关处10万元以上20万元以下的罚款，有违法所得的，没收违法所得；构成违反治安管理行为的，依法给予治安管理处罚；构成犯罪的，依法追究刑事责任。

第九十四条 危险化学品单位发生危险化学品事故，其主要负责人不立即组织救援或者不立即向有关部门报告的，依照《生产安全事故报告和调查处理条例》的规定处罚。

危险化学品单位发生危险化学品事故，造成他人人身伤害或者财产损失的，依法承担赔偿责任。

第九十五条 发生危险化学品事故，有关地方人民政府及其有关部门不立即组织实施救援，或者不采取必要的应急处置措施减少事故损失，防止事故蔓延、扩大的，对直接负责的主管人员和其他直接责任人员依法给予处分；构成犯罪的，依法追究刑事责任。

第九十六条 负有危险化学品安全监督管理职责的部门的工作人员，在危险化学品安全监督管理工作中滥用职权、玩忽职守、徇私舞弊，构成犯罪的，依法追究刑事责任；尚不构成犯罪的，依法给予处分。

第八章 附 则

第九十七条 监控化学品、属于危险化学品的药品和农药的安全管理，依照本条例的规定执行；法律、行政法规另有规定的，依照其规定。

民用爆炸物品、烟花爆竹、放射性物品、核能物质以及用于国防科研生产的危险化学品的安全管理，不适用本条例。

法律、行政法规对燃气的安全管理另有规定的，依照其规定。

危险化学品容器属于特种设备的，其安全管理依照有关特种设备安全的法律、行政法规的规定执行。

第九十八条 危险化学品的进出口管理，依照有关对外贸易的法律、行政法规、规章的规定执行；进口的危险化学品的储存、使用、经营、运输的安全管理，依照本条例的规定执行。

危险化学品环境管理登记和新化学物质环境管理登记，依照有关环境保护的法律、行政法规、规章的规定执行。危险化学品环境管理登记，按照国家有关规定收取费用。

第九十九条 公众发现、捡拾的无主危险化学品，由公安机关接收。公安机关接收或者有关部门依法没收的危险化学品，需要进行无害化处理的，交由环境保护主管部门组织其认定的专业单位进行处理，或者交由有关危险化学品生产企业进行处理。处理所需费用由国家财政负担。

第一百条 化学品的危险特性尚未确定的，由国务院安全生产监督管理部门、国务院环境保护主管部门、国务院卫生主管部门分别负责组织对该化学品的物理危险性、环境危害性、毒理特性进行鉴定。根据鉴定结果,需要调整危险化学品目录的,依照本条例第三条第二款的规定办理。

第一百零一条 本条例施行前已经使用危险化学品从事生产的化工企业,依照本条例规定需要取得危险化学品安全使用许可证的,应当在国务院安全生产监督管理部门规定的期限内,申请取得危险化学品安全使用许可证。

第一百零二条 本条例自2011年12月1日起施行。

烟花爆竹安全管理条例

(2006年1月21日中华人民共和国国务院令第455号公布;根据2016年2月6日中华人民共和国国务院令第666号第一次修改)

第一章 总 则

第一条 为了加强烟花爆竹安全管理,预防爆炸事故发生,保障公共安全和人身、财产的安全,制定本条例。

第二条 烟花爆竹的生产、经营、运输和燃放,适用本条例。

本条例所称烟花爆竹,是指烟花爆竹制品和用于生产烟花爆竹的民用黑火药、烟火药、引火线等物品。

第三条 国家对烟花爆竹的生产、经营、运输和举办焰火晚会以及其他大型焰火燃放活动,实行许可证制度。

未经许可,任何单位或者个人不得生产、经营、运输烟花爆竹,不得举办焰火晚会以及其他大型焰火燃放活动。

第四条 安全生产监督管理部门负责烟花爆竹的安全生产监督管理;公安部门负责烟花爆竹的公共安全管理;质量监督检验部门负责烟花爆竹的质量监督和进出口检验。

第五条 公安部门、安全生产监督管理部门、质量监督检验部门、工商行政管理部门应当按照职责分工,组织查处非法生产、经营、储存、运输、邮寄烟花爆竹以及非法燃放烟花爆竹的行为。

第六条 烟花爆竹生产、经营、运输企业和焰火晚会以及其他大型焰火燃放活动主办单位的主要负责人,对本单位的烟花爆竹安全工作负责。

烟花爆竹生产、经营、运输企业和焰火晚会以及其他大型焰火燃放活动主办单位应当建立健全安全责任制,制定各项安全管理制度和操作规程,并对从业人员定期进行安全教育、法制教育和岗位技术培训。

中华全国供销合作总社应当加强对本系统企业烟花爆竹经营活动的管理。

第七条 国家鼓励烟花爆竹生产企业采用提高安全程度和提升行业整体水平的新工艺、新配方和新技术。

第二章 生产安全

第八条 生产烟花爆竹的企业,应当具备下列条件:

(一)符合当地产业结构规划;

(二)基本建设项目经过批准;

(三)选址符合城乡规划,并与周边建筑、设施保持必要的安全距离;

(四)厂房和仓库的设计、结构和材料以及防火、防爆、防雷、防静电等安全设备、设施符合国家有关标准和规范;

(五)生产设备、工艺符合安全标准;

(六)产品品种、规格、质量符合国家标准;

(七)有健全的安全生产责任制;

(八)有安全生产管理机构和专职安全生产管理人员;

(九)依法进行了安全评价;

(十)有事故应急救援预案、应急救援组织和人员,并配备必要的应急救援器材、设备;

(十一)法律、法规规定的其他条件。

第九条 生产烟花爆竹的企业,应当在投入生产前向所在地设区的市人民政府安全生产监督管理部门提出安全审查申请,并提交能够证明符合本条例第八条规定条件的有关材料。设区的市人民政府安全生产监督管理部门应当自收到材料之日起20日内提出安全审查初步意见,报省、自治区、直辖市人民政府安全生产监督管理部门审查。省、自治区、直辖市人民政府安全生产监督管理部门应当自受理申请之日起45日内进行安全审查,对符合条件的,核发《烟花爆竹安全生产许可证》;对不符合条件的,应当说明理由。

第十条 生产烟花爆竹的企业为扩大生产能力进行基本建设或者技术改造的,应当依照本条例的规定申请办理安全生产许可证。

生产烟花爆竹的企业,持《烟花爆竹安全生产许可证》到工商行政管理部门办理登记手续后,方可从事烟花爆竹生产活动。

第十一条 生产烟花爆竹的企业,应当按照安全生产许可证核定的产品种类进行生产,生产工序和生产作业应当执行有关国家标准和行业标准。

第十二条 生产烟花爆竹的企业,应当对生产作业人员进行安全生产知识教育,对从事药物混合、造粒、筛选、装药、筑药、压药、切引、搬运等危险工序的作业人员进行专业技术培训。从事危险工序的作业人员经设区的市人民政府安全生产监督管理部门考核合格,方可上岗作业。

第十三条 生产烟花爆竹使用的原料,应当符合国家标准的规定。生产烟花爆竹使用的原料,国家标准有用量限制的,不得超过规定的用量。不得使用国家标准规定禁止使用或者禁忌配伍的物质生产烟花爆竹。

第十四条 生产烟花爆竹的企业,应当按照国家标准的规定,在烟花爆竹产品上标注燃放说明,并在烟花爆竹包装物上印制易燃易爆危险物品警示标志。

第十五条 生产烟花爆竹的企业,应当对黑火药、烟火药、引火线的保管采取必要的安全技术措施,建立购买、领用、销售登记制度,防止黑火药、烟火药、引火线丢失。黑火药、烟火药、引火线丢失的,企业应当立即向当地安全生产监督管理部门和公安部门报告。

第三章 经营安全

第十六条 烟花爆竹的经营分为批发和零售。

从事烟花爆竹批发的企业和零售经营者的经营布点,应当经安全生产监督管理部门审批。

禁止在城市市区布设烟花爆竹批发场所；城市市区的烟花爆竹零售网点，应当按照严格控制的原则合理布设。

第十七条 从事烟花爆竹批发的企业，应当具备下列条件：

（一）具有企业法人条件；

（二）经营场所与周边建筑、设施保持必要的安全距离；

（三）有符合国家标准的经营场所和储存仓库；

（四）有保管员、仓库守护员；

（五）依法进行了安全评价；

（六）有事故应急救援预案、应急救援组织和人员，并配备必要的应急救援器材、设备；

（七）法律、法规规定的其他条件。

第十八条 烟花爆竹零售经营者，应当具备下列条件：

（一）主要负责人经过安全知识教育；

（二）实行专店或者专柜销售，设专人负责安全管理；

（三）经营场所配备必要的消防器材，张贴明显的安全警示标志；

（四）法律、法规规定的其他条件。

第十九条 申请从事烟花爆竹批发的企业，应当向所在地设区的市人民政府安全生产监督管理部门提出申请，并提供能够证明符合本条例第十七条规定条件的有关材料。受理申请的安全生产监督管理部门应当自受理申请之日起30日内对提交的有关材料和经营场所进行审查，对符合条件的，核发《烟花爆竹经营（批发）许可证》；对不符合条件的，应当说明理由。

申请从事烟花爆竹零售的经营者，应当向所在地县级人民政府安全生产监督管理部门提出申请，并提供能够证明符合本条例第十八条规定条件的有关材料。受理申请的安全生产监督管理部门应当自受理申请之日起20日内对提交的有关材料和经营场所进行审查，对符合条件的，核发《烟花爆竹经营（零售）许可证》；对不符合条件的，应当说明理由。

《烟花爆竹经营（零售）许可证》，应当载明经营负责人、经营场所地址、经营期限、烟花爆竹种类和限制存放量。

第二十条 从事烟花爆竹批发的企业，应当向生产烟花爆竹的企业采购烟花爆竹，向从事烟花爆竹零售的经营者供应烟花爆竹。从事烟花爆竹零售的经营者，应当向从事烟花爆竹批发的企业采购烟花爆竹。

从事烟花爆竹批发的企业、零售经营者不得采购和销售非法生产、经营的烟花爆竹。

从事烟花爆竹批发的企业，不得向从事烟花爆竹零售的经营者供应按照国家标准规定应由专业燃放人员燃放的烟花爆竹。从事烟花爆竹零售的经营者，不得销售按照国家标准规定应由专业燃放人员燃放的烟花爆竹。

第二十一条 生产、经营黑火药、烟火药、引火线的企业，不得向未取得烟花爆竹安全生产许可的任何单位或者个人销售黑火药、烟火药和引火线。

第四章 运输安全

第二十二条 经由道路运输烟花爆竹的，应当经公安部门许可。

经由铁路、水路、航空运输烟花爆竹的,依照铁路、水路、航空运输安全管理的有关法律、法规、规章的规定执行。

第二十三条 经由道路运输烟花爆竹的,托运人应当向运达地县级人民政府公安部门提出申请,并提交下列有关材料:

(一)承运人从事危险货物运输的资质证明;

(二)驾驶员、押运员从事危险货物运输的资格证明;

(三)危险货物运输车辆的道路运输证明;

(四)托运人从事烟花爆竹生产、经营的资质证明;

(五)烟花爆竹的购销合同及运输烟花爆竹的种类、规格、数量;

(六)烟花爆竹的产品质量和包装合格证明;

(七)运输车辆牌号、运输时间、起始地点、行驶路线、经停地点。

第二十四条 受理申请的公安部门应当自受理申请之日起3日内对提交的有关材料进行审查,对符合条件的,核发《烟花爆竹道路运输许可证》;对不符合条件的,应当说明理由。

《烟花爆竹道路运输许可证》应当载明托运人、承运人、一次性运输有效期限、起始地点、行驶路线、经停地点、烟花爆竹的种类、规格和数量。

第二十五条 经由道路运输烟花爆竹的,除应当遵守《中华人民共和国道路交通安全法》外,还应当遵守下列规定:

(一)随车携带《烟花爆竹道路运输许可证》;

(二)不得违反运输许可事项;

(三)运输车辆悬挂或者安装符合国家标准的易燃易爆危险物品警示标志;

(四)烟花爆竹的装载符合国家有关标准和规范;

(五)装载烟花爆竹的车厢不得载人;

(六)运输车辆限速行驶,途中经停必须有专人看守;

(七)出现危险情况立即采取必要的措施,并报告当地公安部门。

第二十六条 烟花爆竹运达目的地后,收货人应当在3日内将《烟花爆竹道路运输许可证》交回发证机关核销。

第二十七条 禁止携带烟花爆竹搭乘公共交通工具。

禁止邮寄烟花爆竹,禁止在托运的行李、包裹、邮件中夹带烟花爆竹。

第五章 燃放安全

第二十八条 燃放烟花爆竹,应当遵守有关法律、法规和规章的规定。县级以上地方人民政府可以根据本行政区域的实际情况,确定限制或者禁止燃放烟花爆竹的时间、地点和种类。

第二十九条 各级人民政府和政府有关部门应当开展社会宣传活动,教育公民遵守有关法律、法规和规章,安全燃放烟花爆竹。

广播、电视、报刊等新闻媒体,应当做好安全燃放烟花爆竹的宣传、教育工作。

未成年人的监护人应当对未成年人进行安全燃放烟花爆竹的教育。

第三十条 禁止在下列地点燃放烟花爆竹:

(一)文物保护单位;

(二)车站、码头、飞机场等交通枢纽以及铁路线路安全保护区内;

(三)易燃易爆物品生产、储存单位;

(四)输变电设施安全保护区内;

(五)医疗机构、幼儿园、中小学校、敬老院;

(六)山林、草原等重点防火区;

(七)县级以上地方人民政府规定的禁止燃放烟花爆竹的其他地点。

第三十一条 燃放烟花爆竹,应当按照燃放说明燃放,不得以危害公共安全和人身、财产安全的方式燃放烟花爆竹。

第三十二条 举办焰火晚会以及其他大型焰火燃放活动,应当按照举办的时间、地点、环境、活动性质、规模以及燃放烟花爆竹的种类、规格和数量,确定危险等级,实行分级管理。分级管理的具体办法,由国务院公安部门规定。

第三十三条 申请举办焰火晚会以及其他大型焰火燃放活动,主办单位应当按照分级管理的规定,向有关人民政府公安部门提出申请,并提交下列有关材料:

(一)举办焰火晚会以及其他大型焰火燃放活动的时间、地点、环境、活动性质、规模;

(二)燃放烟花爆竹的种类、规格、数量;

(三)燃放作业方案;

(四)燃放作业单位、作业人员符合行业标准规定条件的证明。

受理申请的公安部门应当自受理申请之日起 20 日内对提交的有关材料进行审查,对符合条件的,核发《焰火燃放许可证》;对不符合条件的,应当说明理由。

第三十四条 焰火晚会以及其他大型焰火燃放活动燃放作业单位和作业人员,应当按照焰火燃放安全规程和经许可的燃放作业方案进行燃放作业。

第三十五条 公安部门应当加强对危险等级较高的焰火晚会以及其他大型焰火燃放活动的监督检查。

第六章 法律责任

第三十六条 对未经许可生产、经营烟花爆竹制品,或者向未取得烟花爆竹安全生产许可的单位或者个人销售黑火药、烟火药、引火线的,由安全生产监督管理部门责令停止非法生产、经营活动,处 2 万元以上 10 万元以下的罚款,并没收非法生产、经营的物品及违法所得。

对未经许可经由道路运输烟花爆竹的,由公安部门责令停止非法运输活动,处 1 万元以上 5 万元以下的罚款,并没收非法运输的物品及违法所得。

非法生产、经营、运输烟花爆竹,构成违反治安管理行为的,依法给予治安管理处罚;构成犯罪的,依法追究刑事责任。

第三十七条 生产烟花爆竹的企业有下列行为之一的,由安全生产监督管理部门责令限期改正,处 1 万元以上 5 万元以下的罚款;逾期不改正的,责令停产停业整顿,情节严重的,吊销安全生产许可证:

(一)未按照安全生产许可证核定的产品种类进行生产的;

(二)生产工序或者生产作业不符合有关国家标准、行业标准的;

(三)雇佣未经设区的市人民政府安全生产监督管理部门考核合格的人员从事危险工序作业的;

(四)生产烟花爆竹使用的原料不符合国家标准规定的,或者使用的原料超过国家标准规定的用量限制的;

(五)使用按照国家标准规定禁止使用或者禁忌配伍的物质生产烟花爆竹的;

(六)未按照国家标准的规定在烟花爆竹产品上标注燃放说明,或者未在烟花爆竹的包装物上印制易燃易爆危险物品警示标志的。

第三十八条 从事烟花爆竹批发的企业向从事烟花爆竹零售的经营者供应非法生产、经营的烟花爆竹,或者供应按照国家标准规定应由专业燃放人员燃放的烟花爆竹的,由安全生产监督管理部门责令停止违法行为,处2万元以上10万元以下的罚款,并没收非法经营的物品及违法所得;情节严重的,吊销烟花爆竹经营许可证。

从事烟花爆竹零售的经营者销售非法生产、经营的烟花爆竹,或者销售按照国家标准规定应由专业燃放人员燃放的烟花爆竹的,由安全生产监督管理部门责令停止违法行为,处1000元以上5000元以下的罚款,并没收非法经营的物品及违法所得;情节严重的,吊销烟花爆竹经营许可证。

第三十九条 生产、经营、使用黑火药、烟火药、引火线的企业,丢失黑火药、烟火药、引火线未及时向当地安全生产监督管理部门和公安部门报告的,由公安部门对企业主要负责人处5000元以上2万元以下的罚款,对丢失的物品予以追缴。

第四十条 经由道路运输烟花爆竹,有下列行为之一的,由公安部门责令改正,处200元以上2000元以下的罚款:

(一)违反运输许可事项的;

(二)未随车携带《烟花爆竹道路运输许可证》的;

(三)运输车辆没有悬挂或者安装符合国家标准的易燃易爆危险物品警示标志的;

(四)烟花爆竹的装载不符合国家有关标准和规范的;

(五)装载烟花爆竹的车厢载人的;

(六)超过危险物品运输车辆规定时速行驶的;

(七)运输车辆途中经停没有专人看守的;

(八)运达目的地后,未按规定时间将《烟花爆竹道路运输许可证》交回发证机关核销的。

第四十一条 对携带烟花爆竹搭乘公共交通工具,或者邮寄烟花爆竹以及在托运的行李、包裹、邮件中夹带烟花爆竹的,由公安部门没收非法携带、邮寄、夹带的烟花爆竹,可以并处200元以上1000元以下的罚款。

第四十二条 对未经许可举办焰火晚会以及其他大型焰火燃放活动,或者焰火晚会以及其他大型焰火燃放活动燃放作业单位和作业人员违反焰火燃放安全规程、燃放作业方案进行燃放作业的,由公安部门责令停止燃放,对责任单位处1万元以上5万元以下的罚款。

在禁止燃放烟花爆竹的时间、地点燃放烟花爆竹,或者以危害公共安全和人身、财产安全的方式燃放烟花爆竹的,由公安部门责令停止燃放,处100元以上500元以下的罚款;构成违反治安管理行为的,依法给予治安管理处罚。

第四十三条 对没收的非法烟花爆竹以及生产、经营企业弃置的废旧烟花爆竹,应当就地封存,并由公安部门组织销毁、处置。

第四十四条 安全生产监督管理部门、公安部门、质量监督检验部门、工商行政管理部门的工作人员,在烟花爆竹安全监管工作中滥用职权、玩忽职守、徇私舞弊,构成犯罪的,依法追究刑事责任;尚不构成犯罪的,依法给予行政处分。

第七章 附 则

第四十五条 《烟花爆竹安全生产许可证》《烟花爆竹经营(批发)许可证》《烟花爆竹经营(零售)许可证》,由国务院安全生产监督管理部门规定式样;《烟花爆竹道路运输许可证》《焰火燃放许可证》,由国务院公安部门规定式样。

第四十六条 本条例自公布之日起施行。

第三部分

安全生产相关部门规章

道路运输从业人员管理规定

（中华人民共和国交通运输部令2019年第18号）

第一章 总 则

第一条 为加强道路运输从业人员管理，提高道路运输从业人员综合素质，根据《中华人民共和国道路运输条例》《危险化学品安全管理条例》以及有关法律、行政法规，制定本规定。

第二条 本规定所称道路运输从业人员是指经营性道路客货运输驾驶员、道路危险货物运输从业人员、机动车维修技术人员、机动车驾驶培训教练员、道路运输经理人和其他道路运输从业人员。

经营性道路客货运输驾驶员包括经营性道路旅客运输驾驶员和经营性道路货物运输驾驶员。

道路危险货物运输从业人员包括道路危险货物运输驾驶员、装卸管理人员和押运人员。

机动车维修技术人员包括机动车维修技术负责人员、质量检验人员以及从事机修、电器、钣金、涂漆、车辆技术评估（含检测）作业的技术人员。

机动车驾驶培训教练员包括理论教练员、驾驶操作教练员、道路客货运输驾驶员从业资格培训教练员和危险货物运输驾驶员从业资格培训教练员。

道路运输经理人包括道路客货运输企业、道路客货运输站（场）、机动车驾驶员培训机构、机动车维修企业的管理人员。

其他道路运输从业人员是指除上述人员以外的道路运输从业人员，包括道路客运乘务员、机动车驾驶员培训机构教学负责人及结业考核人员、机动车维修企业价格结算员及业务接待员。

第三条 道路运输从业人员应当依法经营，诚实信用，规范操作，文明从业。

第四条 道路运输从业人员管理工作应当公平、公正、公开和便民。

第五条 交通运输部负责全国道路运输从业人员管理工作。

县级以上地方人民政府交通运输主管部门负责组织领导本行政区域内的道路运输从业人员管理工作，并具体负责本行政区域内道路危险货物运输从业人员的管理工作。

县级以上道路运输管理机构具体负责本行政区域内经营性道路客货运输驾驶员、机动车维修技术人员、机动车驾驶培训教练员、道路运输经理人和其他道路运输从业人员的管理工作。

第二章 从业资格管理

第六条 国家对经营性道路客货运输驾驶员、道路危险货物运输从业人员实行从业资格考试制度。其他已实施国家职业资格制度的道路运输从业人员,按照国家职业资格的有关规定执行。

从业资格是对道路运输从业人员所从事的特定岗位职业素质的基本评价。

经营性道路客货运输驾驶员和道路危险货物运输从业人员必须取得相应从业资格,方可从事相应的道路运输活动。

鼓励机动车维修企业、机动车驾驶员培训机构优先聘用取得国家职业资格的从业人员从事机动车维修和机动车驾驶员培训工作。

第七条 道路运输从业人员从业资格考试应当按照交通运输部编制的考试大纲、考试题库、考核标准、考试工作规范和程序组织实施。

第八条 经营性道路客货运输驾驶员从业资格考试由设区的市级道路运输管理机构组织实施,每月组织一次考试。

道路危险货物运输从业人员从业资格考试由设区的市级人民政府交通运输主管部门组织实施,每季度组织一次考试。

第九条 经营性道路旅客运输驾驶员应当符合下列条件:

(一)取得相应的机动车驾驶证1年以上;

(二)年龄不超过60周岁;

(三)3年内无重大以上交通责任事故;

(四)掌握相关道路旅客运输法规、机动车维修和旅客急救基本知识;

(五)经考试合格,取得相应的从业资格证件。

第十条 经营性道路货物运输驾驶员应当符合下列条件:

(一)取得相应的机动车驾驶证;

(二)年龄不超过60周岁;

(三)掌握相关道路货物运输法规、机动车维修和货物装载保管基本知识;

(四)经考试合格,取得相应的从业资格证件。

第十一条 道路危险货物运输驾驶员应当符合下列条件:

(一)取得相应的机动车驾驶证;

(二)年龄不超过60周岁;

(三)3年内无重大以上交通责任事故;

(四)取得经营性道路旅客运输或者货物运输驾驶员从业资格2年以上或者接受全日制驾驶职业教育的;

(五)接受相关法规、安全知识、专业技术、职业卫生防护和应急救援知识的培训,了解危险货物性质、危害特征、包装容器的使用特性和发生意外时的应急措施;

(六)经考试合格,取得相应的从业资格证件。

第十二条 道路危险货物运输装卸管理人员和押运人员应当符合下列条件:

(一)年龄不超过60周岁;

(二)初中以上学历;

(三)接受相关法规、安全知识、专业技术、职业卫生防护和应急救援知识的培训,了解危险货物性质、危害特征、包装容器的使用特性和发生意外时的应急措施;

(四)经考试合格,取得相应的从业资格证件。

第十三条 机动车维修技术人员应当符合下列条件:

(一)技术负责人员

1. 具有机动车维修或者相关专业大专以上学历,或者具有机动车维修或相关专业中级以上专业技术职称;

2. 熟悉机动车维修业务,掌握机动车维修及相关政策法规和技术规范。

(二)质量检验人员

1. 具有高中以上学历;

2. 熟悉机动车维修检测作业规范,掌握机动车维修故障诊断和质量检验的相关技术,熟悉机动车维修服务收费标准及相关政策法规和技术规范。

(三)从事机修、电器、钣金、涂漆、车辆技术评估(含检测)作业的技术人员

1. 具有初中以上学历;

2. 熟悉所从事工种的维修技术和操作规范,并了解机动车维修及相关政策法规。

第十四条 机动车驾驶培训教练员应当符合下列条件:

(一)理论教练员

1. 取得相应的机动车驾驶证,具有2年以上安全驾驶经历;

2. 具有汽车及相关专业中专以上学历或者汽车及相关专业中级以上技术职称;

3. 掌握道路交通安全法规、驾驶理论、机动车构造、交通安全心理学、常用伤员急救等安全驾驶知识,了解车辆环保和节约能源的有关知识,了解教育学、教育心理学的基本教学知识,具备编写教案、规范讲解的授课能力。

(二)驾驶操作教练员

1. 取得相应的机动车驾驶证,符合安全驾驶经历和相应车型驾驶经历的要求;

2. 年龄不超过60周岁;

3. 掌握道路交通安全法规、驾驶理论、机动车构造、交通安全心理学和应急驾驶的基本知识,熟悉车辆维护和常见故障诊断、车辆环保和节约能源的有关知识,具备驾驶要领讲解、驾驶动作示范、指导驾驶的教学能力。

(三)道路客货运输驾驶员从业资格培训教练员

1. 具有汽车及相关专业大专以上学历或者汽车及相关专业高级以上技术职称;

2. 掌握道路旅客运输法规、货物运输法规以及机动车维修、货物装卸保管和旅客急救等相关知识,具备相应的授课能力;

3. 具有2年以上从事普通机动车驾驶员培训的教学经历,且近2年无不良的教学记录。

(四)危险货物运输驾驶员从业资格培训教练员

1. 具有化工及相关专业大专以上学历或者化工及相关专业高级以上技术职称;

2. 掌握危险货物运输法规、危险化学品特性、包装容器使用方法、职业安全防护和应急救援等知识,具备相应的授课能力;

3. 具有2年以上化工及相关专业的教学经历,且近2年无不良的教学记录。

第十五条 申请参加经营性道路客货运输驾驶员从业资格考试的人员,应当向其户籍

地或者暂住地设区的市级道路运输管理机构提出申请,填写《经营性道路客货运输驾驶员从业资格考试申请表》(式样见附件1),并提供下列材料:

(一)身份证明及复印件;

(二)机动车驾驶证及复印件;

(三)申请参加道路旅客运输驾驶员从业资格考试的,还应当提供道路交通安全主管部门出具的3年内无重大以上交通责任事故记录证明。

第十六条 申请参加道路危险货物运输驾驶员从业资格考试的,应当向其户籍地或者暂住地设区的市级交通运输主管部门提出申请,填写《道路危险货物运输从业人员从业资格考试申请表》(式样见附件2),并提供下列材料:

(一)身份证明及复印件;

(二)机动车驾驶证及复印件;

(三)道路旅客运输驾驶员从业资格证件或者道路货物运输驾驶员从业资格证件及复印件或者全日制驾驶职业教育学籍证明;

(四)相关培训证明及复印件;

(五)道路交通安全主管部门出具的3年内无重大以上交通责任事故记录证明。

第十七条 申请参加道路危险货物运输装卸管理人员和押运人员从业资格考试的,应当向其户籍地或者暂住地设区的市级交通运输主管部门提出申请,填写《道路危险货物运输从业人员从业资格考试申请表》,并提供下列材料:

(一)身份证明及复印件;

(二)学历证明及复印件;

(三)相关培训证明及复印件。

第十八条 交通运输主管部门和道路运输管理机构对符合申请条件的申请人应当安排考试。

第十九条 交通运输主管部门和道路运输管理机构应当在考试结束10日内公布考试成绩。对考试合格人员,应当自公布考试成绩之日起10日内颁发相应的道路运输从业人员从业资格证件。

第二十条 道路运输从业人员从业资格考试成绩有效期为1年,考试成绩逾期作废。

第二十一条 申请人在从业资格考试中有舞弊行为的,取消当次考试资格,考试成绩无效。

第二十二条 交通运输主管部门或者道路运输管理机构应当建立道路运输从业人员从业资格管理档案。

道路运输从业人员从业资格管理档案包括:从业资格考试申请材料,从业资格考试及从业资格证件记录,从业资格证件换发、补发、变更记录,违章、事故及诚信考核、继续教育记录等。

第二十三条 交通运输主管部门和道路运输管理机构应当向社会提供道路运输从业人员相关从业信息的查询服务。

第三章 从业资格证件管理

第二十四条 经营性道路客货运输驾驶员、道路危险货物运输从业人员经考试合格后,取得《中华人民共和国道路运输从业人员从业资格证》(式样见附件3)。

第二十五条 道路运输从业人员从业资格证件全国通用。

第二十六条 已获得从业资格证件的人员需要增加相应从业资格类别的,应当向原发证机关提出申请,并按照规定参加相应培训和考试。

第二十七条 道路运输从业人员从业资格证件由交通运输部统一印制并编号。

道路危险货物运输从业人员从业资格证件由设区的市级交通运输主管部门发放和管理。

经营性道路客货运输驾驶员从业资格证件由设区的市级道路运输管理机构发放和管理。

第二十八条 交通运输主管部门和道路运输管理机构应当建立道路运输从业人员从业资格证件管理数据库,使用全国统一的管理软件核发从业资格证件,并逐步采用电子存取和防伪技术,确保有关信息实时输入、输出和存储。

交通运输主管部门和道路运输管理机构应当结合道路运输从业人员从业资格证件的管理工作,建立道路运输从业人员管理信息系统,并逐步实现异地稽查信息共享和动态资格管理。

第二十九条 道路运输从业人员从业资格证件有效期为6年。道路运输从业人员应当在从业资格证件有效期届满30日前到原发证机关办理换证手续。

道路运输从业人员从业资格证件遗失、毁损的,应当到原发证机关办理证件补发手续。

道路运输从业人员服务单位变更的,应当到交通运输主管部门或者道路运输管理机构办理从业资格证件变更手续。

道路运输从业人员从业资格档案应当由原发证机关在变更手续办结后30日内移交户籍迁入地或者现居住地的交通运输主管部门或者道路运输管理机构。

第三十条 道路运输从业人员办理换证、补证和变更手续,应当填写《道路运输从业人员从业资格证件换发、补发、变更登记表》(式样见附件4)。

第三十一条 交通运输主管部门和道路运输管理机构应当对符合要求的从业资格证件换发、补发、变更申请予以办理。

申请人违反相关从业资格管理规定且尚未接受处罚的,受理机关应当在其接受处罚后换发、补发、变更相应的从业资格证件。

第三十二条 道路运输从业人员有下列情形之一的,由发证机关注销其从业资格证件:

(一)持证人死亡的;

(二)持证人申请注销的;

(三)经营性道路客货运输驾驶员、道路危险货物运输从业人员年龄超过60周岁的;

(四)经营性道路客货运输驾驶员、道路危险货物运输驾驶员的机动车驾驶证被注销或者被吊销的;

(五)超过从业资格证件有效期180日未申请换证的。

凡被注销的从业资格证件,应当由发证机关予以收回,公告作废并登记归档;无法收回的,从业资格证件自行作废。

第三十三条 交通运输主管部门和道路运输管理机构应当将经营性道路客货运输驾驶

员、道路危险货物运输从业人员的违章行为记录在《中华人民共和国道路运输从业人员从业资格证》的违章记录栏内,并通报发证机关。发证机关应当将该记录作为道路运输从业人员诚信考核和计分考核的依据,并存入管理档案。机动车维修技术人员、机动车驾驶培训教练员违章记录直接记入诚信管理档案,并作为诚信考核的重要内容。

第三十四条 道路运输从业人员诚信考核和计分考核周期为12个月,从初次领取从业资格证件之日起计算。诚信考核等级分为优良、合格、基本合格和不合格,分别用AAA级、AA级、A级和B级表示。在考核周期内,累计计分超过规定的,诚信考核等级为B级。

省级交通运输主管部门和道路运输管理机构应当将道路运输从业人员每年的诚信考核和计分考核结果向社会公布,供公众查阅。

道路运输从业人员诚信考核和计分考核具体办法另行制定。

第四章 从业行为规定

第三十五条 经营性道路客货运输驾驶员以及道路危险货物运输从业人员应当在从业资格证件许可的范围内从事道路运输活动。道路危险货物运输驾驶员除可以驾驶道路危险货物运输车辆外,还可以驾驶原从业资格证件许可的道路旅客运输车辆或者道路货物运输车辆。

第三十六条 道路运输从业人员在从事道路运输活动时,应当携带相应的从业资格证件,并应当遵守国家相关法规和道路运输安全操作规程,不得违法经营、违章作业。

第三十七条 道路运输从业人员应当按照规定参加国家相关法规、职业道德及业务知识培训。

经营性道路客货运输驾驶员和道路危险货物运输驾驶员在岗从业期间,应当按照规定参加继续教育。

第三十八条 经营性道路客货运输驾驶员和道路危险货物运输驾驶员不得超限、超载运输,连续驾驶时间不得超过4个小时。

第三十九条 经营性道路旅客运输驾驶员和道路危险货物运输驾驶员应当按照规定填写行车日志。行车日志式样由省级道路运输管理机构统一制定。

第四十条 经营性道路旅客运输驾驶员应当采取必要措施保证旅客的人身和财产安全,发生紧急情况时,应当积极进行救护。

经营性道路货物运输驾驶员应当采取必要措施防止货物脱落、扬撒等。

严禁驾驶道路货物运输车辆从事经营性道路旅客运输活动。

第四十一条 道路危险货物运输驾驶员应当按照道路交通安全主管部门指定的行车时间和路线运输危险货物。

道路危险货物运输装卸管理人员应当按照安全作业规程对道路危险货物装卸作业进行现场监督,确保装卸安全。

道路危险货物运输押运人员应当对道路危险货物运输进行全程监管。

道路危险货物运输从业人员应当严格按照《汽车运输危险货物规则》(JT 617)、《汽车运输、装卸危险货物作业规程》(JT 618)操作,不得违章作业。

第四十二条 在道路危险货物运输过程中发生燃烧、爆炸、污染、中毒或者被盗、丢失、流散、泄漏等事故，道路危险货物运输驾驶员、押运人员应当立即向当地公安部门和所在运输企业或者单位报告，说明事故情况、危险货物品名和特性，并采取一切可能的警示措施和应急措施，积极配合有关部门进行处置。

第四十三条 机动车维修技术人员应当按照维修规范和程序作业，不得擅自扩大维修项目，不得使用假冒伪劣配件，不得擅自改装机动车，不得承修已报废的机动车，不得利用配件拼装机动车。

第四十四条 机动车驾驶培训教练员应当按照全国统一的教学大纲实施教学，规范填写教学日志和培训记录，不得擅自减少学时和培训内容。

第五章 法 律 责 任

第四十五条 违反本规定，有下列行为之一的人员，由县级以上道路运输管理机构责令改正，处200元以上2000元以下的罚款；构成犯罪的，依法追究刑事责任：

（一）未取得相应从业资格证件，驾驶道路客货运输车辆的；

（二）使用失效、伪造、变造的从业资格证件，驾驶道路客货运输车辆的；

（三）超越从业资格证件核定范围，驾驶道路客货运输车辆的。

第四十六条 违反本规定，有下列行为之一的人员，由设区的市级人民政府交通运输主管部门处5万元以上10万元以下的罚款；构成犯罪的，依法追究刑事责任：

（一）未取得相应从业资格证件，从事道路危险货物运输活动的；

（二）使用失效、伪造、变造的从业资格证件，从事道路危险货物运输活动的；

（三）超越从业资格证件核定范围，从事道路危险货物运输活动的。

第四十七条 道路运输从业人员有下列不具备安全条件情形之一的，由发证机关撤销其从业资格证件：

（一）经营性道路客货运输驾驶员、道路危险货物运输从业人员身体健康状况不符合有关机动车驾驶和相关从业要求且没有主动申请注销从业资格的；

（二）经营性道路客货运输驾驶员、道路危险货物运输驾驶员发生重大以上交通事故，且负主要责任的；

（三）发现重大事故隐患，不立即采取消除措施，继续作业的。

被撤销的从业资格证件应当由发证机关公告作废并登记归档。

第四十八条 违反本规定，交通运输主管部门及道路运输管理机构工作人员有下列情形之一的，依法给予行政处分；构成犯罪的，依法追究刑事责任：

（一）不按规定的条件、程序和期限组织从业资格考试的；

（二）发现违法行为未及时查处的；

（三）索取、收受他人财物及谋取其他不正当利益的；

（四）其他违法行为。

第六章 附 则

第四十九条 从业资格考试收费标准和从业资格证件工本费由省级以上交通运输主管部门会同同级财政部门、物价部门核定。

第五十条 使用总质量4500千克及以下普通货运车辆的驾驶人员,不适用本规定。

第五十一条 本规定自2007年3月1日起施行。2001年9月6日公布的《营业性道路运输驾驶员职业培训管理规定》(交通部令2001年第7号)同时废止。

附件(略)

道路旅客运输及客运站管理规定

（中华人民共和国交通运输部令2016年第82号）

第一章　总　　则

第一条　为规范道路旅客运输及道路旅客运输站经营活动，维护道路旅客运输市场秩序，保障道路旅客运输安全，保护旅客和经营者的合法权益，依据《中华人民共和国道路运输条例》及有关法律、行政法规的规定，制定本规定。

第二条　从事道路旅客运输（以下简称道路客运）经营以及道路旅客运输站（以下简称客运站）经营的，应当遵守本规定。

第三条　本规定所称道路客运经营，是指用客车运送旅客、为社会公众提供服务、具有商业性质的道路客运活动，包括班车（加班车）客运、包车客运、旅游客运。

（一）班车客运是指营运客车在城乡道路上按照固定的线路、时间、站点、班次运行的一种客运方式，包括直达班车客运和普通班车客运。加班车客运是班车客运的一种补充形式，是在客运班车不能满足需要或者无法正常运营时，临时增加或者调配客车按客运班车的线路、站点运行的方式。

（二）包车客运是指以运送团体旅客为目的，将客车包租给用户安排使用，提供驾驶劳务，按照约定的起始地、目的地和路线行驶，按行驶里程或者包用时间计费并统一支付费用的一种客运方式。

（三）旅游客运是指以运送旅游观光的旅客为目的，在旅游景区内运营或者其线路至少有一端在旅游景区（点）的一种客运方式。

本规定所称客运站经营，是指以站场设施为依托，为道路客运经营者和旅客提供有关运输服务的经营活动。

第四条　道路客运和客运站管理应当坚持以人为本、安全第一的宗旨，遵循公平、公正、公开、便民的原则，打破地区封锁和垄断，促进道路运输市场的统一、开放、竞争、有序，满足广大人民群众的出行需求。

道路客运及客运站经营者应当依法经营，诚实信用，公平竞争，优质服务。

第五条　国家实行道路客运企业等级评定制度和质量信誉考核制度，鼓励道路客运经营者实行规模化、集约化、公司化经营，禁止挂靠经营。

第六条　交通运输部主管全国道路客运及客运站管理工作。

县级以上地方人民政府交通运输主管部门负责组织领导本行政区域的道路客运及客运站管理工作。

县级以上道路运输管理机构负责具体实施道路客运及客运站管理工作。

第二章 经营许可

第七条 班车客运的线路根据经营区域和营运线路长度分为以下四种类型:

一类客运班线:地区所在地与地区所在地之间的客运班线或者营运线路长度在800公里以上的客运班线。

二类客运班线:地区所在地与县之间的客运班线。

三类客运班线:非毗邻县之间的客运班线。

四类客运班线:毗邻县之间的客运班线或者县境内的客运班线。

本规定所称地区所在地,是指设区的市、州、盟人民政府所在城市市区;本规定所称县,包括县、旗、县级市和设区的市、州、盟下辖乡镇的区。

县城城区与地区所在地城市市区相连或者重叠的,按起讫客运站所在地确定班线起讫点所属的行政区域。

第八条 包车客运按照其经营区域分为省际包车客运和省内包车客运,省内包车客运分为市际包车客运、县际包车客运和县内包车客运。

第九条 旅游客运按照营运方式分为定线旅游客运和非定线旅游客运。

定线旅游客运按照班车客运管理,非定线旅游客运按照包车客运管理。

第十条 申请从事道路客运经营的,应当具备下列条件:

(一)有与其经营业务相适应并经检测合格的客车:

1. 客车技术要求应当符合《道路运输车辆技术管理规定》有关规定。

2. 客车类型等级要求:

从事高速公路客运、旅游客运和营运线路长度在800公里以上的客运车辆,其车辆类型等级应当达到行业标准《营运客车类型划分及等级评定》(JT/T 325)规定的中级以上。

3. 客车数量要求:

(1)经营一类客运班线的班车客运经营者应当自有营运客车100辆以上、客位3000个以上,其中高级客车在30辆以上、客位900个以上;或者自有高级营运客车40辆以上、客位1200个以上。

(2)经营二类客运班线的班车客运经营者应当自有营运客车50辆以上、客位1500个以上,其中中高级客车在15辆以上、客位450个以上;或者自有高级营运客车20辆以上、客位600个以上。

(3)经营三类客运班线的班车客运经营者应当自有营运客车10辆以上、客位200个以上。

(4)经营四类客运班线的班车客运经营者应当自有营运客车1辆以上。

(5)经营省际包车客运的经营者,应当自有中高级营运客车20辆以上、客位600个以上。

(6)经营省内包车客运的经营者,应当自有营运客车5辆以上、客位100个以上。

(二)从事客运经营的驾驶人员,应当符合《道路运输从业人员管理规定》有关规定。

(三)有健全的安全生产管理制度,包括安全生产操作规程、安全生产责任制、安全生产监督检查、驾驶人员和车辆安全生产管理的制度。

（四）申请从事道路客运班线经营，还应当有明确的线路和站点方案。

第十一条　申请从事客运站经营的，应当具备下列条件：

（一）客运站经有关部门组织的工程竣工验收合格，并且经道路运输管理机构组织的站级验收合格；

（二）有与业务量相适应的专业人员和管理人员；

（三）有相应的设备、设施，具体要求按照行业标准《汽车客运站级别划分及建设要求》（JT/T 200）的规定执行；

（四）有健全的业务操作规程和安全管理制度，包括服务规范、安全生产操作规程、车辆发车前例检、安全生产责任制、危险品查堵、安全生产监督检查的制度。

第十二条　申请从事道路客运经营的，应当依法向工商行政管理机关办理有关登记手续后，按照下列规定提出申请：

（一）从事县级行政区域内客运经营的，向县级道路运输管理机构提出申请；

（二）从事省、自治区、直辖市行政区域内跨2个县级以上行政区域客运经营的，向其共同的上一级道路运输管理机构提出申请；

（三）从事跨省、自治区、直辖市行政区域客运经营的，向所在地的省、自治区、直辖市道路运输管理机构提出申请。

第十三条　申请从事客运站经营的，应当依法向工商行政管理机关办理有关登记手续后，向所在地县级道路运输管理机构提出申请。

第十四条　申请从事道路客运经营的，应当提供下列材料：

（一）申请开业的相关材料：

1.《道路旅客运输经营申请表》（见附件1）。

2. 企业章程文本。

3. 投资人、负责人身份证明及其复印件，经办人的身份证明及其复印件和委托书。

4. 安全生产管理制度文本。

5. 拟投入车辆承诺书，包括客车数量、类型及等级、技术等级、座位数以及客车外廓长、宽、高等。如果拟投入客车属于已购置或者现有的，应当提供行驶证、车辆技术等级评定结论、客车类型等级评定证明及其复印件。

6. 已聘用或者拟聘用驾驶人员的驾驶证和从业资格证及其复印件，公安部门出具的3年内无重大以上交通责任事故的证明。

（二）同时申请道路客运班线经营的，还应当提供下列材料：

1.《道路旅客运输班线经营申请表》（见附件2）。

2. 可行性报告，包括申请客运班线客流状况调查、运营方案、效益分析以及可能对其他相关经营者产生的影响等。

3. 进站方案。已与起讫点客运站和停靠站签订进站意向书的，应当提供进站意向书。

4. 运输服务质量承诺书。

第十五条　已获得相应道路班车客运经营许可的经营者，申请新增客运班线时，除提供第十四条第（二）项规定的材料外，还应当提供下列材料：

（一）《道路运输经营许可证》复印件。

(二)与所申请客运班线类型相适应的企业自有营运客车的行驶证、《道路运输证》复印件。

(三)拟投入车辆承诺书,包括客车数量、类型及等级、技术等级、座位数以及客车外廓长、宽、高等。如果拟投入客车属于已购置或者现有的,应当提供行驶证、车辆技术等级评定结论、客车类型等级评定证明及其复印件。

(四)拟聘用驾驶人员的驾驶证和从业资格证及其复印件,公安部门出具的3年内无重大以上交通责任事故的证明。

(五)经办人的身份证明及其复印件,所在单位的工作证明或者委托书。

第十六条 申请从事客运站经营的,应当提供下列材料:

(一)《道路旅客运输站经营申请表》(见附件3);

(二)客运站竣工验收证明和站级验收证明;

(三)拟招聘的专业人员、管理人员的身份证明和专业证书及其复印件;

(四)负责人身份证明及其复印件,经办人的身份证明及其复印件和委托书;

(五)业务操作规程和安全管理制度文本。

第十七条 县级以上道路运输管理机构应当定期向社会公布本行政区域内的客运运力投放、客运线路布局、主要客流流向和流量等情况。

道路运输管理机构在审查客运申请时,应当考虑客运市场的供求状况、普遍服务和方便群众等因素。

第十八条 道路运输管理机构应当按照《中华人民共和国道路运输条例》和《交通行政许可实施程序规定》以及本规定规范的程序实施道路客运经营、道路客运班线经营和客运站经营的行政许可。

第十九条 道路运输管理机构对道路客运经营申请、道路客运班线经营申请予以受理的,应当自受理之日起20日内作出许可或者不予许可的决定;道路运输管理机构对客运站经营申请予以受理的,应当自受理之日起15日内作出许可或者不予许可的决定。

道路运输管理机构对符合法定条件的道路客运经营申请作出准予行政许可决定的,应当出具《道路客运经营行政许可决定书》(见附件4),明确许可事项,许可事项为经营范围、车辆数量及要求、客运班线类型;并在10日内向被许可人发放《道路运输经营许可证》,并告知被许可人所在地道路运输管理机构。

道路运输管理机构对符合法定条件的道路客运班线经营申请作出准予行政许可决定的,应当出具《道路客运班线经营行政许可决定书》(见附件5),明确许可事项,许可事项为经营主体、班车类别、起讫地、途经路线及停靠站点、日发班次、车辆数量及要求、经营期限,其中对成立线路公司的道路客运班线或者实行区域经营的,其停靠站点及日发班次可以由其经营者自行决定,并告知原许可机关;并在10日内向被许可人发放《道路客运班线经营许可证明》(见附件8),告知班线起讫地道路运输管理机构;属于跨省客运班线的,应当将《道路客运班线经营行政许可决定书》抄告途经上下旅客的和终到的省级道路运输管理机构。

道路运输管理机构对符合法定条件的客运站经营申请作出准予行政许可决定的,应当出具《道路旅客运输站经营行政许可决定书》(见附件6),并明确许可事项,许可事项为经营者名称、站场地址、站场级别和经营范围;并在10日内向被许可人发放《道路运输经营许可证》。

道路运输管理机构对不符合法定条件的申请作出不予行政许可决定的,应当向申请人出具《不予交通行政许可决定书》。

第二十条 受理跨省客运班线经营申请的省级道路运输管理机构,应当在受理申请后7日内发征求意见函并附《道路旅客运输班线经营申请表》给途经上下旅客的和目的地省级道路运输管理机构征求意见;相关省级道路运输管理机构应当在10日内将意见给受理申请的省级道路运输管理机构,不予同意的,应当依法注明理由,逾期不予答复的,视为同意。

受理毗邻市、毗邻县间道路客运班线经营申请的道路运输管理机构,原则上按照毗邻市、毗邻县道路运输管理机构协商一致的意见作出许可或者不予许可的决定。

相关省级道路运输管理机构对跨省客运班线经营申请持不同意见且协商不成的,由受理申请的省级道路运输管理机构通过其隶属的省级交通运输主管部门将各方书面意见和相关材料报交通运输部决定,并书面通知申请人。交通运输部应当自受理之日起20日内作出决定,并书面通知相关省级交通运输主管部门,由受理申请的省级道路运输管理机构按本规定第十九条、第二十二条的规定为申请人办理有关手续。

跨省客运班线经营者申请延续经营的,受理申请的省级道路运输管理机构不需向途经上下旅客和目的地省级道路运输管理机构再次征求意见。

第二十一条 被许可人应当按确定的时间落实拟投入车辆承诺书。道路运输管理机构已核实被许可人落实了拟投入车辆承诺书且车辆符合许可要求后,应当为投入运输的客车配发《道路运输证》;属于客运班车的,应当同时配发班车客运标志牌(见附件7)。正式班车客运标志牌尚未制作完毕的,应当先配发临时客运标志牌。

第二十二条 已取得相应道路班车客运经营许可的经营者需要增加客运班线的,应当按本规定第十二条的规定进行申请。

第二十三条 向不同级别的道路运输管理机构申请道路运输经营的,应当由最高一级道路运输管理机构核发《道路运输经营许可证》,并注明各级道路运输管理机构许可的经营范围,下级道路运输管理机构不再核发《道路运输经营许可证》。下级道路运输管理机构已向被许可人发放《道路运输经营许可证》的,上级道路运输管理机构应当按上述要求予以换发。

第二十四条 中外合资、中外合作、外商独资形式投资道路客运和客运站经营的,应当同时遵守《外商投资道路运输业管理规定》。

第二十五条 道路客运经营者设立子公司的,应当按规定向设立地道路运输管理机构申请经营许可;设立分公司的,应当向设立地道路运输管理机构报备。

第二十六条 客运班线经营及包车客运许可原则上应当通过服务质量招投标的方式实施,并签订经营服务协议。申请人数量达不到招投标要求的,道路运输管理机构应当按许可条件择优确定客运经营者。

相关省级道路运输管理机构协商确定通过服务质量招投标方式,实施跨省客运班线经营许可的,可采取联合招标、各自分别招标等方式进行。一省不实行招投标的,不影响另外一省进行招投标。

道路客运经营服务质量招投标管理办法另行制定。

第二十七条 在道路客运班线经营许可过程中,任何单位和个人不得以对等投放运力等不正当理由拒绝、阻挠实施客运班线经营许可。

第二十八条 客运经营者、客运站经营者需要变更许可事项或者终止经营的,应当向原许可机关提出申请,按本章有关规定办理。按照第十九条规定由经营者自行决定停靠站点及日发班次的,车辆数量的变更不需提出申请,但应当告知原许可机关。

客运班线的经营主体、起讫地和日发班次变更和客运站经营主体、站址变更按照重新许可办理。

客运经营者和客运站经营者在取得全部经营许可证件后无正当理由超过180天不投入运营或者运营后连续180天以上停运的,视为自动终止经营。

第二十九条 客运班线的经营期限由省级道路运输管理机构按《中华人民共和国道路运输条例》的有关规定确定。

第三十条 客运班线经营者在经营期限内暂停、终止班线经营,应当提前30日向原许可机关申请。经营期限届满,需要延续客运班线经营的,应当在届满前60日提出申请。原许可机关应当依据本章有关规定作出许可或者不予许可的决定。予以许可的,重新办理有关手续。

客运经营者终止经营,应当在终止经营后10日内,将相关的《道路运输经营许可证》和《道路运输证》、客运标志牌交回原发放机关。

第三十一条 客运站经营者终止经营的,应当提前30日告知原许可机关和进站经营者。原许可机关发现关闭客运站可能对社会公众利益造成重大影响的,应当采取措施对进站车辆进行分流,并向社会公告。客运站经营者应当在终止经营后10日内将《道路运输经营许可证》交回原发放机关。

第三十二条 客运经营者在客运班线经营期限届满后申请延续经营,符合下列条件的,应当予以优先许可:

(一)经营者符合本规定第十条规定;

(二)经营者在经营该客运班线过程中,无特大运输安全责任事故;

(三)经营者在经营该客运班线过程中,无情节恶劣的服务质量事件;

(四)经营者在经营该客运班线过程中,无严重违法经营行为;

(五)按规定履行了普遍服务的义务。

第三章 客运经营管理

第三十三条 客运经营者应当按照道路运输管理机构决定的许可事项从事客运经营活动,不得转让、出租道路运输经营许可证件。

第三十四条 道路客运企业的全资或者绝对控股的经营道路客运的子公司,其自有营运客车在10辆以上或者自有中高级营运客车5辆以上时,可按照其母公司取得的经营许可从事客运经营活动。

本条所称绝对控股是指母公司控制子公司实际资产51%以上。

第三十五条 道路客运班线属于国家所有的公共资源。班线客运经营者取得经营许可后,应当向公众提供连续运输服务,不得擅自暂停、终止或者转让班线运输。

第三十六条 客运班车应当按照许可的线路、班次、站点运行,在规定的途经站点进站上下旅客,无正当理由不得改变行驶线路,不得站外上客或者沿途揽客。

经许可机关同意,在农村客运班线上运营的班车可采取区域经营、循环运行、设置临时发车点等灵活的方式运营。

本规定所称农村客运班线,是指县内或者毗邻县间至少有一端在乡村的客运班线。

第三十七条 省际、市际客运班线的经营者或者其委托的售票单位、起讫点和中途停靠站点客运站,应当实行客票实名售票和实名查验(以下统称实名制管理)。其他客运班线及客运站实行实名制管理的范围,由省级交通运输主管部门确定。

第三十八条 实行实名制管理的,售票时应当由购票人提供旅客的有效身份证件原件,并由售票人在客票上记载旅客的身份信息。携带免票儿童的,应当凭免票儿童的有效身份证件同时免费申领实名制客票。通过网络、电话等方式实名购票的,购票人应当提供真实准确的旅客有效身份证件信息,并在取票时提供旅客的有效身份证件原件。

旅客遗失客票的,经核实其身份信息后,售票人应当免费为其补办客票。

第三十九条 客运经营者不得强迫旅客乘车,不得中途将旅客交给他人运输或者甩客,不得敲诈旅客,不得擅自更换客运车辆,不得阻碍其他经营者的正常经营活动。

第四十条 严禁客运车辆超载运行,在载客人数已满的情况下,允许再搭乘不超过核定载客人数10%的免票儿童。

客运车辆不得违反规定载货。

第四十一条 客运经营者应当遵守有关运价规定,使用规定的票证,不得乱涨价、恶意压价、乱收费。

第四十二条 客运经营者应当在客运车辆外部的适当位置喷印企业名称或者标识,在车厢内显著位置公示道路运输管理机构监督电话、票价和里程表。

第四十三条 客运经营者应当为旅客提供良好的乘车环境,确保车辆设备、设施齐全有效,保持车辆清洁、卫生,并采取必要的措施防止在运输过程中发生侵害旅客人身、财产安全的违法行为。

当运输过程中发生侵害旅客人身、财产安全的治安违法行为时,客运经营者在自身能力许可的情况下,应当及时向公安机关报告并配合公安机关及时终止治安违法行为。

客运经营者不得在客运车辆上从事播放淫秽录像等不健康的活动。

第四十四条 鼓励客运经营者使用配置下置行李舱的客车从事道路客运。没有下置行李舱或者行李舱容积不能满足需要的客车车辆,可在客车车厢内设立专门的行李堆放区,但行李堆放区和乘客区必须隔离,并采取相应的安全措施。严禁行李堆放区载客。

第四十五条 客运经营者应当为旅客投保承运人责任险。

第四十六条 客运经营者应当加强对从业人员的安全、职业道德教育和业务知识、操作规程培训。并采取有效措施,防止驾驶人员连续驾驶时间超过4个小时。

客运车辆驾驶人员应当遵守道路运输法规和道路运输驾驶员操作规程,安全驾驶,文明服务。

第四十七条 客运经营者应当制定突发公共事件的道路运输应急预案。应急预案应当包括报告程序、应急指挥、应急车辆和设备的储备以及处置措施等内容。

发生突发公共事件时,客运经营者应当服从县级及以上人民政府或者有关部门的统一调度、指挥。

第四十八条 客运经营者应当建立和完善各类台账和档案,并按要求及时报送有关资料和信息。

第四十九条 旅客应当持有效客票乘车,遵守乘车秩序,文明礼貌。不得携带国家规定的危险物品及其他禁止携带的物品乘车。

实行实名制管理的客运班线及客运站,旅客应当出示有效客票和本人有效身份证件原件,配合工作人员查验。旅客乘车前,客运站经营者应当对车票记载的身份信息与旅客及其有效身份证件原件(以下简称票、人、证)进行一致性核对并记录有关信息。对拒不提供本人有效身份证件原件或者票、人、证不一致的,不得允许其乘车。

第五十条 实行实名制管理的客运班线经营者及客运站经营者应当配备必要的设施设备,并加强实名制管理相关人员的培训和相关系统及设施设备的管理,确保符合国家相关法律法规规定。

第五十一条 客运班线经营者及客运站经营者对实行实名制管理所登记采集的旅客身份信息及乘车信息,应当依公安机关的要求向其如实提供。对旅客身份信息及乘车信息自采集之日起保存期限不得少于 1 年,涉及视频图像信息的,自采集之日起保存期限不得少于 90 日。

客运班线经营者及客运站经营者对实行实名制管理所获得的旅客身份信息及乘车信息,应当予以保密。

第五十二条 客运班线经营者或者其委托的售票单位、起讫点和中途停靠站点客运站应当针对客流高峰,恶劣天气及设备系统故障,重大安保活动等特殊情况下实名制管理的特点,制定有效的应急预案。

第五十三条 客运车辆驾驶人员应当随车携带《道路运输证》、从业资格证等有关证件,在规定位置放置客运标志牌。客运班车驾驶人员还应当随车携带《道路客运班线经营许可证明》。

第五十四条 遇有下列情况之一,客运车辆可凭临时客运标志牌运行:

(一)原有正班车已经满载,需要开行加班车的;

(二)因车辆抛锚、维护等原因,需要接驳或者顶班的;

(三)正式班车客运标志牌正在制作或者不慎灭失,等待领取的。

第五十五条 凭临时客运标志牌运营的客车应当按正班车的线路和站点运行。属于加班或者顶班的,还应当持有始发站签章并注明事由的当班行车路单;班车客运标志牌正在制作或者灭失的,还应当持有该条班线的《道路客运班线经营许可证明》或者《道路客运班线经营行政许可决定书》的复印件。

第五十六条 客运包车应当凭车籍所在地道路运输管理机构核发的包车客运标志牌,按照约定的时间、起始地、目的地和线路运行,并持有包车票或者包车合同,不得按班车模式定点定线运营,不得招揽包车合同外的旅客乘车。

客运包车除执行道路运输管理机构下达的紧急包车任务外,其线路一端应当在车籍所在地。省际、市际客运包车的车籍所在地为车籍所在的地区，县际客运包车的车籍所在地为车籍所在的县。

非定线旅游客车可持注明客运事项的旅游客票或者旅游合同取代包车票或者包车合同。

第五十七条 省际临时客运标志牌（见附件9）、省际包车客运标志牌（见附件10）由省级道路运输管理机构按照交通运输部的统一式样印制，交由当地县以上道路运输管理机构向客运经营者核发。省际包车客运标志牌和加班车、顶班车、接驳车使用的省际临时客运标志牌在一个运次所需的时间内有效，因班车客运标志牌正在制作或者灭失而使用的省际临时客运标志牌有效期不得超过30天。

从事省际包车客运的企业应按照交通运输部的统一要求，通过运政管理信息系统向车籍地道路运输管理机构备案后方可使用包车标志牌。

省内临时客运标志牌、省内包车客运标志牌样式及管理要求由各省级交通运输主管部门自行规定。

第五十八条 在春运、旅游“黄金周”或者发生突发事件等客流高峰期运力不足时，道路运输管理机构可临时调用车辆技术等级不低于二级的营运客车和社会非营运客车开行包车或者加班车。非营运客车凭县级以上道路运输管理机构开具的证明运行。

第四章 客运站经营

第五十九条 客运站经营者应当按照道路运输管理机构决定的许可事项从事客运站经营活动，不得转让、出租客运站经营许可证件，不得改变客运站用途和服务功能。

客运站经营者应当维护好各种设施、设备，保持其正常使用。

第六十条 客运站经营者和进站发车的客运经营者应当依法自愿签订服务合同，双方按合同的规定履行各自的权利和义务。

客运站经营者应当按月和客运经营者结算运费。

第六十一条 客运站经营者应当依法加强安全管理，完善安全生产条件，健全和落实安全生产责任制。

客运站经营者应当对出站客车进行安全检查，采取措施防止危险品进站上车，按照车辆核定载客限额售票，严禁超载车辆或者未经安全检查的车辆出站，保证安全生产。

第六十二条 客运站经营者应当禁止无证经营的车辆进站从事经营活动，无正当理由不得拒绝合法客运车辆进站经营。

客运站经营者应当坚持公平、公正原则，合理安排发车时间，公平售票。

客运经营者在发车时间安排上发生纠纷，客运站经营者协调无效时，由当地县级以上道路运输管理机构裁定。

第六十三条 客运站经营者应当公布进站客车的班车类别、客车类型等级、运输线路、起讫停靠站点、班次、发车时间、票价等信息，调度车辆进站发车，疏导旅客，维持秩序。

第六十四条 进站客运经营者应当在发车30分钟前备齐相关证件进站等待发车，不得误班、脱班、停班。进站客运经营者不按时派车辆应班，1小时以内视为误班，1小时以上视为脱班。但因车辆维修、肇事、丢失或者交通堵塞等特殊原因不能按时应班、并且已提前告知客运站经营者的除外。

进站客运经营者因故不能发班的,应当提前1日告知客运站经营者,双方要协商调度车辆顶班。

对无故停班达3日以上的进站班车,客运站经营者应当报告当地道路运输管理机构。

第六十五条 客运站经营者应当设置旅客购票、候车、乘车指示、行李寄存和托运、公共卫生等服务设施,向旅客提供安全、便捷、优质的服务,加强宣传,保持站场卫生、清洁。

在客运站从事客运站经营以外的其他经营活动时,应当遵守相应的法律、行政法规的规定。

第六十六条 客运站经营者应当严格执行价格管理规定,在经营场所公示收费项目和标准,严禁乱收费。

第六十七条 客运站经营者应当按规定的业务操作规程装卸、储存、保管行包。

第六十八条 客运站经营者应当制定公共突发事件应急预案。应急预案应当包括报告程序、应急指挥、应急设备的储备以及处置措施等内容。

第六十九条 客运站经营者应当建立和完善各类台账和档案,并按要求报送有关信息。

第五章 监督检查

第七十条 道路运输管理机构应当加强对道路客运和客运站经营活动的监督检查。

道路运输管理机构工作人员应当严格按照法定职责权限和程序进行监督检查。

第七十一条 县级以上道路运输管理机构应当定期对客运车辆进行审验,每年审验一次。审验内容包括:

(一)车辆违章记录;

(二)车辆技术等级评定情况;

(三)客车类型等级评定情况;

(四)按规定安装、使用符合标准的具有行驶记录功能的卫星定位装置情况;

(五)客运经营者为客运车辆投保承运人责任险情况。

审验符合要求的,道路运输管理机构在《道路运输证》审验记录栏中或者IC卡注明;不符合要求的,应当责令限期改正或者办理变更手续。

第七十二条 道路运输管理机构及其工作人员应当重点在客运站、旅客集散地对道路客运、客运站经营活动实施监督检查。此外,根据管理需要,可以在公路路口实施监督检查,但不得随意拦截正常行驶的道路运输车辆,不得双向拦截车辆进行检查。

第七十三条 道路运输管理机构的工作人员实施监督检查时,应当有2名以上人员参加,并向当事人出示交通运输部统一制式的交通行政执法证件。

第七十四条 道路运输管理机构的工作人员可以向被检查单位和个人了解情况,查阅和复制有关材料。但应当保守被调查单位和个人的商业秘密。

被监督检查的单位和个人应当接受道路运输管理机构及其工作人员依法实施的监督检查,如实提供有关资料或者说明情况。

第七十五条 道路运输管理机构的工作人员在实施道路运输监督检查过程中,发现客运车辆有超载行为的,应当立即予以制止,并采取相应措施安排旅客改乘。

第七十六条 客运经营者在许可的道路运输管理机构管辖区域外违法从事经营活动的，违法行为发生地的道路运输管理机构应当依法将当事人的违法事实、处罚结果记录到《道路运输证》上，并抄告作出道路客运经营许可的道路运输管理机构。

第七十七条 客运经营者违反本规定的，县级以上道路运输管理机构在作出行政处罚决定的过程中，可以按照行政处罚法的规定将其违法证据先行登记保存。作出行政处罚决定后，客运经营者拒不履行的，作出行政处罚决定的道路运输管理机构可以将其拒不履行行政处罚决定的事实通知违法车辆车籍所在地道路运输管理机构，作为能否通过车辆年度审验和决定质量信誉考核结果的重要依据。

第七十八条 道路运输管理机构的工作人员在实施道路运输监督检查过程中，对没有《道路运输证》又无法当场提供其他有效证明的客运车辆可以予以暂扣，并出具《道路运输车辆暂扣凭证》(见附件12)。对暂扣车辆应当妥善保管，不得使用，不得收取或者变相收取保管费用。

违法当事人应当在暂扣凭证规定的时间内到指定地点接受处理。逾期不接受处理的，道路运输管理机构可依法作出处罚决定，并将处罚决定书送达当事人。当事人无正当理由逾期不履行处罚决定的，道路运输管理机构可申请人民法院强制执行。

第六章　法律责任

第七十九条 违反本规定，有下列行为之一的，由县级以上道路运输管理机构责令停止经营；有违法所得的，没收违法所得，处违法所得2倍以上10倍以下的罚款；没有违法所得或者违法所得不足2万元的，处3万元以上10万元以下的罚款；构成犯罪的，依法追究刑事责任：

(一)未取得道路客运经营许可，擅自从事道路客运经营的；

(二)未取得道路客运班线经营许可，擅自从事班车客运经营的；

(三)使用失效、伪造、变造、被注销等无效的道路客运许可证件从事道路客运经营的；

(四)超越许可事项，从事道路客运经营的。

第八十条 违反本规定，有下列行为之一的，由县级以上道路运输管理机构责令停止经营；有违法所得的，没收违法所得，处违法所得2倍以上10倍以下的罚款；没有违法所得或者违法所得不足1万元的，处2万元以上5万元以下的罚款；构成犯罪的，依法追究刑事责任：

(一)未取得客运站经营许可，擅自从事客运站经营的；

(二)使用失效、伪造、变造、被注销等无效的客运站许可证件从事客运站经营的；

(三)超越许可事项，从事客运站经营的。

第八十一条 违反本规定，客运经营者、客运站经营者非法转让、出租道路运输经营许可证件的，由县级以上道路运输管理机构责令停止违法行为，收缴有关证件，处2000元以上1万元以下的罚款；有违法所得的，没收违法所得。

第八十二条 违反本规定，客运经营者有下列行为之一，由县级以上道路运输管理机构责令限期投保；拒不投保的，由原许可机关吊销《道路运输经营许可证》或者吊销相应的经营范围：

(一)未为旅客投保承运人责任险的;

(二)未按最低投保限额投保的;

(三)投保的承运人责任险已过期,未继续投保的。

第八十三条 违反本规定,取得客运经营许可的客运经营者使用无《道路运输证》的车辆参加客运经营的,由县级以上道路运输管理机构责令改正,处3000元以上1万元以下的罚款。

违反本规定,客运经营者不按照规定携带《道路运输证》的,由县级以上道路运输管理机构责令改正,处警告或者20元以上200元以下的罚款。

第八十四条 违反本规定,客运经营者(含国际道路客运经营者)、客运站经营者及客运相关服务经营者不按规定使用道路运输业专用票证或者转让、倒卖、伪造道路运输业专用票证的,由县级以上道路运输管理机构责令改正,处1000元以上3000元以下的罚款。

第八十五条 省际、市际客运班线的经营者或者其委托的售票单位、起讫点和中途停靠站点客运站经营者未按规定对旅客身份进行查验,或者对身份不明、拒绝提供身份信息的旅客提供服务的,由县级以上道路运输管理机构责令改正;拒不改正的,处10万元以上50万元以下罚款,并对其直接负责的主管人员和其他直接责任人员处10万元以下罚款;情节严重的,由县级以上道路运输管理机构责令其停止从事相关道路旅客运输或者客运站经营业务;造成严重后果的,由原许可机关吊销有关道路旅客运输或者客运站经营许可证件。

第八十六条 违反本规定,客运经营者有下列情形之一的,由县级以上道路运输管理机构责令改正,处1000元以上3000元以下的罚款;情节严重的,由原许可机关吊销《道路运输经营许可证》或者吊销相应的经营范围:

(一)客运班车不按批准的客运站点停靠或者不按规定的线路、班次行驶的;

(二)加班车、顶班车、接驳车无正当理由不按原正班车的线路、站点、班次行驶的;

(三)客运包车未持有效的包车客运标志牌进行经营的,不按照包车客运标志牌载明的事项运行的,线路两端均不在车籍所在地的,按班车模式定点定线运营的,招揽包车合同以外的旅客乘车的;

(四)以欺骗、暴力等手段招揽旅客的;

(五)在旅客运输途中擅自变更运输车辆或者将旅客移交他人运输的;

(六)未报告原许可机关,擅自终止道路客运经营的。

第八十七条 违反本规定,客运经营者、客运站经营者已不具备开业要求的有关安全条件、存在重大运输安全隐患的,由县级以上道路运输管理机构责令限期改正;在规定时间内不能按要求改正且情节严重的,由原许可机关吊销《道路运输经营许可证》或者吊销相应的经营范围。

第八十八条 违反本规定,客运站经营者有下列情形之一的,由县级以上道路运输管理机构责令改正,处1万元以上3万元以下的罚款:

(一)允许无经营许可证件的车辆进站从事经营活动的;

(二)允许超载车辆出站的;

(三)允许未经安全检查或者安全检查不合格的车辆发车的;

(四)无正当理由拒绝客运车辆进站从事经营活动的。

第八十九条 违反本规定,客运站经营者有下列情形之一的,由县级以上道路运输管理机构责令改正;拒不改正的,处3000元的罚款;有违法所得的,没收违法所得:

(一)擅自改变客运站的用途和服务功能的;

(二)不公布运输线路、起讫停靠站点、班次、发车时间、票价的。

第九十条 道路运输管理机构工作人员违反本规定,有下列情形之一的,依法给予行政处分;构成犯罪的,依法追究刑事责任:

(一)不依照规定的条件、程序和期限实施行政许可的;

(二)参与或者变相参与道路客运经营以及客运站经营的;

(三)发现违法行为不及时查处的;

(四)违反规定拦截、检查正常行驶的运输车辆的;

(五)违法扣留运输车辆、《道路运输证》的;

(六)索取、收受他人财物,或者谋取其他利益的;

(七)其他违法行为。

第七章 附 则

第九十一条 出租汽车客运、城市公共汽车客运管理根据国务院的有关规定执行。

第九十二条 客运经营者从事国际道路旅客运输经营活动,除一般行为规范适用本规定外,有关从业条件等特殊要求应当适用交通运输部制定的国际道路运输管理规定。

第九十三条 道路运输管理机构依照本规定发放的道路运输经营许可证件和《道路运输证》,可以收取工本费。工本费的具体收费标准由省、自治区、直辖市人民政府财政、价格主管部门会同同级交通运输主管部门核定。

第九十四条 本规定自2005年8月1日起施行。交通部1995年9月6日发布的《省际道路旅客运输管理办法》(交公路发〔1995〕828号)、1998年11月26日发布的《高速公路旅客运输管理规定》(交通部令1998年第8号)、1995年5月9日发布的《汽车客运站管理规定》(交通部令1995年第2号)、2000年4月27日发布的《道路旅客运输企业经营资质管理规定(试行)》(交公路发〔2000〕225号)、1993年5月19日发布的《道路旅客运输业户开业技术经济条件(试行)》(交运发〔1993〕531号)同时废止。

附件(略)

道路货物运输及站场管理规定

(中华人民共和国交通运输部令2019年第17号)

第一章 总 则

第一条 为规范道路货物运输和道路货物运输站(场)经营活动,维护道路货物运输市场秩序,保障道路货物运输安全,保护道路货物运输和道路货物运输站(场)有关各方当事人的合法权益,根据《中华人民共和国道路运输条例》及有关法律、行政法规的规定,制定本规定。

第二条 从事道路货物运输经营和道路货物运输站(场)经营的,应当遵守本规定。

本规定所称道路货物运输经营,是指为社会提供公共服务、具有商业性质的道路货物运输活动。道路货物运输包括道路普通货运、道路货物专用运输、道路大型物件运输和道路危险货物运输。

本规定所称道路货物专用运输,是指使用集装箱、冷藏保鲜设备、罐式容器等专用车辆进行的货物运输。

本规定所称道路货物运输站(场)(以下简称"货运站"),是指以场地设施为依托,为社会提供有偿服务的具有仓储、保管、配载、信息服务、装卸、理货等功能的综合货运站(场)、零担货运站、集装箱中转站、物流中心等经营场所。

第三条 道路货物运输和货运站经营者应当依法经营,诚实信用,公平竞争。

道路货物运输管理应当公平、公正、公开和便民。

第四条 鼓励道路货物运输实行集约化、网络化经营。鼓励采用集装箱、封闭厢式车和多轴重型车运输。

第五条 交通运输部主管全国道路货物运输和货运站管理工作。

县级以上地方人民政府交通运输主管部门负责组织领导本行政区域的道路货物运输和货运站管理工作。

县级以上道路运输管理机构具体实施本行政区域的道路货物运输和货运站管理工作。

第二章 经营许可

第六条 申请从事道路货物运输经营的,应当具备下列条件:

(一)有与其经营业务相适应并经检测合格的运输车辆:

1. 车辆技术要求应当符合《道路运输车辆技术管理规定》有关规定。

2. 车辆其他要求:

(1)从事大型物件运输经营的,应当具有与所运输大型物件相适应的超重型车组;

(2)从事冷藏保鲜、罐式容器等专用运输的,应当具有与运输货物相适应的专用容器、设

备、设施,并固定在专用车辆上;

(3)从事集装箱运输的,车辆还应当有固定集装箱的转锁装置。

(二)有符合规定条件的驾驶人员:

1. 取得与驾驶车辆相应的机动车驾驶证;

2. 年龄不超过60周岁;

3. 经设区的市级道路运输管理机构对有关道路货物运输法规、机动车维修和货物及装载保管基本知识考试合格,并取得从业资格证(使用总质量4500千克及以下普通货运车辆的驾驶人员除外)。

(三)有健全的安全生产管理制度,包括安全生产责任制度、安全生产业务操作规程、安全生产监督检查制度、驾驶员和车辆安全生产管理制度等。

第七条 申请从事货运站经营的,应当具备下列条件:

(一)有与其经营规模相适应的货运站房、生产调度办公室、信息管理中心、仓库、仓储库棚、场地和道路等设施,并经有关部门组织的工程竣工验收合格;

(二)有与其经营规模相适应的安全、消防、装卸、通讯、计量等设备;

(三)有与其经营规模、经营类别相适应的管理人员和专业技术人员;

(四)有健全的业务操作规程和安全生产管理制度。

第八条 申请从事道路货物运输经营的,应当依法向市场监督管理机关办理有关登记手续后,向县级道路运输管理机构提出申请,并提供以下材料:

(一)《道路货物运输经营申请表》(见附件1);

(二)负责人身份证明,经办人的身份证明和委托书;

(三)机动车辆行驶证、车辆技术等级评定结论复印件;拟投入运输车辆的承诺书,承诺书应当包括车辆数量、类型、技术性能、投入时间等内容;

(四)聘用或者拟聘用驾驶员的机动车驾驶证、从业资格证及其复印件;

(五)安全生产管理制度文本;

(六)法律、法规规定的其他材料。

第九条 申请从事货运站经营的,应当依法向市场监督管理机关办理有关登记手续后,向县级道路运输管理机构提出申请,并提供以下材料:

(一)《道路货物运输站(场)经营申请表》(见附件2);

(二)负责人身份证明,经办人的身份证明和委托书;

(三)经营道路货运站的土地、房屋的合法证明;

(四)货运站竣工验收证明;

(五)与业务相适应的专业人员和管理人员的身份证明、专业证书;

(六)业务操作规程和安全生产管理制度文本。

第十条 道路运输管理机构应当按照《中华人民共和国道路运输条例》《交通行政许可实施程序规定》和本规定规范的程序实施道路货物运输经营和货运站经营的行政许可。

第十一条 道路运输管理机构对道路货运经营申请予以受理的,应当自受理之日起20日内作出许可或者不予许可的决定;道路运输管理机构对货运站经营申请予以受理的,应当自受理之日起15日内作出许可或者不予许可的决定。

第十二条 道路运输管理机构对符合法定条件的道路货物运输经营申请作出准予行政许可决定的,应当出具《道路货物运输经营行政许可决定书》(见附件3),明确许可事项。在10日内向被许可人颁发《道路运输经营许可证》,在《道路运输经营许可证》上注明经营范围。

道路运输管理机构对符合法定条件的货运站经营申请作出准予行政许可决定的,应当出具《道路货物运输站(场)经营行政许可决定书》(见附件4),明确许可事项。在10日内向被许可人颁发《道路运输经营许可证》,在《道路运输经营许可证》上注明经营范围。

对道路货物运输和货运站经营不予许可的,应当向申请人出具《不予交通行政许可决定书》。

第十三条 被许可人应当按照承诺书的要求投入运输车辆。购置车辆或者已有车辆经道路运输管理机构核实并符合条件的,道路运输管理机构向投入运输的车辆配发《道路运输证》。

第十四条 使用总质量4500千克及以下普通货运车辆从事普通货运经营的,无需按照本规定申请取得《道路运输经营许可证》及《道路运输证》。

第十五条 道路货物运输经营者设立子公司的,应当向设立地的道路运输管理机构申请经营许可;设立分公司的,应当向设立地的道路运输管理机构报备。

第十六条 从事货运代理(代办)等货运相关服务的经营者,应当依法到市场监督管理机关办理有关登记手续,并持有关登记证件到设立地的道路运输管理机构备案。

第十七条 道路货物运输和货运站经营者需要终止经营的,应当在终止经营之日30日前告知原许可的道路运输管理机构,并办理有关注销手续。

第十八条 道路货物运输经营者变更许可事项、扩大经营范围的,按本章有关许可规定办理。

道路货物运输和货运站经营者变更名称、地址等,应当向作出原许可决定的道路运输管理机构备案。

第三章 货运经营管理

第十九条 道路货物运输经营者应当按照《道路运输经营许可证》核定的经营范围从事货物运输经营,不得转让、出租道路运输经营许可证件。

第二十条 道路货物运输经营者应当对从业人员进行经常性的安全、职业道德教育和业务知识、操作规程培训。

第二十一条 道路货物运输经营者应当按照国家有关规定在其重型货运车辆、牵引车上安装、使用行驶记录仪,并采取有效措施,防止驾驶人员连续驾驶时间超过4个小时。

第二十二条 道路货物运输经营者应当要求其聘用的车辆驾驶员随车携带按照规定要求取得的《道路运输证》。

《道路运输证》不得转让、出租、涂改、伪造。

第二十三条 道路货物运输经营者应当聘用按照规定要求持有从业资格证的驾驶人员。

第二十四条 营运驾驶员应当按照规定驾驶与其从业资格类别相符的车辆。驾驶营运车辆时,应当随身携带按照规定要求取得的从业资格证。

第二十五条 运输的货物应当符合货运车辆核定的载质量,载物的长、宽、高不得违反装载要求。禁止货运车辆违反国家有关规定超限、超载运输。

禁止使用货运车辆运输旅客。

第二十六条 道路货物运输经营者运输大型物件,应当制定道路运输组织方案。涉及超限运输的应当按照交通运输部颁布的《超限运输车辆行驶公路管理规定》办理相应的审批手续。

第二十七条 从事大型物件运输的车辆,应当按照规定装置统一的标志和悬挂标志旗;夜间行驶和停车休息时应当设置标志灯。

第二十八条 道路货物运输经营者不得运输法律、行政法规禁止运输的货物。

道路货物运输经营者在受理法律、行政法规规定限运、凭证运输的货物时,应当查验并确认有关手续齐全有效后方可运输。

货物托运人应当按照有关法律、行政法规的规定办理限运、凭证运输手续。

第二十九条 道路货物运输经营者不得采取不正当手段招揽货物、垄断货源。不得阻碍其他货运经营者开展正常的运输经营活动。

道路货物运输经营者应当采取有效措施,防止货物变质、腐烂、短少或者损失。

第三十条 道路货物运输经营者和货物托运人应当按照《合同法》的要求,订立道路货物运输合同。

鼓励道路货物运输经营者采用电子合同、电子运单等信息化技术,提升运输管理水平。

第三十一条 国家鼓励实行封闭式运输。道路货物运输经营者应当采取有效的措施,防止货物脱落、扬撒等情况发生。

第三十二条 道路货物运输经营者应当制定有关交通事故、自然灾害、公共卫生以及其他突发公共事件的道路运输应急预案。应急预案应当包括报告程序、应急指挥、应急车辆和设备的储备以及处置措施等内容。

第三十三条 发生交通事故、自然灾害、公共卫生以及其他突发公共事件,道路货物运输经营者应当服从县级以上人民政府或者有关部门的统一调度、指挥。

第三十四条 道路货物运输经营者应当严格遵守国家有关价格法律、法规和规章的规定,不得恶意压价竞争。

第四章 货运站经营管理

第三十五条 货运站经营者应当按照经营许可证核定的许可事项经营,不得随意改变货运站用途和服务功能。

第三十六条 货运站经营者应当依法加强安全管理,完善安全生产条件,健全和落实安全生产责任制。

货运站经营者应当对出站车辆进行安全检查,防止超载车辆或者未经安全检查的车辆出站,保证安全生产。

第三十七条 货运站经营者应当按照货物的性质、保管要求进行分类存放,危险货物应当单独存放,保证货物完好无损。

第三十八条 货物运输包装应当按照国家规定的货物运输包装标准作业,包装物和包装技术、质量要符合运输要求。

第三十九条 货运站经营者应当按照规定的业务操作规程进行货物的搬运装卸。搬运装卸作业应当轻装、轻卸,堆放整齐,防止混杂、撒漏、破损,严禁有毒、易污染物品与食品混装。

第四十条 货运站经营者应当严格执行价格规定,在经营场所公布收费项目和收费标准。严禁乱收费。

第四十一条 进入货运站经营的经营业户及车辆,经营手续必须齐全。

货运站经营者应当公平对待使用货运站的道路货物运输经营者,禁止无证经营的车辆进站从事经营活动,无正当理由不得拒绝道路货物运输经营者进站从事经营活动。

第四十二条 货运站经营者不得垄断货源、抢装货物、扣押货物。

第四十三条 货运站要保持清洁卫生,各项服务标志醒目。

第四十四条 货运站经营者经营配载服务应当坚持自愿原则,提供的货源信息和运力信息应当真实、准确。

第四十五条 货运站经营者不得超限、超载配货,不得为无道路运输经营许可证或证照不全者提供服务;不得违反国家有关规定,为运输车辆装卸国家禁运、限运的物品。

第四十六条 货运站经营者应当制定有关突发公共事件的应急预案。应急预案应当包括报告程序、应急指挥、应急车辆和设备的储备以及处置措施等内容。

第四十七条 货运站经营者应当建立和完善各类台账和档案,并按要求报送有关信息。

第五章 监督检查

第四十八条 道路运输管理机构应当加强对道路货物运输经营和货运站经营活动的监督检查。

道路运输管理机构工作人员应当严格按照职责权限和法定程序进行监督检查。

第四十九条 县级以上道路运输管理机构应当定期对配发《道路运输证》的货运车辆进行审验,每年审验一次。审验内容包括车辆技术等级评定情况、车辆结构及尺寸变动情况和违章记录等。

审验符合要求的,道路运输管理机构在《道路运输证》审验记录中或者 IC 卡注明;不符合要求的,应当责令限期改正或者办理变更手续。

第五十条 道路运输管理机构及其工作人员应当重点在货运站、货物集散地对道路货物运输、货运站经营活动实施监督检查。此外,根据管理需要,可以在公路路口实施监督检查,但不得随意拦截正常行驶的道路运输车辆,不得双向拦截车辆进行检查。

第五十一条 道路运输管理机构的工作人员实施监督检查时,应当有 2 名以上人员参加,并向当事人出示交通运输部统一制式的交通行政执法证件。

第五十二条 道路运输管理机构的工作人员可以向被检查单位和个人了解情况,查阅和复制有关材料。但是,应当保守被调查单位和个人的商业秘密。

被监督检查的单位和个人应当接受道路运输管理机构及其工作人员依法实施的监督检查,如实提供有关情况或者资料。

第五十三条 道路运输管理人员在货运站、货物集散地实施监督检查过程中,发现货运车辆有超载行为的,应当立即予以制止,装载符合标准后方可放行。

第五十四条 取得道路货物运输经营许可的道路货物运输经营者在许可的道路运输管理机构管辖区域外违法从事经营活动的,违法行为发生地的道路运输管理机构应当依法将当事人的违法事实、处罚结果记录到《道路运输证》上,并抄告作出道路运输经营许可的道路运输管理机构。

第五十五条 道路货物运输经营者违反本规定的,县级以上道路运输管理机构在作出行政处罚决定的过程中,可以按照行政处罚法的规定将其违法证据先行登记保存。作出行政处罚决定后,道路货物运输经营者拒不履行的,作出行政处罚决定的道路运输管理机构可以将其拒不履行行政处罚决定的事实通知违法车辆车籍所在地道路运输管理机构,作为能否通过车辆年度审验和决定质量信誉考核结果的重要依据。

第五十六条 道路运输管理机构的工作人员在实施道路运输监督检查过程中,对没有《道路运输证》又无法当场提供其他有效证明的货运车辆可以予以暂扣,并出具《道路运输车辆暂扣凭证》(见附件5)。对暂扣车辆应当妥善保管,不得使用,不得收取或者变相收取保管费用。

违法当事人应当在暂扣凭证规定时间内到指定地点接受处理。逾期不接受处理的,道路运输管理机构可依法作出处罚决定,并将处罚决定书送达当事人。当事人无正当理由逾期不履行处罚决定的,道路运输管理机构可申请人民法院强制执行。

第六章 法律责任

第五十七条 违反本规定,有下列行为之一的,由县级以上道路运输管理机构责令停止经营;有违法所得的,没收违法所得,处违法所得2倍以上10倍以下的罚款;没有违法所得或者违法所得不足2万元的,处3万元以上10万元以下的罚款;构成犯罪的,依法追究刑事责任:

(一)未按规定取得道路货物运输经营许可,擅自从事道路货物运输经营的;

(二)使用失效、伪造、变造、被注销等无效的道路运输经营许可证件从事道路货物运输经营的;

(三)超越许可的事项,从事道路货物运输经营的。

第五十八条 违反本规定,道路货物运输和货运站经营者非法转让、出租道路运输经营许可证件的,由县级以上道路运输管理机构责令停止违法行为,收缴有关证件,处2000元以上1万元以下的罚款;有违法所得的,没收违法所得。

第五十九条 违反本规定,取得道路货物运输经营许可的道路货物运输经营者使用无道路运输证的车辆参加货物运输的,由县级以上道路运输管理机构责令改正,处3000元以上1万元以下的罚款。

违反本规定,道路货物运输经营者不按照规定携带《道路运输证》的,由县级以上道路运输管理机构责令改正,处警告或者20元以上200元以下的罚款。

第六十条 违反本规定,取得道路货物运输经营许可的道路货物运输经营者、货运站经营者已不具备开业要求的有关安全条件、存在重大运输安全隐患的,由县级以上道路运输管理机构限期责令改正;在规定时间内不能按要求改正且情节严重的,由原许可机关吊销《道路运输经营许可证》或者吊销其相应的经营范围。

第六十一条 违反本规定,道路货物运输经营者有下列情形之一的,由县级以上道路运输管理机构责令改正,处1000元以上3000元以下的罚款;情节严重的,由原许可机关吊销道路运输经营许可证或者吊销其相应的经营范围:

(一)强行招揽货物的;

(二)没有采取必要措施防止货物脱落、扬撒的。

第六十二条 违反本规定,有下列行为之一的,由县级以上道路运输管理机构责令停止经营;有违法所得的,没收违法所得,处违法所得2倍以上10倍以下的罚款;没有违法所得或者违法所得不足1万元的,处2万元以上5万元以下的罚款;构成犯罪的,依法追究刑事责任:

(一)未取得货运站经营许可,擅自从事货运站经营的;

(二)使用失效、伪造、变造、被注销等无效的道路运输经营许可证件从事货运站经营的;

(三)超越许可的事项,从事货运站经营的。

第六十三条 违反本规定,货运站经营者对超限、超载车辆配载,放行出站的,由县级以上道路运输管理机构责令改正,处1万元以上3万元以下的罚款。

第六十四条 违反本规定,货运站经营者擅自改变道路运输站(场)的用途和服务功能,由县级以上道路运输管理机构责令改正;拒不改正的,处3000元的罚款;有违法所得的,没收违法所得。

第六十五条 违反本规定,有下列行为之一的,由县级以上道路运输管理机构责令限期整改,整改不合格的,予以通报:

(一)没有按照国家有关规定在货运车辆上安装符合标准的具有行驶记录功能的卫星定位装置的;

(二)大型物件运输车辆不按规定悬挂、标明运输标志的;

(三)发生公共突发性事件,不接受当地政府统一调度安排的;

(四)因配载造成超限、超载的;

(五)运输没有限运证明物资的;

(六)未查验禁运、限运物资证明,配载禁运、限运物资的。

第六十六条 道路运输管理机构的工作人员违反本规定,有下列情形之一的,依法给予相应的行政处分;构成犯罪的,依法追究刑事责任:

(一)不依照本规定规定的条件、程序和期限实施行政许可的;

(二)参与或者变相参与道路货物运输和货运站经营的;

(三)发现违法行为不及时查处的;

(四)违反规定拦截、检查正常行驶的道路运输车辆的;

(五)违法扣留运输车辆、《道路运输证》的;

(六)索取、收受他人财物,或者谋取其他利益的;

(七)其他违法行为。

第七章　附　　则

第六十七条　道路货物运输经营者从事国际道路货物运输经营、危险货物运输活动，除一般行为规范适用本规定外，有关从业条件等特殊要求应当适用交通运输部制定的国际道路运输管理规定、道路危险货物运输管理规定。

第六十八条　道路运输管理机构依照规定发放道路货物运输经营许可证件和《道路运输证》，可以收取工本费。工本费的具体收费标准由省级人民政府财政、价格主管部门会同同级交通运输主管部门核定。

第六十九条　本规定自2005年8月1日起施行。交通部1993年5月19日发布的《道路货物运输业户开业技术经济条件（试行）》（交运发〔1993〕531号）、1996年12月2日发布的《道路零担货物运输管理办法》（交公路发〔1996〕1039号）、1997年5月22日发布的《道路货物运单使用和管理办法》（交通部令1997年第4号）、2001年4月5日发布的《道路货物运输企业经营资质管理规定（试行）》（交公路发〔2001〕154号）同时废止。

附件（略）

道路危险货物运输管理规定

(中华人民共和国交通运输部令2016年第36号)

第一章 总 则

第一条 为规范道路危险货物运输市场秩序,保障人民生命财产安全,保护环境,维护道路危险货物运输各方当事人的合法权益,根据《中华人民共和国道路运输条例》和《危险化学品安全管理条例》等有关法律、行政法规,制定本规定。

第二条 从事道路危险货物运输活动,应当遵守本规定。军事危险货物运输除外。

法律、行政法规对民用爆炸物品、烟花爆竹、放射性物品等特定种类危险货物的道路运输另有规定的,从其规定。

第三条 本规定所称危险货物,是指具有爆炸、易燃、毒害、感染、腐蚀等危险特性,在生产、经营、运输、储存、使用和处置中,容易造成人身伤亡、财产损毁或者环境污染而需要特别防护的物质和物品。危险货物以列入国家标准《危险货物品名表》(GB 12268)的为准,未列入《危险货物品名表》的,以有关法律、行政法规的规定或者国务院有关部门公布的结果为准。

本规定所称道路危险货物运输,是指使用载货汽车通过道路运输危险货物的作业全过程。

本规定所称道路危险货物运输车辆,是指满足特定技术条件和要求,从事道路危险货物运输的载货汽车(以下简称专用车辆)。

第四条 危险货物的分类、分项、品名和品名编号应当按照国家标准《危险货物分类和品名编号》(GB 6944)、《危险货物品名表》(GB 12268)执行。危险货物的危险程度依据国家标准《危险货物运输包装通用技术条件》(GB 12463),分为Ⅰ、Ⅱ、Ⅲ等级。

第五条 从事道路危险货物运输应当保障安全,依法运输,诚实信用。

第六条 国家鼓励技术力量雄厚、设备和运输条件好的大型专业危险化学品生产企业从事道路危险货物运输,鼓励道路危险货物运输企业实行集约化、专业化经营,鼓励使用厢式、罐式和集装箱等专用车辆运输危险货物。

第七条 交通运输部主管全国道路危险货物运输管理工作。

县级以上地方人民政府交通运输主管部门负责组织领导本行政区域的道路危险货物运输管理工作。

县级以上道路运输管理机构负责具体实施道路危险货物运输管理工作。

第二章 道路危险货物运输许可

第八条 申请从事道路危险货物运输经营,应当具备下列条件:

（一）有符合下列要求的专用车辆及设备：

1. 自有专用车辆（挂车除外）5 辆以上；运输剧毒化学品、爆炸品的，自有专用车辆（挂车除外）10 辆以上。

2. 专用车辆的技术要求应当符合《道路运输车辆技术管理规定》有关规定。

3. 配备有效的通讯工具。

4. 专用车辆应当安装具有行驶记录功能的卫星定位装置。

5. 运输剧毒化学品、爆炸品、易制爆危险化学品的，应当配备罐式、厢式专用车辆或者压力容器等专用容器。

6. 罐式专用车辆的罐体应当经质量检验部门检验合格，且罐体载货后总质量与专用车辆核定载质量相匹配。运输爆炸品、强腐蚀性危险货物的罐式专用车辆的罐体容积不得超过 20 立方米，运输剧毒化学品的罐式专用车辆的罐体容积不得超过 10 立方米，但符合国家有关标准的罐式集装箱除外。

7. 运输剧毒化学品、爆炸品、强腐蚀性危险货物的非罐式专用车辆，核定载质量不得超过 10 吨，但符合国家有关标准的集装箱运输专用车辆除外。

8. 配备与运输的危险货物性质相适应的安全防护、环境保护和消防设施设备。

（二）有符合下列要求的停车场地：

1. 自有或者租借期限为 3 年以上，且与经营范围、规模相适应的停车场地，停车场地应当位于企业注册地市级行政区域内。

2. 运输剧毒化学品、爆炸品专用车辆以及罐式专用车辆，数量为 20 辆（含）以下的，停车场地面积不低于车辆正投影面积的 1.5 倍，数量为 20 辆以上的，超过部分，每辆车的停车场地面积不低于车辆正投影面积；运输其他危险货物的，专用车辆数量为 10 辆（含）以下的，停车场地面积不低于车辆正投影面积的 1.5 倍；数量为 10 辆以上的，超过部分，每辆车的停车场地面积不低于车辆正投影面积。

3. 停车场地应当封闭并设立明显标志，不得妨碍居民生活和威胁公共安全。

（三）有符合下列要求的从业人员和安全管理人员：

1. 专用车辆的驾驶人员取得相应机动车驾驶证，年龄不超过 60 周岁。

2. 从事道路危险货物运输的驾驶人员、装卸管理人员、押运人员应当经所在地设区的市级人民政府交通运输主管部门考试合格，并取得相应的从业资格证；从事剧毒化学品、爆炸品道路运输的驾驶人员、装卸管理人员、押运人员，应当经考试合格，取得注明为“剧毒化学品运输”或者“爆炸品运输”类别的从业资格证。

3. 企业应当配备专职安全管理人员。

（四）有健全的安全生产管理制度：

1. 企业主要负责人、安全管理部门负责人、专职安全管理人员安全生产责任制度。

2. 从业人员安全生产责任制度。

3. 安全生产监督检查制度。

4. 安全生产教育培训制度。

5. 从业人员、专用车辆、设备及停车场地安全管理制度。

6. 应急救援预案制度。

7. 安全生产作业规程。

8. 安全生产考核与奖惩制度。

9. 安全事故报告、统计与处理制度。

第九条 符合下列条件的企事业单位,可以使用自备专用车辆从事为本单位服务的非经营性道路危险货物运输:

(一)属于下列企事业单位之一:

1. 省级以上安全生产监督管理部门批准设立的生产、使用、储存危险化学品的企业。

2. 有特殊需求的科研、军工等企事业单位。

(二)具备第八条规定的条件,但自有专用车辆(挂车除外)的数量可以少于5辆。

第十条 申请从事道路危险货物运输经营的企业,应当依法向工商行政管理机关办理有关登记手续后,向所在地设区的市级道路运输管理机构提出申请,并提交以下材料:

(一)《道路危险货物运输经营申请表》,包括申请人基本信息、申请运输的危险货物范围(类别、项别或品名,如果为剧毒化学品应当标注“剧毒”)等内容。

(二)拟担任企业法定代表人的投资人或者负责人的身份证明及其复印件,经办人身份证明及其复印件和书面委托书。

(三)企业章程文本。

(四)证明专用车辆、设备情况的材料,包括:

1. 未购置专用车辆、设备的,应当提交拟投入专用车辆、设备承诺书。承诺书内容应当包括车辆数量、类型、技术等级、总质量、核定载质量、车轴数以及车辆外廓尺寸;通讯工具和卫星定位装置配备情况;罐式专用车辆的罐体容积;罐式专用车辆罐体载货后的总质量与车辆核定载质量相匹配情况;运输剧毒化学品、爆炸品、易制爆危险化学品的专用车辆核定载质量等有关情况。承诺期限不得超过1年。

2. 已购置专用车辆、设备的,应当提供车辆行驶证、车辆技术等级评定结论;通讯工具和卫星定位装置配备;罐式专用车辆的罐体检测合格证或者检测报告及复印件等有关材料。

(五)拟聘用专职安全管理人员、驾驶人员、装卸管理人员、押运人员的,应当提交拟聘用承诺书,承诺期限不得超过1年;已聘用的应当提交从业资格证及其复印件以及驾驶证及其复印件。

(六)停车场地的土地使用证、租借合同、场地平面图等材料。

(七)相关安全防护、环境保护、消防设施设备的配备情况清单。

(八)有关安全生产管理制度文本。

第十一条 申请从事非经营性道路危险货物运输的单位,向所在地设区的市级道路运输管理机构提出申请时,除提交第十条第(四)项至第(八)项规定的材料外,还应当提交以下材料:

(一)《道路危险货物运输申请表》,包括申请人基本信息、申请运输的物品范围(类别、项别或品名,如果为剧毒化学品应当标注“剧毒”)等内容。

(二)下列形式之一的单位基本情况证明:

1. 省级以上安全生产监督管理部门颁发的危险化学品生产、使用等证明。

2. 能证明科研、军工等企事业单位性质或者业务范围的有关材料。

（三）特殊运输需求的说明材料。

（四）经办人的身份证明及其复印件以及书面委托书。

第十二条 设区的市级道路运输管理机构应当按照《中华人民共和国道路运输条例》和《交通行政许可实施程序规定》，以及本规定所明确的程序和时限实施道路危险货物运输行政许可，并进行实地核查。

决定准予许可的，应当向被许可人出具《道路危险货物运输行政许可决定书》，注明许可事项，具体内容应当包括运输危险货物的范围（类别、项别或品名，如果为剧毒化学品应当标注“剧毒”），专用车辆数量、要求以及运输性质，并在10日内向道路危险货物运输经营申请人发放《道路运输经营许可证》，向非经营性道路危险货物运输申请人发放《道路危险货物运输许可证》。

市级道路运输管理机构应当将准予许可的企业或单位的许可事项等，及时以书面形式告知县级道路运输管理机构。

决定不予许可的，应当向申请人出具《不予交通行政许可决定书》。

第十三条 被许可人已获得其他道路运输经营许可的，设区的市级道路运输管理机构应当为其换发《道路运输经营许可证》，并在经营范围中加注新许可的事项。如果原《道路运输经营许可证》是由省级道路运输管理机构发放的，由原许可机关按照上述要求予以换发。

第十四条 被许可人应当按照承诺期限落实拟投入的专用车辆、设备。

原许可机关应当对被许可人落实的专用车辆、设备予以核实，对符合许可条件的专用车辆配发《道路运输证》，并在《道路运输证》经营范围栏内注明允许运输的危险货物类别、项别或者品名，如果为剧毒化学品应标注“剧毒”；对从事非经营性道路危险货物运输的车辆，还应当加盖“非经营性危险货物运输专用章”。

被许可人未在承诺期限内落实专用车辆、设备的，原许可机关应当撤销许可决定，并收回已核发的许可证明文件。

第十五条 被许可人应当按照承诺期限落实拟聘用的专职安全管理人员、驾驶人员、装卸管理人员和押运人员。

被许可人未在承诺期限内按照承诺聘用专职安全管理人员、驾驶人员、装卸管理人员和押运人员的，原许可机关应当撤销许可决定，并收回已核发的许可证明文件。

第十六条 道路运输管理机构不得许可一次性、临时性的道路危险货物运输。

第十七条 中外合资、中外合作、外商独资形式投资道路危险货物运输的，应当同时遵守《外商投资道路运输业管理规定》。

第十八条 道路危险货物运输企业设立子公司从事道路危险货物运输的，应当向子公司注册地设区的市级道路运输管理机构申请运输许可。设立分公司的，应当向分公司注册地设区的市级道路运输管理机构备案。

第十九条 道路危险货物运输企业或者单位需要变更许可事项的，应当向原许可机关提出申请，按照本章有关许可的规定办理。

道路危险货物运输企业或者单位变更法定代表人、名称、地址等工商登记事项的，应当在30日内向原许可机关备案。

第二十条 道路危险货物运输企业或者单位终止危险货物运输业务的,应当在终止之日的30日前告知原许可机关,并在停业后10日内将《道路运输经营许可证》或者《道路危险货物运输许可证》以及《道路运输证》交回原许可机关。

第三章 专用车辆、设备管理

第二十一条 道路危险货物运输企业或者单位应当按照《道路运输车辆技术管理规定》中有关车辆管理的规定,维护、检测、使用和管理专用车辆,确保专用车辆技术状况良好。

第二十二条 设区的市级道路运输管理机构应当定期对专用车辆进行审验,每年审验一次。审验按照《道路运输车辆技术管理规定》进行,并增加以下审验项目:

(一)专用车辆投保危险货物承运人责任险情况;

(二)必需的应急处理器材、安全防护设施设备和专用车辆标志的配备情况;

(三)具有行驶记录功能的卫星定位装置的配备情况。

第二十三条 禁止使用报废的、擅自改装的、检测不合格的、车辆技术等级达不到一级的和其他不符合国家规定的车辆从事道路危险货物运输。

除铰接列车、具有特殊装置的大型物件运输专用车辆外,严禁使用货车列车从事危险货物运输;倾卸式车辆只能运输散装硫黄、萘饼、粗蒽、煤焦沥青等危险货物。

禁止使用移动罐体(罐式集装箱除外)从事危险货物运输。

第二十四条 用于装卸危险货物的机械及工具的技术状况应当符合行业标准《汽车运输危险货物规则》(JT 617)规定的技术要求。

第二十五条 罐式专用车辆的常压罐体应当符合国家标准《道路运输液体危险货物罐式车辆第1部分:金属常压罐体技术要求》(GB 18564.1)、《道路运输液体危险货物罐式车辆第2部分:非金属常压罐体技术要求》(GB 18564.2)等有关技术要求。

使用压力容器运输危险货物的,应当符合国家特种设备安全监督管理部门制订并公布的《移动式压力容器安全技术监察规程》(TSGR 0005)等有关技术要求。

压力容器和罐式专用车辆应当在质量检验部门出具的压力容器或者罐体检验合格的有效期内承运危险货物。

第二十六条 道路危险货物运输企业或者单位对重复使用的危险货物包装物、容器,在重复使用前应当进行检查;发现存在安全隐患的,应当维修或者更换。

道路危险货物运输企业或者单位应当对检查情况作出记录,记录的保存期限不得少于2年。

第二十七条 道路危险货物运输企业或者单位应当到具有污染物处理能力的机构对常压罐体进行清洗(置换)作业,将废气、污水等污染物集中收集,消除污染,不得随意排放,污染环境。

第四章 道路危险货物运输

第二十八条 道路危险货物运输企业或者单位应当严格按照道路运输管理机构决定的许可事项从事道路危险货物运输活动,不得转让、出租道路危险货物运输许可证件。

严禁非经营性道路危险货物运输单位从事道路危险货物运输经营活动。

第二十九条 危险货物托运人应当委托具有道路危险货物运输资质的企业承运。

危险货物托运人应当对托运的危险货物种类、数量和承运人等相关信息予以记录，记录的保存期限不得少于1年。

第三十条 危险货物托运人应当严格按照国家有关规定妥善包装并在外包装设置标志，并向承运人说明危险货物的品名、数量、危害、应急措施等情况。需要添加抑制剂或者稳定剂的，托运人应当按照规定添加，并告知承运人相关注意事项。

危险货物托运人托运危险化学品的，还应当提交与托运的危险化学品完全一致的安全技术说明书和安全标签。

第三十一条 不得使用罐式专用车辆或者运输有毒、感染性、腐蚀性危险货物的专用车辆运输普通货物。

其他专用车辆可以从事食品、生活用品、药品、医疗器具以外的普通货物运输，但应当由运输企业对专用车辆进行消除危害处理，确保不对普通货物造成污染、损害。

不得将危险货物与普通货物混装运输。

第三十二条 专用车辆应当按照国家标准《道路运输危险货物车辆标志》(GB 13392)的要求悬挂标志。

第三十三条 运输剧毒化学品、爆炸品的企业或者单位，应当配备专用停车区域，并设立明显的警示标牌。

第三十四条 专用车辆应当配备符合有关国家标准以及与所载运的危险货物相适应的应急处理器材和安全防护设备。

第三十五条 道路危险货物运输企业或者单位不得运输法律、行政法规禁止运输的货物。

法律、行政法规规定的限运、凭证运输货物，道路危险货物运输企业或者单位应当按照有关规定办理相关运输手续。

法律、行政法规规定托运人必须办理有关手续后方可运输的危险货物，道路危险货物运输企业应当查验有关手续齐全有效后方可承运。

第三十六条 道路危险货物运输企业或者单位应当采取必要措施，防止危险货物脱落、扬散、丢失以及燃烧、爆炸、泄漏等。

第三十七条 驾驶人员应当随车携带《道路运输证》。驾驶人员或者押运人员应当按照《汽车运输危险货物规则》(JT 617)的要求，随车携带《道路运输危险货物安全卡》。

第三十八条 在道路危险货物运输过程中，除驾驶人员外，还应当在专用车辆上配备押运人员，确保危险货物处于押运人员监管之下。

第三十九条 道路危险货物运输途中，驾驶人员不得随意停车。

因住宿或者发生影响正常运输的情况需要较长时间停车的，驾驶人员、押运人员应当设置警戒带，并采取相应的安全防范措施。

运输剧毒化学品或者易制爆危险化学品需要较长时间停车的，驾驶人员或者押运人员应当向当地公安机关报告。

第四十条 危险货物的装卸作业应当遵守安全作业标准、规程和制度，并在装卸管理人员的现场指挥或者监控下进行。

危险货物运输托运人和承运人应当按照合同约定指派装卸管理人员;若合同未予约定,则由负责装卸作业的一方指派装卸管理人员。

第四十一条 驾驶人员、装卸管理人员和押运人员上岗时应当随身携带从业资格证。

第四十二条 严禁专用车辆违反国家有关规定超载、超限运输。

道路危险货物运输企业或者单位使用罐式专用车辆运输货物时,罐体载货后的总质量应当和专用车辆核定载质量相匹配;使用牵引车运输货物时,挂车载货后的总质量应当与牵引车的准牵引总质量相匹配。

第四十三条 道路危险货物运输企业或者单位应当要求驾驶人员和押运人员在运输危险货物时,严格遵守有关部门关于危险货物运输线路、时间、速度方面的有关规定,并遵守有关部门关于剧毒、爆炸危险品道路运输车辆在重大节假日通行高速公路的相关规定。

第四十四条 道路危险货物运输企业或者单位应当通过卫星定位监控平台或者监控终端及时纠正和处理超速行驶、疲劳驾驶、不按规定线路行驶等违法违规驾驶行为。

监控数据应当至少保存3个月,违法驾驶信息及处理情况应当至少保存3年。

第四十五条 道路危险货物运输从业人员必须熟悉有关安全生产的法规、技术标准和安全生产规章制度、安全操作规程,了解所装运危险货物的性质、危害特性、包装物或者容器的使用要求和发生意外事故时的处置措施,并严格执行《汽车运输危险货物规则》(JT 617)、《汽车运输、装卸危险货物作业规程》(JT 618)等标准,不得违章作业。

第四十六条 道路危险货物运输企业或者单位应当通过岗前培训、例会、定期学习等方式,对从业人员进行经常性安全生产、职业道德、业务知识和操作规程的教育培训。

第四十七条 道路危险货物运输企业或者单位应当加强安全生产管理,制定突发事件应急预案,配备应急救援人员和必要的应急救援器材、设备,并定期组织应急救援演练,严格落实各项安全制度。

第四十八条 道路危险货物运输企业或者单位应当委托具备资质条件的机构,对本企业或单位的安全管理情况每3年至少进行一次安全评估,出具安全评估报告。

第四十九条 在危险货物运输过程中发生燃烧、爆炸、污染、中毒或者被盗、丢失、流散、泄漏等事故,驾驶人员、押运人员应当立即根据应急预案和《道路运输危险货物安全卡》的要求采取应急处置措施,并向事故发生地公安部门、交通运输主管部门和本运输企业或者单位报告。运输企业或者单位接到事故报告后,应当按照本单位危险货物应急预案组织救援,并向事故发生地安全生产监督管理部门和环境保护、卫生主管部门报告。

道路危险货物运输管理机构应当公布事故报告电话。

第五十条 在危险货物装卸过程中,应当根据危险货物的性质,轻装轻卸,堆码整齐,防止混杂、撒漏、破损,不得与普通货物混合堆放。

第五十一条 道路危险货物运输企业或者单位应当为其承运的危险货物投保承运人责任险。

第五十二条 道路危险货物运输企业异地经营(运输线路起讫点均不在企业注册地市域内)累计3个月以上的,应当向经营地设区的市级道路运输管理机构备案并接受其监管。

第五章 监督检查

第五十三条 道路危险货物运输监督检查按照《道路货物运输及站场管理规定》执行。

道路运输管理机构工作人员应当定期或者不定期对道路危险货物运输企业或者单位进行现场检查。

第五十四条 道路运输管理机构工作人员对在异地取得从业资格的人员监督检查时，可以向原发证机关申请提供相应的从业资格档案资料，原发证机关应当予以配合。

第五十五条 道路运输管理机构在实施监督检查过程中，经本部门主要负责人批准，可以对没有随车携带《道路运输证》又无法当场提供其他有效证明文件的危险货物运输专用车辆予以扣押。

第五十六条 任何单位和个人对违反本规定的行为，有权向道路危险货物运输管理机构举报。

道路危险货物运输管理机构应当公布举报电话，并在接到举报后及时依法处理；对不属于本部门职责的，应当及时移送有关部门处理。

第六章 法律责任

第五十七条 违反本规定，有下列情形之一的，由县级以上道路运输管理机构责令停止运输经营，有违法所得的，没收违法所得，处违法所得2倍以上10倍以下的罚款；没有违法所得或者违法所得不足2万元的，处3万元以上10万元以下的罚款；构成犯罪的，依法追究刑事责任：

（一）未取得道路危险货物运输许可，擅自从事道路危险货物运输的；

（二）使用失效、伪造、变造、被注销等无效道路危险货物运输许可证件从事道路危险货物运输的；

（三）超越许可事项，从事道路危险货物运输的；

（四）非经营性道路危险货物运输单位从事道路危险货物运输经营的。

第五十八条 违反本规定，道路危险货物运输企业或者单位非法转让、出租道路危险货物运输许可证件的，由县级以上道路运输管理机构责令停止违法行为，收缴有关证件，处2000元以上1万元以下的罚款；有违法所得的，没收违法所得。

第五十九条 违反本规定，道路危险货物运输企业或者单位有下列行为之一，由县级以上道路运输管理机构责令限期投保；拒不投保的，由原许可机关吊销《道路运输经营许可证》或者《道路危险货物运输许可证》，或者吊销相应的经营范围：

（一）未投保危险货物承运人责任险的；

（二）投保的危险货物承运人责任险已过期，未继续投保的。

第六十条 违反本规定，道路危险货物运输企业或者单位不按照规定随车携带《道路运输证》的，由县级以上道路运输管理机构责令改正，处警告或者20元以上200元以下的罚款。

第六十一条 违反本规定，道路危险货物运输企业或者单位以及托运人有下列情形之一的，由县级以上道路运输管理机构责令改正，并处5万元以上10万元以下的罚款，拒不改正的，责令停产停业整顿；构成犯罪的，依法追究刑事责任：

（一）驾驶人员、装卸管理人员、押运人员未取得从业资格上岗作业的；

（二）托运人不向承运人说明所托运的危险化学品的种类、数量、危险特性以及发生危险

情况的应急处置措施,或者未按照国家有关规定对所托运的危险化学品妥善包装并在外包装上设置相应标志的;

(三)未根据危险化学品的危险特性采取相应的安全防护措施,或者未配备必要的防护用品和应急救援器材的;

(四)运输危险化学品需要添加抑制剂或者稳定剂,托运人未添加或者未将有关情况告知承运人的。

第六十二条 违反本规定,道路危险货物运输企业或者单位未配备专职安全管理人员的,由县级以上道路运输管理机构责令改正,可以处1万元以下的罚款;拒不改正的,对危险化学品运输企业或单位处1万元以上5万元以下的罚款,对运输危险化学品以外其他危险货物的企业或单位处1万元以上2万元以下的罚款。

第六十三条 违反本规定,道路危险化学品运输托运人有下列行为之一的,由县级以上道路运输管理机构责令改正,处10万元以上20万元以下的罚款,有违法所得的,没收违法所得;拒不改正的,责令停产停业整顿;构成犯罪的,依法追究刑事责任:

(一)委托未依法取得危险货物道路运输许可的企业承运危险化学品的;

(二)在托运的普通货物中夹带危险化学品,或者将危险化学品谎报或者匿报为普通货物托运的。

第六十四条 违反本规定,道路危险货物运输企业擅自改装已取得《道路运输证》的专用车辆及罐式专用车辆罐体的,由县级以上道路运输管理机构责令改正,并处5000元以上2万元以下的罚款。

第七章 附 则

第六十五条 本规定对道路危险货物运输经营未做规定的,按照《道路货物运输及站场管理规定》执行;对非经营性道路危险货物运输未做规定的,参照《道路货物运输及站场管理规定》执行。

第六十六条 道路危险货物运输许可证件和《道路运输证》工本费的具体收费标准由省、自治区、直辖市人民政府财政、价格主管部门会同同级交通运输主管部门核定。

第六十七条 交通运输部可以根据相关行业协会的申请,经组织专家论证后,统一公布可以按照普通货物实施道路运输管理的危险货物。

第六十八条 本规定自2013年7月1日起施行。交通部2005年发布的《道路危险货物运输管理规定》(交通部令2005年第9号)及交通运输部2010年发布的《关于修改〈道路危险货物运输管理规定〉的决定》(交通运输部令2010年第5号)同时废止。

放射性物品道路运输管理规定

（中华人民共和国交通运输部令2016年第71号）

第一章 总 则

第一条 为了规范放射性物品道路运输活动，保障人民生命财产安全，保护环境，根据《道路运输条例》和《放射性物品运输安全管理条例》，制定本规定。

第二条 从事放射性物品道路运输活动的，应当遵守本规定。

第三条 本规定所称放射性物品，是指含有放射性核素，并且其活度和比活度均高于国家规定的豁免值的物品。

本规定所称放射性物品道路运输专用车辆（以下简称专用车辆），是指满足特定技术条件和要求，用于放射性物品道路运输的载货汽车。

本规定所称放射性物品道路运输，是指使用专用车辆通过道路运输放射性物品的作业过程。

第四条 根据放射性物品的特性及其对人体健康和环境的潜在危害程度，将放射性物品分为一类、二类和三类。

一类放射性物品，是指Ⅰ类放射源、高水平放射性废物、乏燃料等释放到环境后对人体健康和环境产生重大辐射影响的放射性物品。

二类放射性物品，是指Ⅱ类和Ⅲ类放射源、中等水平放射性废物等释放到环境后对人体健康和环境产生一般辐射影响的放射性物品。

三类放射性物品，是指Ⅳ类和Ⅴ类放射源、低水平放射性废物、放射性药品等释放到环境后对人体健康和环境产生较小辐射影响的放射性物品。

放射性物品的具体分类和名录，按照国务院核安全监管部门会同国务院公安、卫生、海关、交通运输、铁路、民航、核工业行业主管部门制定的放射性物品具体分类和名录执行。

第五条 从事放射性物品道路运输应当保障安全，依法运输，诚实信用。

第六条 国务院交通运输主管部门主管全国放射性物品道路运输管理工作。

县级以上地方人民政府交通运输主管部门负责组织领导本行政区域放射性物品道路运输管理工作。

县级以上道路运输管理机构负责具体实施本行政区域放射性物品道路运输管理工作。

第二章 运输资质许可

第七条 申请从事放射性物品道路运输经营的，应当具备下列条件：

（一）有符合要求的专用车辆和设备。

1.专用车辆要求。

(1)专用车辆的技术要求应当符合《道路运输车辆技术管理规定》有关规定;

(2)车辆为企业自有,且数量为5辆以上;

(3)核定载质量在1吨及以下的车辆为厢式或者封闭货车;

(4)车辆配备满足在线监控要求,且具有行驶记录仪功能的卫星定位系统。

2. 设备要求。

(1)配备有效的通讯工具;

(2)配备必要的辐射防护用品和依法经定期检定合格的监测仪器。

(二)有符合要求的从业人员。

1. 专用车辆的驾驶人员取得相应机动车驾驶证,年龄不超过60周岁;

2. 从事放射性物品道路运输的驾驶人员、装卸管理人员、押运人员经所在地设区的市级人民政府交通运输主管部门考试合格,取得注明从业资格类别为“放射性物品道路运输”的道路运输从业资格证(以下简称道路运输从业资格证);

3. 有具备辐射防护与相关安全知识的安全管理人员。

(三)有健全的安全生产管理制度。

1. 有关安全生产应急预案;

2. 从业人员、车辆、设备及停车场地安全管理制度;

3. 安全生产作业规程和辐射防护管理措施;

4. 安全生产监督检查和责任制度。

第八条 生产、销售、使用或者处置放射性物品的单位(含在放射性废物收贮过程中的从事放射性物品运输的省、自治区、直辖市城市放射性废物库营运单位),符合下列条件的,可以使用自备专用车辆从事为本单位服务的非经营性放射性物品道路运输活动:

(一)持有有关部门依法批准的生产、销售、使用、处置放射性物品的有效证明;

(二)有符合国家规定要求的放射性物品运输容器;

(三)有具备辐射防护与安全防护知识的专业技术人员;

(四)具备满足第七条规定条件的驾驶人员、专用车辆、设备和安全生产管理制度,但专用车辆的数量可以少于5辆。

第九条 国家鼓励技术力量雄厚、设备和运输条件好的生产、销售、使用或者处置放射性物品的单位按照第八条规定的条件申请从事非经营性放射性物品道路运输。

第十条 申请从事放射性物品道路运输经营的企业,应当向所在地设区的市级道路运输管理机构提出申请,并提交下列材料:

(一)《放射性物品道路运输经营申请表》,包括申请人基本信息、拟申请运输的放射性物品范围(类别或者品名)等内容;

(二)企业负责人身份证明及复印件,经办人身份证明及复印件和委托书;

(三)证明专用车辆、设备情况的材料,包括:

1. 未购置车辆的,应当提交拟投入车辆承诺书。内容包括拟购车辆数量、类型、技术等级、总质量、核定载质量、车轴数以及车辆外廓尺寸等有关情况;

2. 已购置车辆的,应当提供车辆行驶证、车辆技术等级评定结论及复印件等有关材料;

3. 对辐射防护用品、监测仪器等设备配置情况的说明材料。

（四）有关驾驶人员、装卸管理人员、押运人员的道路运输从业资格证及复印件，驾驶人员的驾驶证及复印件，安全管理人员的工作证明；

（五）企业经营方案及相关安全生产管理制度文本。

第十一条 申请从事非经营性放射性物品道路运输的单位，向所在地设区的市级道路运输管理机构提出申请时，除提交第十条第（三）项、第（五）项规定的材料外，还应当提交下列材料：

（一）《放射性物品道路运输申请表》，包括申请人基本信息、拟申请运输的放射性物品范围（类别或者品名）等内容；

（二）单位负责人身份证明及复印件，经办人身份证明及复印件和委托书；

（三）有关部门依法批准生产、销售、使用或者处置放射性物品的有效证明；

（四）放射性物品运输容器、监测仪器检测合格证明；

（五）对放射性物品运输需求的说明材料；

（六）有关驾驶人员的驾驶证、道路运输从业资格证及复印件；

（七）有关专业技术人员的工作证明，依法应当取得相关从业资格证件的，还应当提交有效的从业资格证件及复印件。

第十二条 设区的市级道路运输管理机构应当按照《道路运输条例》和《交通运输行政许可实施程序规定》以及本规定规范的程序实施行政许可。

决定准予许可的，应当向被许可人作出准予行政许可的书面决定，并在10日内向放射性物品道路运输经营申请人发放《道路运输经营许可证》，向非经营性放射性物品道路运输申请人颁发《放射性物品道路运输许可证》。决定不予许可的，应当书面通知申请人并说明理由。

第十三条 对申请时未购置专用车辆，但提交拟投入车辆承诺书的，被许可人应当自收到《道路运输经营许可证》或者《放射性物品道路运输许可证》之日起半年内落实拟投入车辆承诺书。做出许可决定的道路运输管理机构对被许可人落实拟投入车辆承诺书的落实情况进行核实，符合许可要求的，应当为专用车辆配发《道路运输证》。

对申请时已购置专用车辆，且按照第十条、第十一条规定提交了专用车辆有关材料的，做出许可决定的道路运输管理机构应当对专用车辆情况进行核实，符合许可要求的，应当在向被许可人颁发《道路运输经营许可证》或者《放射性物品道路运输许可证》的同时，为专用车辆配发《道路运输证》。

做出许可决定的道路运输管理机构应当在《道路运输证》有关栏目内注明允许运输放射性物品的范围（类别或者品名）。对从事非经营性放射性物品道路运输的，还应当在《道路运输证》上加盖“非经营性放射性物品道路运输专用章”。

第十四条 放射性物品道路运输企业或者单位终止放射性物品运输业务的，应当在终止之日30日前书面告知做出原许可决定的道路运输管理机构。属于经营性放射性物品道路运输业务的，做出原许可决定的道路运输管理机构应当在接到书面告知之日起10日内向将放射性道路运输企业终止放射性物品运输业务的有关情况向社会公布。

放射性物品道路运输企业或者单位应当在终止放射性物品运输业务之日起10日内将相关许可证件缴回原发证机关。

第三章　专用车辆、设备管理

第十五条　放射性物品道路运输企业或者单位应当按照有关车辆及设备管理的标准和规定,维护、检测、使用和管理专用车辆和设备,确保专用车辆和设备技术状况良好。

第十六条　设区的市级道路运输管理机构应当按照《道路运输车辆技术管理规定》的规定定期对专用车辆是否符合第七条、第八条规定的许可条件进行审验,每年审验一次。

第十七条　设区的市级道路运输管理机构应当对监测仪器定期检定合格证明和专用车辆投保危险货物承运人责任险情况进行检查。检查可以结合专用车辆定期审验的频率一并进行。

第十八条　禁止使用报废的、擅自改装的、检测不合格的或者其他不符合国家规定要求的车辆、设备从事放射性物品道路运输活动。

第十九条　禁止专用车辆用于非放射性物品运输,但集装箱运输车(包括牵引车、挂车)、甩挂运输的牵引车以及运输放射性药品的专用车辆除外。

按照本条第一款规定使用专用车辆运输非放射性物品的,不得将放射性物品与非放射性物品混装。

第四章　放射性物品运输

第二十条　道路运输放射性物品的托运人(以下简称托运人)应当制定核与辐射事故应急方案,在放射性物品运输中采取有效的辐射防护和安全保卫措施,并对放射性物品运输中的核与辐射安全负责。

第二十一条　道路运输放射性物品的承运人(以下简称承运人)应当取得相应的放射性物品道路运输资质,并对承运事项是否符合本企业或者单位放射性物品运输资质许可的运输范围负责。

第二十二条　非经营性放射性物品道路运输单位应当按照《放射性物品运输安全管理条例》《道路运输条例》和本规定的要求履行托运人和承运人的义务,并负相应责任。

非经营性放射性物品道路运输单位不得从事放射性物品道路运输经营活动。

第二十三条　承运人与托运人订立放射性物品道路运输合同前,应当查验、收存托运人提交的下列材料:

(一)运输说明书,包括放射性物品的品名、数量、物理化学形态、危害风险等内容;

(二)辐射监测报告,其中一类放射性物品的辐射监测报告由托运人委托有资质的辐射监测机构出具;二、三类放射性物品的辐射监测报告由托运人出具;

(三)核与辐射事故应急响应指南;

(四)装卸作业方法指南;

(五)安全防护指南。

托运人将本条第一款第(四)项、第(五)项要求的内容在运输说明书中一并作出说明的,可以不提交第(四)项、第(五)项要求的材料。

托运人提交材料不齐全的,或者托运的物品经监测不符合国家放射性物品运输安全标准的,承运人不得与托运人订立放射性物品道路运输合同。

第二十四条 一类放射性物品启运前,承运人应当向托运人查验国务院核安全主管部门关于核与辐射安全分析报告书的审批文件以及公安部门关于准予道路运输放射性物品的审批文件。

二、三类放射性物品启运前,承运人应当向托运人查验公安部门关于准予道路运输放射性物品的审批文件。

第二十五条 托运人应当按照《放射性物质安全运输规程》(GB 11806)等有关国家标准和规定,在放射性物品运输容器上设置警示标志。

第二十六条 专用车辆运输放射性物品过程中,应当悬挂符合国家标准《道路危险货物运输车辆标志》(GB 13392)要求的警示标志。

第二十七条 专用车辆不得违反国家有关规定超载、超限运输放射性物品。

第二十八条 在放射性物品道路运输过程中,除驾驶人员外,还应当在专用车辆上配备押运人员,确保放射性物品处于押运人员监管之下。运输一类放射性物品的,承运人必要时可以要求托运人随车提供技术指导。

第二十九条 驾驶人员、装卸管理人员和押运人员上岗时应当随身携带道路运输从业资格证,专用车辆驾驶人员还应当随车携带《道路运输证》。

第三十条 驾驶人员、装卸管理人员和押运人员应当按照托运人所提供的资料了解所运输的放射性物品的性质、危害特性、包装物或者容器的使用要求、装卸要求以及发生突发事件时的处置措施。

第三十一条 放射性物品运输中发生核与辐射事故的,承运人、托运人应当按照核与辐射事故应急响应指南的要求,结合本企业安全生产应急预案的有关内容,做好事故应急工作,并立即报告事故发生地的县级以上人民政府环境保护主管部门。

第三十二条 放射性物品道路运输企业或者单位应当聘用具有相应道路运输从业资格证的驾驶人员、装卸管理人员和押运人员,并定期对驾驶人员、装卸管理人员和押运人员进行运输安全生产和基本应急知识等方面的培训,确保驾驶人员、装卸管理人员和押运人员熟悉有关安全生产法规、标准以及相关操作规程等业务知识和技能。

放射性物品道路运输企业或者单位应当对驾驶人员、装卸管理人员和押运人员进行运输安全生产和基本应急知识等方面的考核;考核不合格的,不得从事相关工作。

第三十三条 放射性物品道路运输企业或者单位应当按照国家职业病防治的有关规定,对驾驶人员、装卸管理人员和押运人员进行个人剂量监测,建立个人剂量档案和职业健康监护档案。

第三十四条 放射性物品道路运输企业或者单位应当投保危险货物承运人责任险。

第三十五条 放射性物品道路运输企业或者单位不得转让、出租、出借放射性物品道路运输许可证件。

第三十六条 县级以上道路运输管理机构应当督促放射性物品道路运输企业或者单位对专用车辆、设备及安全生产制度等安全条件建立相应的自检制度,并加强监督检查。

县级以上道路运输管理机构工作人员依法对放射性物品道路运输活动进行监督检查的,应当按照劳动保护规定配备必要的安全防护设备。

第五章 法律责任

第三十七条 拒绝、阻碍道路运输管理机构依法履行放射性物品运输安全监督检查,或者在接受监督检查时弄虚作假的,由县级以上道路运输管理机构责令改正,处1万元以上2万元以下的罚款;构成违反治安管理行为的,交由公安机关依法给予治安管理处罚;构成犯罪的,依法追究刑事责任。

第三十八条 违反本规定,未取得有关放射性物品道路运输资质许可,有下列情形之一的,由县级以上道路运输管理机构责令停止运输,有违法所得的,没收违法所得,处违法所得2倍以上10倍以下的罚款;没有违法所得或者违法所得不足2万元的,处3万元以上10万元以下的罚款。构成犯罪的,依法追究刑事责任:

(一)无资质许可擅自从事放射性物品道路运输的;

(二)使用失效、伪造、变造、被注销等无效放射性物品道路运输许可证件从事放射性物品道路运输的;

(三)超越资质许可事项,从事放射性物品道路运输的;

(四)非经营性放射性物品道路运输单位从事放射性物品道路运输经营的。

第三十九条 违反本规定,放射性物品道路运输企业或者单位擅自改装已取得《道路运输证》的专用车辆的,由县级以上道路运输管理机构责令改正,处5000元以上2万元以下的罚款。

第四十条 违反本规定,未随车携带《道路运输证》的,由县级以上道路运输管理机构责令改正,对放射性物品道路运输企业或者单位处警告或者20元以上200元以下的罚款。

第四十一条 放射性物品道路运输活动中,由不符合本规定第七条、第八条规定条件的人员驾驶专用车辆的,由县级以上道路运输管理机构责令改正,处200元以上2000元以下的罚款;构成犯罪的,依法追究刑事责任。

第四十二条 违反本规定,放射性物品道路运输企业或者单位有下列行为之一,由县级以上道路运输管理机构责令限期投保;拒不投保的,由原许可的设区的市级道路运输管理机构吊销《道路运输经营许可证》或者《放射性物品道路运输许可证》,或者在许可证件上注销相应的许可范围:

(一)未投保危险货物承运人责任险的;

(二)投保的危险货物承运人责任险已过期,未继续投保的。

第四十三条 违反本规定,放射性物品道路运输企业或者单位非法转让、出租放射性物品道路运输许可证件的,由县级以上道路运输管理机构责令停止违法行为,收缴有关证件,处2000元以上1万元以下的罚款;有违法所得的,没收违法所得。

第四十四条 违反本规定,放射性物品道路运输企业或者单位已不具备许可要求的有关安全条件,存在重大运输安全隐患的,由县级以上道路运输管理机构责令限期改正;在规定时间内不能按要求改正且情节严重的,由原许可机关吊销《道路运输经营许可证》或者《放射性物品道路运输许可证》,或者在许可证件上注销相应的许可范围。

第四十五条 县级以上道路运输管理机构工作人员在实施道路运输监督检查过程中,发现放射性物品道路运输企业或者单位有违规情形,且按照《放射性物品运输安全管理条例》等有关法律法规的规定,应当由公安部门、核安全监管部门或者环境保护等部门处罚情形的,应当通报有关部门依法处理。

第六章　附　　则

第四十六条　军用放射性物品道路运输不适用于本规定。

第四十七条　本规定自 2011 年 1 月 1 日起施行。

道路运输车辆技术管理规定

(中华人民共和国交通运输部令2019年第19号)

第一章 总 则

第一条 为加强道路运输车辆技术管理,保持车辆技术状况良好,保障运输安全,发挥车辆效能,促进节能减排,根据《中华人民共和国安全生产法》《中华人民共和国节约能源法》《中华人民共和国道路运输条例》等法律、行政法规,制定本规定。

第二条 道路运输车辆技术管理适用本规定。

本规定所称道路运输车辆包括道路旅客运输车辆(以下简称客车)、道路普通货物运输车辆(以下简称货车)、道路危险货物运输车辆(以下简称危货运输车)。

本规定所称道路运输车辆技术管理,是指对道路运输车辆在保证符合规定的技术条件和按要求进行维护、修理、综合性能检测方面所做的技术性管理。

第三条 道路运输车辆技术管理应当坚持分类管理、预防为主、安全高效、节能环保的原则。

第四条 道路运输经营者是道路运输车辆技术管理的责任主体,负责对道路运输车辆实行择优选配、正确使用、周期维护、视情修理、定期检测和适时更新,保证投入道路运输经营的车辆符合技术要求。

第五条 鼓励道路运输经营者使用安全、节能、环保型车辆,促进标准化车型推广运用,加强科技应用,不断提高车辆的管理水平和技术水平。

第六条 交通运输部主管全国道路运输车辆技术管理监督。

县级以上地方人民政府交通运输主管部门负责本行政区域内道路运输车辆技术管理监督。

县级以上道路运输管理机构具体实施道路运输车辆技术管理监督工作。

第二章 车辆基本技术条件

第七条 从事道路运输经营的车辆应当符合下列技术要求:

(一)车辆的外廓尺寸、轴荷和最大允许总质量应当符合《道路车辆外廓尺寸、轴荷及质量限值》(GB 1589)的要求。

(二)车辆的技术性能应当符合《道路运输车辆综合性能要求和检验方法》(GB 18565)的要求。

(三)车型的燃料消耗量限值应当符合《营运客车燃料消耗量限值及测量方法》(JT 711)、《营运货车燃料消耗量限值及测量方法》(JT 719)的要求。

(四)车辆技术等级应当达到二级以上。危货运输车、国际道路运输车辆、从事高速公路客运以及营运线路长度在800公里以上的客车,技术等级应当达到一级。技术等级评定方法应当符合国家有关道路运输车辆技术等级划分和评定的要求。

(五)从事高速公路客运、包车客运、国际道路旅客运输,以及营运线路长度在800公里以上客车的类型等级应当达到中级以上。其类型划分和等级评定应当符合国家有关营运客车类型划分及等级评定的要求。

(六)危货运输车应当符合《汽车运输危险货物规则》(JT 617)的要求。

第八条 道路运输管理机构应当加强从事道路运输经营车辆的管理,对不符合本规定的车辆不得配发道路运输证。

在对挂车配发道路运输证和年度审验时,应当查验挂车是否具有有效行驶证件。

第九条 禁止使用报废、擅自改装、拼装、检测不合格以及其他不符合国家规定的车辆从事道路运输经营活动。

第三章 技术管理的一般要求

第十条 道路运输经营者应当遵守有关法律法规、标准和规范,认真履行车辆技术管理的主体责任,建立健全管理制度,加强车辆技术管理。

第十一条 鼓励道路运输经营者设置相应的部门负责车辆技术管理工作,并根据车辆数量和经营类别配备车辆技术管理人员,对车辆实施有效的技术管理。

第十二条 道路运输经营者应当加强车辆维护、使用、安全和节能等方面的业务培训,提升从业人员的业务素质和技能,确保车辆处于良好的技术状况。

第十三条 道路运输经营者应当根据有关道路运输企业车辆技术管理标准,结合车辆技术状况和运行条件,正确使用车辆。

鼓励道路运输经营者依据相关标准要求,制定车辆使用技术管理规范,科学设置车辆经济、技术定额指标并定期考核,提升车辆技术管理水平。

第十四条 道路运输经营者应当建立车辆技术档案制度,实行一车一档。档案内容应当主要包括:车辆基本信息,车辆技术等级评定、客车类型等级评定或者年度类型等级评定复核、车辆维护和修理(含《机动车维修竣工出厂合格证》)、车辆主要零部件更换、车辆变更、行驶里程、对车辆造成损伤的交通事故等记录。档案内容应当准确、详实。

车辆所有权转移、转籍时,车辆技术档案应当随车移交。

道路运输经营者应当运用信息化技术做好道路运输车辆技术档案管理工作。

第四章 车辆维护与修理

第十五条 道路运输经营者应当建立车辆维护制度。

车辆维护分为日常维护、一级维护和二级维护。日常维护由驾驶员实施,一级维护和二级维护由道路运输经营者组织实施,并做好记录。

第十六条 道路运输经营者应当依据国家有关标准和车辆维修手册、使用说明书等,结合车辆类别、车辆运行状况、行驶里程、道路条件、使用年限等因素,自行确定车辆维护周期,确保车辆正常维护。

车辆维护作业项目应当按照国家关于汽车维护的技术规范要求确定。

道路运输经营者可以对自有车辆进行二级维护作业,保证投入运营的车辆符合技术管理要求,无需进行二级维护竣工质量检测。

道路运输经营者不具备二级维护作业能力的,可以委托二类以上机动车维修经营者进行二级维护作业。机动车维修经营者完成二级维护作业后,应当向委托方出具二级维护出厂合格证。

第十七条 道路运输经营者应当遵循视情修理的原则,根据实际情况对车辆进行及时修理。

第十八条 道路运输经营者用于运输剧毒化学品、爆炸品的专用车辆及罐式专用车辆(含罐式挂车),应当到具备道路危险货物运输车辆维修条件的企业进行维修。

前款规定专用车辆的牵引车和其他运输危险货物的车辆由道路运输经营者消除危险货物的危害后,可以到具备一般车辆维修条件的企业进行维修。

第五章 车辆检测管理

第十九条 道路运输经营者应当定期到机动车综合性能检测机构,对道路运输车辆进行综合性能检测。

第二十条 道路运输经营者应当自道路运输车辆首次取得《道路运输证》当月起,按照下列周期和频次,委托汽车综合性能检测机构进行综合性能检测和技术等级评定:

(一)客车、危货运输车自首次经国家机动车辆注册登记主管部门登记注册不满60个月的,每12个月进行1次检测和评定;超过60个月的,每6个月进行1次检测和评定。

(二)其他运输车辆自首次经国家机动车辆注册登记主管部门登记注册的,每12个月进行1次检测和评定。

第二十一条 客车、危货运输车的综合性能检测应当委托车籍所在地汽车综合性能检测机构进行。

货车的综合性能检测可以委托运输驻在地汽车综合性能检测机构进行。

第二十二条 道路运输经营者应当选择通过质量技术监督部门的计量认证、取得计量认证证书并符合《汽车综合性能检测站能力的通用要求》(GB 17993)等国家相关标准的检测机构进行车辆的综合性能检测。

第二十三条 汽车综合性能检测机构对新进入道路运输市场车辆应当按照《道路运输车辆燃料消耗量达标车型表》进行比对。对达标的新车和在用车辆,应当按照《道路运输车辆综合性能要求和检验方法》(GB 18565)、《道路运输车辆技术等级划分和评定要求》(JT/T 198)实施检测和评定,出具全国统一式样的道路运输车辆综合性能检测报告,评定车辆技术等级,并在报告单上标注。车籍所在地县级以上道路运输管理机构应当将车辆技术等级在《道路运输证》上标明。

汽车综合性能检测机构应当确保检测和评定结果客观、公正、准确,对检测和评定结果承担法律责任。

第二十四条 道路运输管理机构和受其委托承担客车类型等级评定工作的汽车综合性能检测机构,应当按照《营运客车类型划分及等级评定》(JT/T 325)进行营运客车类型等级评定或者年度类型等级评定复核,出具统一式样的客车类型等级评定报告。

第二十五条 汽车综合性能检测机构应当建立车辆检测档案,档案内容主要包括:车辆综合性能检测报告(含车辆基本信息、车辆技术等级)、客车类型等级评定记录。

车辆检测档案保存期不少于两年。

第六章 监督检查

第二十六条 道路运输管理机构应当按照职责权限对道路运输车辆的技术管理进行监督检查。

道路运输经营者应当对道路运输管理机构的监督检查予以配合,如实反映情况,提供有关资料。

第二十七条 道路运输管理机构应当将车辆技术状况纳入道路运输车辆年度审验内容,查验以下相应证明材料:

(一)车辆技术等级评定结论;

(二)客车类型等级评定证明。

第二十八条 道路运输管理机构应当建立车辆管理档案制度。档案内容主要包括:车辆基本情况,车辆技术等级评定、客车类型等级评定或年度类型等级评定复核、车辆变更等记录。

第二十九条 道路运输管理机构应当将运输车辆的技术管理情况纳入道路运输企业质量信誉考核和诚信管理体系。

第三十条 道路运输管理机构应当积极推广使用现代信息技术,逐步实现道路运输车辆技术管理信息资源共享。

第七章 法律责任

第三十一条 违反本规定,道路运输经营者有下列行为之一的,县级以上道路运输管理机构应当责令改正,给予警告;情节严重的,处以1000元以上5000元以下罚款:

(一)道路运输车辆技术状况未达到《道路运输车辆综合性能要求和检验方法》(GB 18565)的;

(二)使用报废、擅自改装、拼装、检测不合格以及其他不符合国家规定的车辆从事道路运输经营活动的;

(三)未按照规定的周期和频次进行车辆综合性能检测和技术等级评定的;

(四)未建立道路运输车辆技术档案或者档案不符合规定的;

(五)未做好车辆维护记录的。

第三十二条 违反本规定,道路运输车辆综合性能检测机构有下列行为之一的,县级以上道路运输管理机构不予采信其检测报告,并抄报同级质量技术监督主管部门处理。

(一)不按技术规范对道路运输车辆进行检测的;

(二)未经检测出具道路运输车辆检测结果的;

(三)不如实出具检测结果的。

第三十三条 道路运输管理机构工作人员在监督管理工作中滥用职权、玩忽职守、徇私舞弊的,依法给予行政处分;构成犯罪的,由司法机关依法处理。

第八章　附　　则

第三十四条　从事普通货运经营的总质量4500千克及以下普通货运车辆,不适用本规定。

第三十五条　本规定自2016年3月1日起施行。原交通部发布的《汽车运输业车辆技术管理规定》(交通部令1990年第13号)、《道路运输车辆维护管理规定》(交通部令2001年第4号)同时废止。

道路运输车辆动态监督管理办法

（中华人民共和国交通运输部令2016年第55号）

第一章 总 则

第一条 为加强道路运输车辆动态监督管理，预防和减少道路交通事故，依据《中华人民共和国安全生产法》《中华人民共和国道路交通安全法实施条例》《中华人民共和国道路运输条例》等有关法律法规，制定本办法。

第二条 道路运输车辆安装、使用具有行驶记录功能的卫星定位装置（以下简称卫星定位装置）以及相关安全监督管理活动，适用本办法。

第三条 本办法所称道路运输车辆，包括用于公路营运的载客汽车、危险货物运输车辆、半挂牵引车以及重型载货汽车（总质量为12吨及以上的普通货运车辆）。

第四条 道路运输车辆动态监督管理应当遵循企业监控、政府监管、联网联控的原则。

第五条 道路运输管理机构、公安机关交通管理部门、安全监管部门依据法定职责，对道路运输车辆动态监控工作实施联合监督管理。

第二章 系统建设

第六条 道路运输车辆卫星定位系统平台应当符合以下标准要求：

（一）《道路运输车辆卫星定位系统平台技术要求》（JT/T 796）；

（二）《道路运输车辆卫星定位系统终端通讯协议及数据格式》（JT/T 808）；

（三）《道路运输车辆卫星定位系统平台数据交换》（JT/T 809）。

第七条 在道路运输车辆上安装的卫星定位装置应符合以下标准要求：

（一）《道路运输车辆卫星定位系统车载终端技术要求》（JT/T 794）；

（二）《道路运输车辆卫星定位系统终端通讯协议及数据格式》（JT/T 808）；

（三）《机动车运行安全技术条件》（GB 7258）；

（四）《汽车行驶记录仪》（GB/T 19056）。

第八条 道路运输车辆卫星定位系统平台和车载终端应当通过有关专业机构的标准符合性技术审查。对通过标准符合性技术审查的系统平台和车载终端，由交通运输部发布公告。

第九条 道路旅客运输企业、道路危险货物运输企业和拥有50辆及以上重型载货汽车或者牵引车的道路货物运输企业应当按照标准建设道路运输车辆动态监控平台，或者使用符合条件的社会化卫星定位系统监控平台（以下统称监控平台），对所属道路运输车辆和驾驶员运行过程进行实时监控和管理。

第十条 道路运输企业新建或者变更监控平台，在投入使用前应当通过有关专业机构的系统平台标准符合性技术审查,并向原发放《道路运输经营许可证》的道路运输管理机构备案。

第十一条 提供道路运输车辆动态监控社会化服务的,应当向省级道路运输管理机构备案,并提供以下材料:

(一)营业执照;

(二)服务格式条款、服务承诺;

(三)履行服务能力的相关证明材料;

(四)通过系统平台标准符合性技术审查的证明材料。

第十二条 旅游客车、包车客车、三类以上班线客车和危险货物运输车辆在出厂前应当安装符合标准的卫星定位装置。重型载货汽车和半挂牵引车在出厂前应当安装符合标准的卫星定位装置,并接入全国道路货运车辆公共监管与服务平台(以下简称道路货运车辆公共平台)。

车辆制造企业为道路运输车辆安装符合标准的卫星定位装置后,应当随车附带相关安装证明材料。

第十三条 道路运输经营者应当选购安装符合标准的卫星定位装置的车辆,并接入符合要求的监控平台。

第十四条 道路运输企业应当在监控平台中完整、准确地录入所属道路运输车辆和驾驶人员的基础资料等信息,并及时更新。

第十五条 道路旅客运输企业和道路危险货物运输企业监控平台应当接入全国重点营运车辆联网联控系统(以下简称联网联控系统),并按照要求将车辆行驶的动态信息和企业、驾驶人员、车辆的相关信息逐级上传至全国道路运输车辆动态信息公共交换平台。

道路货运企业监控平台应当与道路货运车辆公共平台对接,按照要求将企业、驾驶人员、车辆的相关信息上传至道路货运车辆公共平台,并接收道路货运车辆公共平台转发的货运车辆行驶的动态信息。

第十六条 道路运输管理机构在办理营运手续时,应当对道路运输车辆安装卫星定位装置及接入系统平台的情况进行审核。

第十七条 对新出厂车辆已安装的卫星定位装置,任何单位和个人不得随意拆卸。除危险货物运输车辆接入联网联控系统监控平台时按照有关标准要求进行相应设置以外,不得改变货运车辆车载终端监控中心的域名设置。

第十八条 道路运输管理机构负责建设和维护道路运输车辆动态信息公共服务平台,落实维护经费,向地方人民政府争取纳入年度预算。道路运输管理机构应当建立逐级考核和通报制度,保证联网联控系统长期稳定运行。

第十九条 道路运输管理机构、公安机关交通管理部门、安全监管部门间应当建立信息共享机制。

公安机关交通管理部门、安全监管部门根据需要可以通过道路运输车辆动态信息公共服务平台,随时或者定期调取系统数据。

第二十条 任何单位、个人不得擅自泄露、删除、篡改卫星定位系统平台的历史和实时动态数据。

第三章　车 辆 监 控

第二十一条　道路运输企业是道路运输车辆动态监控的责任主体。

第二十二条　道路旅客运输企业、道路危险货物运输企业和拥有 50 辆及以上重型载货汽车或牵引车的道路货物运输企业应当配备专职监控人员。专职监控人员配置原则上按照监控平台每接入 100 辆车设 1 人的标准配备，最低不少于 2 人。

监控人员应当掌握国家相关法规和政策，经运输企业培训、考试合格后上岗。

第二十三条　道路货运车辆公共平台负责对个体货运车辆和小型道路货物运输企业（拥有 50 辆以下重型载货汽车或牵引车）的货运车辆进行动态监控。道路货运车辆公共平台设置监控超速行驶和疲劳驾驶的限值，自动提醒驾驶员纠正超速行驶、疲劳驾驶等违法行为。

第二十四条　道路运输企业应当建立健全动态监控管理相关制度，规范动态监控工作：

（一）系统平台的建设、维护及管理制度；

（二）车载终端安装、使用及维护制度；

（三）监控人员岗位职责及管理制度；

（四）交通违法动态信息处理和统计分析制度；

（五）其他需要建立的制度。

第二十五条　道路运输企业应当根据法律法规的相关规定以及车辆行驶道路的实际情况，按照规定设置监控超速行驶和疲劳驾驶的限值，以及核定运营线路、区域及夜间行驶时间等，在所属车辆运行期间对车辆和驾驶员进行实时监控和管理。

设置超速行驶和疲劳驾驶的限值，应当符合客运驾驶员 24 小时累计驾驶时间原则上不超过 8 小时，日间连续驾驶不超过 4 小时，夜间连续驾驶不超过 2 小时，每次停车休息时间不少于 20 分钟，客运车辆夜间行驶速度不得超过日间限速 80% 的要求。

第二十六条　监控人员应当实时分析、处理车辆行驶动态信息，及时提醒驾驶员纠正超速行驶、疲劳驾驶等违法行为，并记录存档至动态监控台账；对经提醒仍然继续违法驾驶的驾驶员，应当及时向企业安全管理机构报告，安全管理机构应当立即采取措施制止；对拒不执行制止措施仍然继续违法驾驶的，道路运输企业应当及时报告公安机关交通管理部门，并在事后解聘驾驶员。

动态监控数据应当至少保存 6 个月，违法驾驶信息及处理情况应当至少保存 3 年。对存在交通违法信息的驾驶员，道路运输企业在事后应当及时给予处理。

第二十七条　道路运输经营者应当确保卫星定位装置正常使用，保持车辆运行实时在线。

卫星定位装置出现故障不能保持在线的道路运输车辆，道路运输经营者不得安排其从事道路运输经营活动。

第二十八条　任何单位和个人不得破坏卫星定位装置以及恶意人为干扰、屏蔽卫星定位装置信号，不得篡改卫星定位装置数据。

第二十九条　卫星定位系统平台应当提供持续、可靠的技术服务，保证车辆动态监控数据真实、准确，确保提供监控服务的系统平台安全、稳定运行。

第四章 监督检查

第三十条 道路运输管理机构应当充分发挥监控平台的作用,定期对道路运输企业动态监控工作的情况进行监督考核,并将其纳入企业质量信誉考核的内容,作为运输企业班线招标和年度审验的重要依据。

第三十一条 公安机关交通管理部门可以将道路运输车辆动态监控系统记录的交通违法信息作为执法依据,依法查处。

第三十二条 安全监管部门应当按照有关规定认真开展事故调查工作,严肃查处违反本办法规定的责任单位和人员。

第三十三条 道路运输管理机构、公安机关交通管理部门、安全监管部门监督检查人员可以向被检查单位和个人了解情况,查阅和复制有关材料。被监督检查的单位和个人应当积极配合监督检查,如实提供有关资料和说明情况。

道路运输车辆发生交通事故的,道路运输企业或者道路货运车辆公共平台负责单位应当在接到事故信息后立即封存车辆动态监控数据,配合事故调查,如实提供肇事车辆动态监控数据;肇事车辆安装车载视频装置的,还应当提供视频资料。

第三十四条 鼓励各地利用卫星定位装置,对营运驾驶员安全行驶里程进行统计分析,开展安全行车驾驶员竞赛活动。

第五章 法律责任

第三十五条 道路运输管理机构对未按照要求安装卫星定位装置,或者已安装卫星定位装置但未能在联网联控系统(重型载货汽车和半挂牵引车未能在道路货运车辆公共平台)正常显示的车辆,不予发放或者审验《道路运输证》。

第三十六条 违反本办法的规定,道路运输企业有下列情形之一的,由县级以上道路运输管理机构责令改正。拒不改正的,处3000元以上8000元以下罚款:

(一)道路运输企业未使用符合标准的监控平台、监控平台未接入联网联控系统、未按规定上传道路运输车辆动态信息的;

(二)未建立或者未有效执行交通违法动态信息处理制度、对驾驶员交通违法处理率低于90%的;

(三)未按规定配备专职监控人员的。

第三十七条 违反本办法的规定,道路运输经营者使用卫星定位装置出现故障不能保持在线的运输车辆从事经营活动的,由县级以上道路运输管理机构责令改正。拒不改正的,处800元罚款。

第三十八条 违反本办法的规定,有下列情形之一的,由县级以上道路运输管理机构责令改正,处2000元以上5000元以下罚款:

(一)破坏卫星定位装置以及恶意人为干扰、屏蔽卫星定位装置信号的;

(二)伪造、篡改、删除车辆动态监控数据的。

第三十九条 违反本办法的规定,发生道路交通事故的,具有第三十六条、第三十七条、第三十八条情形之一的,依法追究相关人员的责任;构成犯罪的,依法追究刑事责任。

第四十条 道路运输管理机构、公安机关交通管理部门、安全监管部门工作人员执行本办法过程中玩忽职守、滥用职权、徇私舞弊的，给予行政处分；构成犯罪的，依法追究刑事责任。

第六章 附 则

第四十一条 在本办法实施前已经进入运输市场的重型载货汽车和半挂牵引车，应当于2015年12月31日前全部安装、使用卫星定位装置，并接入道路货运车辆公共平台。

农村客运车辆动态监督管理可参照本办法执行。

第四十二条 本办法自2014年7月1日起施行。

超限运输车辆行驶公路管理规定

(中华人民共和国交通运输部令2016年第62号)

第一章 总 则

第一条 为加强超限运输车辆行驶公路管理,保障公路设施和人民生命财产安全,根据《公路法》《公路安全保护条例》等法律、行政法规,制定本规定。

第二条 超限运输车辆通过公路进行货物运输,应当遵守本规定。

第三条 本规定所称超限运输车辆,是指有下列情形之一的货物运输车辆:

(一)车货总高度从地面算起超过4米;

(二)车货总宽度超过2.55米;

(三)车货总长度超过18.1米;

(四)二轴货车,其车货总质量超过18000千克;

(五)三轴货车,其车货总质量超过25000千克;三轴汽车列车,其车货总质量超过27000千克;

(六)四轴货车,其车货总质量超过31000千克;四轴汽车列车,其车货总质量超过36000千克;

(七)五轴汽车列车,其车货总质量超过43000千克;

(八)六轴及六轴以上汽车列车,其车货总质量超过49000千克,其中牵引车驱动轴为单轴的,其车货总质量超过46000千克。

前款规定的限定标准的认定,还应当遵守下列要求:

(一)二轴组按照二个轴计算,三轴组按照三个轴计算;

(二)除驱动轴外,二轴组、三轴组以及半挂车和全挂车的车轴每侧轮胎按照双轮胎计算,若每轴每侧轮胎为单轮胎,限定标准减少3000千克,但安装符合国家有关标准的加宽轮胎的除外;

(三)车辆最大允许总质量不应超过各车轴最大允许轴荷之和;

(四)拖拉机、农用车、低速货车,以行驶证核定的总质量为限定标准;

(五)符合《汽车、挂车及汽车列车外廓尺寸、轴荷及质量限值》(GB 1589)规定的冷藏车、汽车列车、安装空气悬架的车辆,以及专用作业车,不认定为超限运输车辆。

第四条 交通运输部负责全国超限运输车辆行驶公路的管理工作。

县级以上地方人民政府交通运输主管部门负责本行政区域内超限运输车辆行驶公路的管理工作。

公路管理机构具体承担超限运输车辆行驶公路的监督管理。

县级以上人民政府相关主管部门按照职责分工,依法负责或者参与、配合超限运输车辆行驶公路的监督管理。交通运输主管部门应当在本级人民政府统一领导下，与相关主管部门建立治理超限运输联动工作机制。

第五条 各级交通运输主管部门应当组织公路管理机构、道路运输管理机构建立相关管理信息系统，推行车辆超限管理信息系统、道路运政管理信息系统联网，实现数据交换与共享。

第二章 大件运输许可管理

第六条 载运不可解体物品的超限运输（以下称大件运输）车辆，应当依法办理有关许可手续，采取有效措施后，按照指定的时间、路线、速度行驶公路。未经许可，不得擅自行驶公路。

第七条 大件运输的托运人应当委托具有大型物件运输经营资质的道路运输经营者承运，并在运单上如实填写托运货物的名称、规格、重量等相关信息。

第八条 大件运输车辆行驶公路前，承运人应当按下列规定向公路管理机构申请公路超限运输许可：

（一）跨省、自治区、直辖市进行运输的，向起运地省级公路管理机构递交申请书，申请机关需要列明超限运输途经公路沿线各省级公路管理机构，由起运地省级公路管理机构统一受理并组织协调沿线各省级公路管理机构联合审批，必要时可由交通运输部统一组织协调处理；

（二）在省、自治区范围内跨设区的市进行运输，或者在直辖市范围内跨区、县进行运输的，向该省级公路管理机构提出申请，由其受理并审批；

（三）在设区的市范围内跨区、县进行运输的，向该市级公路管理机构提出申请，由其受理并审批；

（四）在区、县范围内进行运输的，向该县级公路管理机构提出申请，由其受理并审批。

第九条 各级交通运输主管部门、公路管理机构应当利用信息化手段，建立公路超限运输许可管理平台，实行网上办理许可手续，并及时公开相关信息。

第十条 申请公路超限运输许可的，承运人应当提交下列材料：

（一）公路超限运输申请表，主要内容包括货物的名称、外廓尺寸和质量，车辆的厂牌型号、整备质量、轴数、轴距和轮胎数，载货时车货总体的外廓尺寸、总质量、各车轴轴荷，拟运输的起讫点、通行路线和行驶时间；

（二）承运人的道路运输经营许可证，经办人的身份证件和授权委托书；

（三）车辆行驶证或者临时行驶车号牌。

车货总高度从地面算起超过 4.5 米，或者总宽度超过 3.75 米，或者总长度超过 28 米，或者总质量超过 100000 千克，以及其他可能严重影响公路完好、安全、畅通情形的，还应当提交记录载货时车货总体外廓尺寸信息的轮廓图和护送方案。

护送方案应当包含护送车辆配置方案、护送人员配备方案、护送路线情况说明、护送操作细则、异常情况处理等相关内容。

第十一条 承运人提出的公路超限运输许可申请有下列情形之一的，公路管理机构不予受理：

(一)货物属于可分载物品的;

(二)承运人所持有的道路运输经营许可证记载的经营资质不包括大件运输的;

(三)承运人被依法限制申请公路超限运输许可未满限制期限的;

(四)法律、行政法规规定的其他情形。

载运单个不可解体物品的大件运输车辆,在不改变原超限情形的前提下,加装多个品种相同的不可解体物品的,视为载运不可解体物品。

第十二条 公路管理机构受理公路超限运输许可申请后,应当对承运人提交的申请材料进行审查。属于第十条第二款规定情形的,公路管理机构应当对车货总体外廓尺寸、总质量、轴荷等数据和护送方案进行核查,并征求同级公安机关交通管理部门意见。

属于统一受理、集中办理跨省、自治区、直辖市进行运输的,由起运地省级公路管理机构负责审查。

第十三条 公路管理机构审批公路超限运输申请,应当根据实际情况组织人员勘测通行路线。需要采取加固、改造措施的,承运人应当按照规定要求采取有效的加固、改造措施。公路管理机构应当对承运人提出的加固、改造措施方案进行审查,并组织验收。

承运人不具备加固、改造措施的条件和能力的,可以通过签订协议的方式,委托公路管理机构制定相应的加固、改造方案,由公路管理机构进行加固、改造,或者由公路管理机构通过市场化方式选择具有相应资质的单位进行加固、改造。

采取加固、改造措施所需的费用由承运人承担。相关收费标准应当公开、透明。

第十四条 采取加固、改造措施应当满足公路设施安全需要,并遵循下列原则:

(一)优先采取临时措施,便于实施、拆除和可回收利用;

(二)采取永久性或者半永久性措施的,可以考虑与公路设施的技术改造同步实施;

(三)对公路设施采取加固、改造措施仍无法满足大件运输车辆通行的,可以考虑采取修建临时便桥或者便道的改造措施;

(四)有多条路线可供选择的,优先选取桥梁技术状况评定等级高和采取加固、改造措施所需费用低的路线通行;

(五)同一时期,不同的超限运输申请,涉及对同一公路设施采取加固、改造措施的,由各承运人按照公平、自愿的原则分担有关费用。

第十五条 公路管理机构应当在下列期限内作出行政许可决定:

(一)车货总高度从地面算起未超过4.2米、总宽度未超过3米、总长度未超过20米且车货总质量、轴荷未超过本规定第三条、第十七条规定标准的,自受理申请之日起2个工作日内作出,属于统一受理、集中办理跨省、自治区、直辖市大件运输的,办理的时间最长不得超过5个工作日;

(二)车货总高度从地面算起未超过4.5米、总宽度未超过3.75米、总长度未超过28米且总质量未超过100000千克的,属于本辖区内大件运输的,自受理申请之日起5个工作日内作出,属于统一受理、集中办理跨省、自治区、直辖市大件运输的,办理的时间最长不得超过10个工作日;

(三)车货总高度从地面算起超过4.5米,或者总宽度超过3.75米,或者总长度超过28米,或者总质量超过100000千克的,属于本辖区内大件运输的,自受理申请之日起15个工作日内作出,属于统一受理、集中办理跨省、自治区、直辖市大件运输的,办理的时间最长不得超过 20 个工作日。

采取加固、改造措施所需时间不计算在前款规定的期限内。

第十六条 受理跨省、自治区、直辖市公路超限运输申请后,起运地省级公路管理机构应当在 2 个工作日内向途经公路沿线各省级公路管理机构转送其受理的申请资料。

属于第十五条第一款第二项规定的情形的,途经公路沿线各省级公路管理机构应当在收到转送的申请材料起 5 个工作日内作出行政许可决定;属于第十五条第一款第三项规定的情形的,应当在收到转送的申请材料起 15 个工作日内作出行政许可决定,并向起运地省级公路管理机构反馈。需要采取加固、改造措施的,由相关省级公路管理机构按照本规定第十三条执行;上下游省、自治区、直辖市范围内路线或者行驶时间调整的,应当及时告知承运人和起运地省级公路管理机构,由起运地省级公路管理机构组织协调处理。

第十七条 有下列情形之一的,公路管理机构应当依法作出不予行政许可的决定:

(一)采用普通平板车运输,车辆单轴的平均轴荷超过 10000 千克或者最大轴荷超过 13000 千克的;

(二)采用多轴多轮液压平板车运输,车辆每轴线(一线两轴 8 轮胎)的平均轴荷超过 18000 千克或者最大轴荷超过 20000 千克的;

(三)承运人不履行加固、改造义务的;

(四)法律、行政法规规定的其他情形。

第十八条 公路管理机构批准公路超限运输申请的,根据大件运输的具体情况,指定行驶公路的时间、路线和速度,并颁发《超限运输车辆通行证》。其中,批准跨省、自治区、直辖市运输的,由起运地省级公路管理机构颁发。

《超限运输车辆通行证》的式样由交通运输部统一制定,各省级公路管理机构负责印制和管理。申请人可到许可窗口领取或者通过网上自助方式打印。

第十九条 同一大件运输车辆短期内多次通行固定路线,装载方式、装载物品相同,且不需要采取加固、改造措施的,承运人可以根据运输计划向公路管理机构申请办理行驶期限不超过 6 个月的《超限运输车辆通行证》。运输计划发生变化的,需按原许可机关的有关规定办理变更手续。

第二十条 经批准进行大件运输的车辆,行驶公路时应当遵守下列规定:

(一)采取有效措施固定货物,按照有关要求在车辆上悬挂明显标志,保证运输安全;

(二)按照指定的时间、路线和速度行驶;

(三)车货总质量超限的车辆通行公路桥梁,应当匀速居中行驶,避免在桥上制动、变速或者停驶;

(四)需要在公路上临时停车的,除遵守有关道路交通安全规定外,还应当在车辆周边设置警告标志,并采取相应的安全防范措施;需要较长时间停车或者遇有恶劣天气的,应当驶离公路,就近选择安全区域停靠;

(五)通行采取加固、改造措施的公路设施,承运人应当提前通知该公路设施的养护管理单位,由其加强现场管理和指导;

(六)因自然灾害或者其他不可预见因素而出现公路通行状况异常致使大件运输车辆无

法继续行驶的，承运人应当服从现场管理并及时告知作出行政许可决定的公路管理机构，由其协调当地公路管理机构采取相关措施后继续行驶。

第二十一条 大件运输车辆应当随车携带有效的《超限运输车辆通行证》，主动接受公路管理机构的监督检查。

大件运输车辆及装载物品的有关情况应当与《超限运输车辆通行证》记载的内容一致。

任何单位和个人不得租借、转让《超限运输车辆通行证》，不得使用伪造、变造的《超限运输车辆通行证》。

第二十二条 对于本规定第十条第二款规定的大件运输车辆，承运人应当按照护送方案组织护送。

承运人无法采取护送措施的，可以委托作出行政许可决定的公路管理机构协调公路沿线的公路管理机构进行护送，并承担所需费用。护送收费标准由省级交通运输主管部门会同同级财政、价格主管部门按规定制定，并予以公示。

第二十三条 行驶过程中，护送车辆应当与大件运输车辆形成整体车队，并保持实时、畅通的通讯联系。

第二十四条 经批准的大件运输车辆途经实行计重收费的收费公路时，对其按照基本费率标准收取车辆通行费，但车辆及装载物品的有关情况与《超限运输车辆通行证》记载的内容不一致的除外。

第二十五条 公路管理机构应当加强与辖区内重大装备制造、运输企业的联系，了解其制造、运输计划，加强服务，为重大装备运输提供便利条件。

大件运输需求量大的地区，可以统筹考虑建设成本、运输需求等因素，适当提高通行路段的技术条件。

第二十六条 公路管理机构、公路经营企业应当按照有关规定，定期对公路、公路桥梁、公路隧道等设施进行检测和评定，并为社会公众查询其技术状况信息提供便利。

公路收费站应当按照有关要求设置超宽车道。

第三章 违法超限运输管理

第二十七条 载运可分载物品的超限运输(以下称违法超限运输)车辆，禁止行驶公路。

在公路上行驶的车辆，其车货总体的外廓尺寸或者总质量未超过本规定第三条规定的限定标准，但超过相关公路、公路桥梁、公路隧道限载、限高、限宽、限长标准的，不得在该公路、公路桥梁或者公路隧道行驶。

第二十八条 煤炭、钢材、水泥、砂石、商品车等货物集散地以及货运站等场所的经营人、管理人(以下统称货运源头单位)，应当在货物装运场(站)安装合格的检测设备，对出场(站)货运车辆进行检测，确保出场(站)货运车辆合法装载。

第二十九条 货运源头单位、道路运输企业应当加强对货运车辆驾驶人的教育和管理，督促其合法运输。

道路运输企业是防止违法超限运输的责任主体，应当按照有关规定加强对车辆装载及运行全过程监控，防止驾驶人违法超限运输。

任何单位和个人不得指使、强令货运车辆驾驶人违法超限运输。

第三十条 货运车辆驾驶人不得驾驶违法超限运输车辆。

第三十一条 道路运输管理机构应当加强对政府公布的重点货运源头单位的监督检查。通过巡查、技术监控等方式督促其落实监督车辆合法装载的责任，制止违法超限运输车辆出场（站）。

第三十二条 公路管理机构、道路运输管理机构应当建立执法联动工作机制，将违法超限运输行为纳入道路运输企业质量信誉考核和驾驶人诚信考核，实行违法超限运输“黑名单”管理制度，依法追究违法超限运输的货运车辆、车辆驾驶人、道路运输企业、货运源头单位的责任。

第三十三条 公路管理机构应当对货运车辆进行超限检测。超限检测可以采取固定站点检测、流动检测、技术监控等方式。

第三十四条 采取固定站点检测的，应当在经省级人民政府批准设置的公路超限检测站进行。

第三十五条 公路管理机构可以利用移动检测设备，开展流动检测。经流动检测认定的违法超限运输车辆，应当就近引导至公路超限检测站进行处理。

流动检测点远离公路超限检测站的，应当就近引导至县级以上地方交通运输主管部门指定并公布的执法站所、停车场、卸载场等具有停放车辆及卸载条件的地点或者场所进行处理。

第三十六条 经检测认定违法超限运输的，公路管理机构应当责令当事人自行采取卸载等措施，消除违法状态；当事人自行消除违法状态确有困难的，可以委托第三人或者公路管理机构协助消除违法状态。

属于载运不可解体物品，在接受调查处理完毕后，需要继续行驶公路的，应当依法申请公路超限运输许可。

第三十七条 公路管理机构对车辆进行超限检测，不得收取检测费用。对依法扣留或者停放接受调查处理的超限运输车辆，不得收取停车保管费用。由公路管理机构协助卸载、分装或者保管卸载货物的，超过保管期限经通知当事人仍不领取的，可以按照有关规定予以处理。

第三十八条 公路管理机构应当使用经国家有关部门检定合格的检测设备对车辆进行超限检测；未定期检定或者检定不合格的，其检测数据不得作为执法依据。

第三十九条 收费高速公路入口应当按照规定设置检测设备，对货运车辆进行检测，不得放行违法超限运输车辆驶入高速公路。其他收费公路实行计重收费的，利用检测设备发现违法超限运输车辆时，有权拒绝其通行。收费公路经营管理者应当将违法超限运输车辆及时报告公路管理机构或者公安机关交通管理部门依法处理。

公路管理机构有权查阅和调取公路收费站车辆称重数据、照片、视频监控等有关资料，经确认后可以作为行政处罚的证据。

第四十条 公路管理机构应当根据保护公路的需要，在货物运输主通道、重要桥梁入口处等普通公路以及开放式高速公路的重要路段和节点，设置车辆检测等技术监控设备，依法查处违法超限运输行为。

第四十一条 新建、改建公路时，应当按照规划，将超限检测站点、车辆检测等技术监控设备作为公路附属设施一并列入工程预算,与公路主体工程同步设计、同步建设、同步验收运行。

第四章 法律责任

第四十二条 违反本规定,依照《公路法》《公路安全保护条例》《道路运输条例》和本规定予以处理。

第四十三条 车辆违法超限运输的,由公路管理机构根据违法行为的性质、情节和危害程度,按下列规定给予处罚:

(一)车货总高度从地面算起未超过4.2米、总宽度未超过3米且总长度未超过20米的,可以处200元以下罚款;车货总高度从地面算起未超过4.5米、总宽度未超过3.75米且总长度未超过28米的,处200元以上1000元以下罚款;车货总高度从地面算起超过4.5米、总宽度超过3.75米或者总长度超过28米的,处1000元以上3000元以下的罚款;

(二)车货总质量超过本规定第三条第一款第四项至第八项规定的限定标准,但未超过1000千克的,予以警告;超过1000千克的,每超1000千克罚款500元,最高不得超过30000元。

有前款所列多项违法行为的,相应违法行为的罚款数额应当累计,但累计罚款数额最高不得超过30000元。

第四十四条 公路管理机构在违法超限运输案件处理完毕后7个工作日内,应当将与案件相关的下列信息通过车辆超限管理信息系统抄告车籍所在地道路运输管理机构:

(一)车辆的号牌号码、车型、车辆所属企业、道路运输证号信息;

(二)驾驶人的姓名、驾驶人从业资格证编号、驾驶人所属企业信息;

(三)货运源头单位、货物装载单信息;

(四)行政处罚决定书信息;

(五)与案件相关的其他资料信息。

第四十五条 公路管理机构在监督检查中发现违法超限运输车辆不符合《汽车、挂车及汽车列车外廓尺寸、轴荷及质量限值》(GB 1589),或者与行驶证记载的登记内容不符的,应当予以记录,定期抄告车籍所在地的公安机关交通管理部门等单位。

第四十六条 对1年内违法超限运输超过3次的货运车辆和驾驶人,以及违法超限运输的货运车辆超过本单位货运车辆总数10%的道路运输企业,由道路运输管理机构依照《公路安全保护条例》第六十六条予以处理。

前款规定的违法超限运输记录累计计算周期,从初次领取《道路运输证》、道路运输从业人员从业资格证、道路运输经营许可证之日算起,可跨自然年度。

第四十七条 大件运输车辆有下列情形之一的,视为违法超限运输:

(一)未经许可擅自行驶公路的;

(二)车辆及装载物品的有关情况与《超限运输车辆通行证》记载的内容不一致的;

(三)未按许可的时间、路线、速度行驶公路的;

(四)未按许可的护送方案采取护送措施的。

第四十八条 承运人隐瞒有关情况或者提供虚假材料申请公路超限运输许可的,除依法给予处理外,并在1年内不准申请公路超限运输许可。

第四十九条 违反本规定,指使、强令车辆驾驶人超限运输货物的,由道路运输管理机构责令改正,处30000元以下罚款。

第五十条 违法行为地或者车籍所在地公路管理机构可以根据技术监控设备记录资料,对违法超限运输车辆依法给予处罚,并提供适当方式,供社会公众查询违法超限运输记录。

第五十一条 公路管理机构、道路运输管理机构工作人员有玩忽职守、徇私舞弊、滥用职权的,依法给予行政处分;涉嫌犯罪的,移送司法机关依法查处。

第五十二条 对违法超限运输车辆行驶公路现象严重,造成公路桥梁垮塌等重大安全事故,或者公路受损严重、通行能力明显下降的,交通运输部、省级交通运输主管部门可以按照职责权限,在1年内停止审批该地区申报的地方性公路工程建设项目。

第五十三条 相关单位和个人拒绝、阻碍公路管理机构、道路运输管理机构工作人员依法执行职务,构成违反治安管理行为的,由公安机关依法给予治安管理处罚;构成犯罪的,依法追究刑事责任。

第五章　附　　则

第五十四条 因军事和国防科研需要,载运保密物品的大件运输车辆确需行驶公路的,参照本规定执行;国家另有规定的,从其规定。

第五十五条 本规定自2016年9月21日起施行。原交通部发布的《超限运输车辆行驶公路管理规定》(交通部令2000年第2号)同时废止。

生产经营单位安全培训规定

(国家安全生产监督管理总局令第80号)

第一章 总 则

第一条 为加强和规范生产经营单位安全培训工作,提高从业人员安全素质,防范伤亡事故,减轻职业危害,根据安全生产法和有关法律、行政法规,制定本规定。

第二条 工矿商贸生产经营单位(以下简称生产经营单位)从业人员的安全培训,适用本规定。

第三条 生产经营单位负责本单位从业人员安全培训工作。

生产经营单位应当按照安全生产法和有关法律、行政法规和本规定,建立健全安全培训工作制度。

第四条 生产经营单位应当进行安全培训的从业人员包括主要负责人、安全生产管理人员、特种作业人员和其他从业人员。

生产经营单位使用被派遣劳动者的,应当将被派遣劳动者纳入本单位从业人员统一管理,对被派遣劳动者进行岗位安全操作规程和安全操作技能的教育和培训。劳务派遣单位应当对被派遣劳动者进行必要的安全生产教育和培训。

生产经营单位接收中等职业学校、高等学校学生实习的,应当对实习学生进行相应的安全生产教育和培训,提供必要的劳动防护用品。学校应当协助生产经营单位对实习学生进行安全生产教育和培训。

生产经营单位从业人员应当接受安全培训,熟悉有关安全生产规章制度和安全操作规程,具备必要的安全生产知识,掌握本岗位的安全操作技能,了解事故应急处理措施,知悉自身在安全生产方面的权利和义务。

未经安全培训合格的从业人员,不得上岗作业。

第五条 国家安全生产监督管理总局指导全国安全培训工作,依法对全国的安全培训工作实施监督管理。

国务院有关主管部门按照各自职责指导监督本行业安全培训工作,并按照本规定制定实施办法。

国家煤矿安全监察局指导监督检查全国煤矿安全培训工作。

各级安全生产监督管理部门和煤矿安全监察机构(以下简称安全生产监管监察部门)按照各自的职责,依法对生产经营单位的安全培训工作实施监督管理。

第二章 主要负责人、安全生产管理人员的安全培训

第六条 生产经营单位主要负责人和安全生产管理人员应当接受安全培训,具备与所

从事的生产经营活动相适应的安全生产知识和管理能力。

第七条 生产经营单位主要负责人安全培训应当包括下列内容：

（一）国家安全生产方针、政策和有关安全生产的法律、法规、规章及标准；

（二）安全生产管理基本知识、安全生产技术、安全生产专业知识；

（三）重大危险源管理、重大事故防范、应急管理和救援组织以及事故调查处理的有关规定；

（四）职业危害及其预防措施；

（五）国内外先进的安全生产管理经验；

（六）典型事故和应急救援案例分析；

（七）其他需要培训的内容。

第八条 生产经营单位安全生产管理人员安全培训应当包括下列内容：

（一）国家安全生产方针、政策和有关安全生产的法律、法规、规章及标准；

（二）安全生产管理、安全生产技术、职业卫生等知识；

（三）伤亡事故统计、报告及职业危害的调查处理方法；

（四）应急管理、应急预案编制以及应急处置的内容和要求；

（五）国内外先进的安全生产管理经验；

（六）典型事故和应急救援案例分析；

（七）其他需要培训的内容。

第九条 生产经营单位主要负责人和安全生产管理人员初次安全培训时间不得少于32学时。每年再培训时间不得少于12学时。

煤矿、非煤矿山、危险化学品、烟花爆竹、金属冶炼等生产经营单位主要负责人和安全生产管理人员初次安全培训时间不得少于48学时，每年再培训时间不得少于16学时。

第十条 生产经营单位主要负责人和安全生产管理人员的安全培训必须依照安全生产监管监察部门制定的安全培训大纲实施。

非煤矿山、危险化学品、烟花爆竹、金属冶炼等生产经营单位主要负责人和安全生产管理人员的安全培训大纲及考核标准由国家安全生产监督管理总局统一制定。

煤矿主要负责人和安全生产管理人员的安全培训大纲及考核标准由国家煤矿安全监察局制定。

煤矿、非煤矿山、危险化学品、烟花爆竹、金属冶炼以外的其他生产经营单位主要负责人和安全管理人员的安全培训大纲及考核标准，由省、自治区、直辖市安全生产监督管理部门制定。

第三章　其他从业人员的安全培训

第十一条 煤矿、非煤矿山、危险化学品、烟花爆竹、金属冶炼等生产经营单位必须对新上岗的临时工、合同工、劳务工、轮换工、协议工等进行强制性安全培训，保证其具备本岗位安全操作、自救互救以及应急处置所需的知识和技能后，方能安排上岗作业。

第十二条 加工、制造业等生产单位的其他从业人员，在上岗前必须经过厂（矿）、车间（工段、区、队）、班组三级安全培训教育。

生产经营单位应当根据工作性质对其他从业人员进行安全培训，保证其具备本岗位安全操作、应急处置等知识和技能。

第十三条 生产经营单位新上岗的从业人员,岗前安全培训时间不得少于24学时。

煤矿、非煤矿山、危险化学品、烟花爆竹、金属冶炼等生产经营单位新上岗的从业人员安全培训时间不得少于72学时,每年再培训的时间不得少于20学时。

第十四条 厂(矿)级岗前安全培训内容应当包括:

(一)本单位安全生产情况及安全生产基本知识;

(二)本单位安全生产规章制度和劳动纪律;

(三)从业人员安全生产权利和义务;

(四)有关事故案例等。

煤矿、非煤矿山、危险化学品、烟花爆竹、金属冶炼等生产经营单位厂(矿)级安全培训除包括上述内容外,应当增加事故应急救援、事故应急预案演练及防范措施等内容。

第十五条 车间(工段、区、队)级岗前安全培训内容应当包括:

(一)工作环境及危险因素;

(二)所从事工种可能遭受的职业伤害和伤亡事故;

(三)所从事工种的安全职责、操作技能及强制性标准;

(四)自救互救、急救方法、疏散和现场紧急情况的处理;

(五)安全设备设施、个人防护用品的使用和维护;

(六)本车间(工段、区、队)安全生产状况及规章制度;

(七)预防事故和职业危害的措施及应注意的安全事项;

(八)有关事故案例;

(九)其他需要培训的内容。

第十六条 班组级岗前安全培训内容应当包括:

(一)岗位安全操作规程;

(二)岗位之间工作衔接配合的安全与职业卫生事项;

(三)有关事故案例;

(四)其他需要培训的内容。

第十七条 从业人员在本生产经营单位内调整工作岗位或离岗一年以上重新上岗时,应当重新接受车间(工段、区、队)和班组级的安全培训。

生产经营单位采用新工艺、新技术、新材料或者使用新设备时,应当对有关从业人员重新进行有针对性的安全培训。

第十八条 生产经营单位的特种作业人员,必须按照国家有关法律、法规的规定接受专门的安全培训,经考核合格,取得特种作业操作资格证书后,方可上岗作业。

特种作业人员的范围和培训考核管理办法,另行规定。

第四章 安全培训的组织实施

第十九条 生产经营单位从业人员的安全培训工作,由生产经营单位组织实施。

生产经营单位应当坚持以考促学、以讲促学,确保全体从业人员熟练掌握岗位安全生产知识和技能;煤矿、非煤矿山、危险化学品、烟花爆竹、金属冶炼等生产经营单位还应当完善和落实师傅带徒弟制度。

第二十条 具备安全培训条件的生产经营单位，应当以自主培训为主；可以委托具备安全培训条件的机构，对从业人员进行安全培训。

不具备安全培训条件的生产经营单位，应当委托具备安全培训条件的机构，对从业人员进行安全培训。

生产经营单位委托其他机构进行安全培训的，保证安全培训的责任仍由本单位负责。

第二十一条 生产经营单位应当将安全培训工作纳入本单位年度工作计划。保证本单位安全培训工作所需资金。

生产经营单位的主要负责人负责组织制定并实施本单位安全培训计划。

第二十二条 生产经营单位应当建立健全从业人员安全生产教育和培训档案，由生产经营单位的安全生产管理机构以及安全生产管理人员详细、准确记录培训的时间、内容、参加人员以及考核结果等情况。

第二十三条 生产经营单位安排从业人员进行安全培训期间，应当支付工资和必要的费用。

第五章 监督管理

第二十四条 煤矿、非煤矿山、危险化学品、烟花爆竹、金属冶炼等生产经营单位主要负责人和安全生产管理人员，自任职之日起6个月内，必须经安全生产监管监察部门对其安全生产知识和管理能力考核合格。

第二十五条 安全生产监管监察部门依法对生产经营单位安全培训情况进行监督检查，督促生产经营单位按照国家有关法律法规和本规定开展安全培训工作。

县级以上地方人民政府负责煤矿安全生产监督管理的部门对煤矿井下作业人员的安全培训情况进行监督检查。煤矿安全监察机构对煤矿特种作业人员安全培训及其持证上岗的情况进行监督检查。

第二十六条 各级安全生产监管监察部门对生产经营单位安全培训及其持证上岗的情况进行监督检查，主要包括以下内容：

（一）安全培训制度、计划的制定及其实施的情况；

（二）煤矿、非煤矿山、危险化学品、烟花爆竹、金属冶炼等生产经营单位主要负责人和安全生产管理人员安全培训以及安全生产知识和管理能力考核的情况；其他生产经营单位主要负责人和安全生产管理人员培训的情况；

（三）特种作业人员操作资格证持证上岗的情况；

（四）建立安全生产教育和培训档案，并如实记录的情况；

（五）对从业人员现场抽考本职工作的安全生产知识；

（六）其他需要检查的内容。

第二十七条 安全生产监管监察部门对煤矿、非煤矿山、危险化学品、烟花爆竹、金属冶炼等生产经营单位的主要负责人、安全管理人员应当按照本规定严格考核。考核不得收费。

安全生产监管监察部门负责考核的有关人员不得玩忽职守和滥用职权。

第二十八条 安全生产监管监察部门检查中发现安全生产教育和培训责任落实不到

位、有关从业人员未经培训合格的,应当视为生产安全事故隐患,责令生产经营单位立即停止违法行为,限期整改,并依法予以处罚。

第六章　罚　　则

第二十九条　生产经营单位有下列行为之一的,由安全生产监管监察部门责令其限期改正,可以处1万元以上3万元以下的罚款:

(一)未将安全培训工作纳入本单位工作计划并保证安全培训工作所需资金的;

(二)从业人员进行安全培训期间未支付工资并承担安全培训费用的。

第三十条　生产经营单位有下列行为之一的,由安全生产监管监察部门责令其限期改正,可以处5万元以下的罚款;逾期未改正的,责令停产停业整顿,并处5万元以上10万元以下的罚款,对其直接负责的主管人员和其他直接责任人员处1万元以上2万元以下的罚款:

(一)煤矿、非煤矿山、危险化学品、烟花爆竹、金属冶炼等生产经营单位主要负责人和安全管理人员未按照规定经考核合格的;

(二)未按照规定对从业人员、被派遣劳动者、实习学生进行安全生产教育和培训或者未如实告知其有关安全生产事项的;

(三)未如实记录安全生产教育和培训情况的;

(四)特种作业人员未按照规定经专门的安全技术培训并取得特种作业人员操作资格证书,上岗作业的。

县级以上地方人民政府负责煤矿安全生产监督管理的部门发现煤矿未按照本规定对井下作业人员进行安全培训的,责令限期改正,处10万元以上50万元以下的罚款;逾期未改正的,责令停产停业整顿。

煤矿安全监察机构发现煤矿特种作业人员无证上岗作业的,责令限期改正,处10万元以上50万元以下的罚款;逾期未改正的,责令停产停业整顿。

第三十一条　安全生产监管监察部门有关人员在考核、发证工作中玩忽职守、滥用职权的,由上级安全生产监管监察部门或者行政监察部门给予记过、记大过的行政处分。

第七章　附　　则

第三十二条　生产经营单位主要负责人是指有限责任公司或者股份有限公司的董事长、总经理,其他生产经营单位的厂长、经理、(矿务局)局长、矿长(含实际控制人)等。

生产经营单位安全生产管理人员是指生产经营单位分管安全生产的负责人、安全生产管理机构负责人及其管理人员,以及未设安全生产管理机构的生产经营单位专、兼职安全生产管理人员等。

生产经营单位其他从业人员是指除主要负责人、安全生产管理人员和特种作业人员以外,该单位从事生产经营活动的所有人员,包括其他负责人、其他管理人员、技术人员和各岗位的工人以及临时聘用的人员。

第三十三条　省、自治区、直辖市安全生产监督管理部门和省级煤矿安全监察机构可以根据本规定制定实施细则,报国家安全生产监督管理总局和国家煤矿安全监察局备案。

第三十四条　本规定自2006年3月1日起施行。

生产安全事故应急预案管理办法

（中华人民共和国应急管理部令第2号）

第一章 总 则

第一条 为规范生产安全事故应急预案管理工作，迅速有效处置生产安全事故，依据《中华人民共和国突发事件应对法》《中华人民共和国安全生产法》《生产安全事故应急条例》等法律、行政法规和《突发事件应急预案管理办法》（国办发〔2013〕101号），制定本办法。

第二条 生产安全事故应急预案（以下简称应急预案）的编制、评审、公布、备案、实施及监督管理工作，适用本办法。

第三条 应急预案的管理实行属地为主、分级负责、分类指导、综合协调、动态管理的原则。

第四条 应急管理部负责全国应急预案的综合协调管理工作。国务院其他负有安全生产监督管理职责的部门在各自职责范围内，负责相关行业、领域应急预案的管理工作。

县级以上地方各级人民政府应急管理部门负责本行政区域内应急预案的综合协调管理工作。县级以上地方各级人民政府其他负有安全生产监督管理职责的部门按照各自的职责负责有关行业、领域应急预案的管理工作。

第五条 生产经营单位主要负责人负责组织编制和实施本单位的应急预案，并对应急预案的真实性和实用性负责；各分管负责人应当按照职责分工落实应急预案规定的职责。

第六条 生产经营单位应急预案分为综合应急预案、专项应急预案和现场处置方案。

综合应急预案，是指生产经营单位为应对各种生产安全事故而制定的综合性工作方案，是本单位应对生产安全事故的总体工作程序、措施和应急预案体系的总纲。

专项应急预案，是指生产经营单位为应对某一种或者多种类型生产安全事故，或者针对重要生产设施、重大危险源、重大活动防止生产安全事故而制定的专项性工作方案。

现场处置方案，是指生产经营单位根据不同生产安全事故类型，针对具体场所、装置或者设施所制定的应急处置措施。

第二章 应急预案的编制

第七条 应急预案的编制应当遵循以人为本、依法依规、符合实际、注重实效的原则，以应急处置为核心，明确应急职责、规范应急程序、细化保障措施。

第八条 应急预案的编制应当符合下列基本要求：

（一）有关法律、法规、规章和标准的规定；

（二）本地区、本部门、本单位的安全生产实际情况；

（三）本地区、本部门、本单位的危险性分析情况；

（四）应急组织和人员的职责分工明确，并有具体的落实措施；

（五）有明确、具体的应急程序和处置措施，并与其应急能力相适应；

（六）有明确的应急保障措施，满足本地区、本部门、本单位的应急工作需要；

（七）应急预案基本要素齐全、完整，应急预案附件提供的信息准确；

（八）应急预案内容与相关应急预案相互衔接。

第九条 编制应急预案应当成立编制工作小组，由本单位有关负责人任组长，吸收与应急预案有关的职能部门和单位的人员，以及有现场处置经验的人员参加。

第十条 编制应急预案前，编制单位应当进行事故风险辨识、评估和应急资源调查。

事故风险辨识、评估，是指针对不同事故种类及特点，识别存在的危险危害因素，分析事故可能产生的直接后果以及次生、衍生后果，评估各种后果的危害程度和影响范围，提出防范和控制事故风险措施的过程。

应急资源调查，是指全面调查本地区、本单位第一时间可以调用的应急资源状况和合作区域内可以请求援助的应急资源状况，并结合事故风险辨识评估结论制定应急措施的过程。

第十一条 地方各级人民政府应急管理部门和其他负有安全生产监督管理职责的部门应当根据法律、法规、规章和同级人民政府以及上一级人民政府应急管理部门和其他负有安全生产监督管理职责的部门的应急预案，结合工作实际，组织编制相应的部门应急预案。

部门应急预案应当根据本地区、本部门的实际情况，明确信息报告、响应分级、指挥权移交、警戒疏散等内容。

第十二条 生产经营单位应当根据有关法律、法规、规章和相关标准，结合本单位组织管理体系、生产规模和可能发生的事故特点，与相关预案保持衔接，确立本单位的应急预案体系，编制相应的应急预案，并体现自救互救和先期处置等特点。

第十三条 生产经营单位风险种类多、可能发生多种类型事故的，应当组织编制综合应急预案。

综合应急预案应当规定应急组织机构及其职责、应急预案体系、事故风险描述、预警及信息报告、应急响应、保障措施、应急预案管理等内容。

第十四条 对于某一种或者多种类型的事故风险，生产经营单位可以编制相应的专项应急预案，或将专项应急预案并入综合应急预案。

专项应急预案应当规定应急指挥机构与职责、处置程序和措施等内容。

第十五条 对于危险性较大的场所、装置或者设施，生产经营单位应当编制现场处置方案。

现场处置方案应当规定应急工作职责、应急处置措施和注意事项等内容。

事故风险单一、危险性小的生产经营单位，可以只编制现场处置方案。

第十六条 生产经营单位应急预案应当包括向上级应急管理机构报告的内容、应急组织机构和人员的联系方式、应急物资储备清单等附件信息。附件信息发生变化时，应当及时更新，确保准确有效。

第十七条 生产经营单位组织应急预案编制过程中，应当根据法律、法规、规章的规定或者实际需要，征求相关应急救援队伍、公民、法人或者其他组织的意见。

第十八条 生产经营单位编制的各类应急预案之间应当相互衔接，并与相关人民政府及其部门、应急救援队伍和涉及的其他单位的应急预案相衔接。

第十九条 生产经营单位应当在编制应急预案的基础上，针对工作场所、岗位的特点，编制简明、实用、有效的应急处置卡。

应急处置卡应当规定重点岗位、人员的应急处置程序和措施，以及相关联络人员和联系方式，便于从业人员携带。

第三章 应急预案的评审、公布和备案

第二十条 地方各级人民政府应急管理部门应当组织有关专家对本部门编制的部门应急预案进行审定；必要时，可以召开听证会，听取社会有关方面的意见。

第二十一条 矿山、金属冶炼企业和易燃易爆物品、危险化学品的生产、经营（带储存设施的，下同）、储存、运输企业，以及使用危险化学品达到国家规定数量的化工企业、烟花爆竹生产、批发经营企业和中型规模以上的其他生产经营单位，应当对本单位编制的应急预案进行评审，并形成书面评审纪要。

前款规定以外的其他生产经营单位可以根据自身需要，对本单位编制的应急预案进行论证。

第二十二条 参加应急预案评审的人员应当包括有关安全生产及应急管理方面的专家。

评审人员与所评审应急预案的生产经营单位有利害关系的，应当回避。

第二十三条 应急预案的评审或者论证应当注重基本要素的完整性、组织体系的合理性、应急处置程序和措施的针对性、应急保障措施的可行性、应急预案的衔接性等内容。

第二十四条 生产经营单位的应急预案经评审或者论证后，由本单位主要负责人签署，向本单位从业人员公布，并及时发放到本单位有关部门、岗位和相关应急救援队伍。

事故风险可能影响周边其他单位、人员的，生产经营单位应当将有关事故风险的性质、影响范围和应急防范措施告知周边的其他单位和人员。

第二十五条 地方各级人民政府应急管理部门的应急预案，应当报同级人民政府备案，同时抄送上一级人民政府应急管理部门，并依法向社会公布。

地方各级人民政府其他负有安全生产监督管理职责的部门的应急预案，应当抄送同级人民政府应急管理部门。

第二十六条 易燃易爆物品、危险化学品等危险物品的生产、经营、储存、运输单位，矿山、金属冶炼、城市轨道交通运营、建筑施工单位，以及宾馆、商场、娱乐场所、旅游景区等人员密集场所经营单位，应当在应急预案公布之日起20个工作日内，按照分级属地原则，向县级以上人民政府应急管理部门和其他负有安全生产监督管理职责的部门进行备案，并依法向社会公布。

前款所列单位属于中央企业的，其总部（上市公司）的应急预案，报国务院主管的负有安全生产监督管理职责的部门备案，并抄送应急管理部；其所属单位的应急预案报所在地的省、自治区、直辖市或者设区的市级人民政府主管的负有安全生产监督管理职责的部门备案，并抄送同级人民政府应急管理部门。

本条第一款所列单位不属于中央企业的,其中非煤矿山、金属冶炼和危险化学品生产、经营、储存、运输企业,以及使用危险化学品达到国家规定数量的化工企业、烟花爆竹生产、批发经营企业的应急预案,按照隶属关系报所在地县级以上地方人民政府应急管理部门备案;本款前述单位以外的其他生产经营单位应急预案的备案,由省、自治区、直辖市人民政府负有安全生产监督管理职责的部门确定。

油气输送管道运营单位的应急预案,除按照本条第一款、第二款的规定备案外,还应当抄送所经行政区域的县级人民政府应急管理部门。

海洋石油开采企业的应急预案,除按照本条第一款、第二款的规定备案外,还应当抄送所经行政区域的县级人民政府应急管理部门和海洋石油安全监管机构。

煤矿企业的应急预案除按照本条第一款、第二款的规定备案外,还应当抄送所在地的煤矿安全监察机构。

第二十七条 生产经营单位申报应急预案备案,应当提交下列材料:

(一)应急预案备案申报表;

(二)本办法第二十一条所列单位,应当提供应急预案评审意见;

(三)应急预案电子文档;

(四)风险评估结果和应急资源调查清单。

第二十八条 受理备案登记的负有安全生产监督管理职责的部门应当在5个工作日内对应急预案材料进行核对,材料齐全的,应当予以备案并出具应急预案备案登记表;材料不齐全的,不予备案并一次性告知需要补齐的材料。逾期不予备案又不说明理由的,视为已经备案。

对于实行安全生产许可的生产经营单位,已经进行应急预案备案的,在申请安全生产许可证时,可以不提供相应的应急预案,仅提供应急预案备案登记表。

第二十九条 各级人民政府负有安全生产监督管理职责的部门应当建立应急预案备案登记建档制度,指导、督促生产经营单位做好应急预案的备案登记工作。

第四章 应急预案的实施

第三十条 各级人民政府应急管理部门、各类生产经营单位应当采取多种形式开展应急预案的宣传教育,普及生产安全事故避险、自救和互救知识,提高从业人员和社会公众的安全意识与应急处置技能。

第三十一条 各级人民政府应急管理部门应当将本部门应急预案的培训纳入安全生产培训工作计划,并组织实施本行政区域内重点生产经营单位的应急预案培训工作。

生产经营单位应当组织开展本单位的应急预案、应急知识、自救互救和避险逃生技能的培训活动,使有关人员了解应急预案内容,熟悉应急职责、应急处置程序和措施。

应急培训的时间、地点、内容、师资、参加人员和考核结果等情况应当如实记入本单位的安全生产教育和培训档案。

第三十二条 各级人民政府应急管理部门应当至少每两年组织一次应急预案演练,提高本部门、本地区生产安全事故应急处置能力。

第三十三条 生产经营单位应当制定本单位的应急预案演练计划,根据本单位的事故风险特点,每年至少组织一次综合应急预案演练或者专项应急预案演练,每半年至少组织一次现场处置方案演练。

易燃易爆物品、危险化学品等危险物品的生产、经营、储存、运输单位,矿山、金属冶炼、城市轨道交通运营、建筑施工单位,以及宾馆、商场、娱乐场所、旅游景区等人员密集场所经营单位,应当至少每半年组织一次生产安全事故应急预案演练,并将演练情况报送所在地县级以上地方人民政府负有安全生产监督管理职责的部门。

县级以上地方人民政府负有安全生产监督管理职责的部门应当对本行政区域内前款规定的重点生产经营单位的生产安全事故应急救援预案演练进行抽查;发现演练不符合要求的,应当责令限期改正。

第三十四条 应急预案演练结束后,应急预案演练组织单位应当对应急预案演练效果进行评估,撰写应急预案演练评估报告,分析存在的问题,并对应急预案提出修订意见。

第三十五条 应急预案编制单位应当建立应急预案定期评估制度,对预案内容的针对性和实用性进行分析,并对应急预案是否需要修订作出结论。

矿山、金属冶炼、建筑施工企业和易燃易爆物品、危险化学品等危险物品的生产、经营、储存、运输企业、使用危险化学品达到国家规定数量的化工企业、烟花爆竹生产、批发经营企业和中型规模以上的其他生产经营单位,应当每三年进行一次应急预案评估。

应急预案评估可以邀请相关专业机构或者有关专家、有实际应急救援工作经验的人员参加,必要时可以委托安全生产技术服务机构实施。

第三十六条 有下列情形之一的,应急预案应当及时修订并归档:

(一)依据的法律、法规、规章、标准及上位预案中的有关规定发生重大变化的;

(二)应急指挥机构及其职责发生调整的;

(三)安全生产面临的风险发生重大变化的;

(四)重要应急资源发生重大变化的;

(五)在应急演练和事故应急救援中发现需要修订预案的重大问题的;

(六)编制单位认为应当修订的其他情况。

第三十七条 应急预案修订涉及组织指挥体系与职责、应急处置程序、主要处置措施、应急响应分级等内容变更的,修订工作应当参照本办法规定的应急预案编制程序进行,并按照有关应急预案报备程序重新备案。

第三十八条 生产经营单位应当按照应急预案的规定,落实应急指挥体系、应急救援队伍、应急物资及装备,建立应急物资、装备配备及其使用档案,并对应急物资、装备进行定期检测和维护,使其处于适用状态。

第三十九条 生产经营单位发生事故时,应当第一时间启动应急响应,组织有关力量进行救援,并按照规定将事故信息及应急响应启动情况报告事故发生地县级以上人民政府应急管理部门和其他负有安全生产监督管理职责的部门。

第四十条 生产安全事故应急处置和应急救援结束后,事故发生单位应当对应急预案实施情况进行总结评估。

第五章 监督管理

第四十一条 各级人民政府应急管理部门和煤矿安全监察机构应当将生产经营单位应

急预案工作纳入年度监督检查计划,明确检查的重点内容和标准,并严格按照计划开展执法检查。

第四十二条 地方各级人民政府应急管理部门应当每年对应急预案的监督管理工作情况进行总结,并报上一级人民政府应急管理部门。

第四十三条 对于在应急预案管理工作中做出显著成绩的单位和人员,各级人民政府应急管理部门、生产经营单位可以给予表彰和奖励。

第六章 法律责任

第四十四条 生产经营单位有下列情形之一的,由县级以上人民政府应急管理等部门依照《中华人民共和国安全生产法》第九十四条的规定,责令限期改正,可以处5万元以下罚款;逾期未改正的,责令停产停业整顿,并处5万元以上10万元以下的罚款,对直接负责的主管人员和其他直接责任人员处1万元以上2万元以下的罚款:

(一)未按照规定编制应急预案的;

(二)未按照规定定期组织应急预案演练的。

第四十五条 生产经营单位有下列情形之一的,由县级以上人民政府应急管理部门责令限期改正,可以处1万元以上3万元以下的罚款:

(一)在应急预案编制前未按照规定开展风险辨识、评估和应急资源调查的;

(二)未按照规定开展应急预案评审的;

(三)事故风险可能影响周边单位、人员的,未将事故风险的性质、影响范围和应急防范措施告知周边单位和人员的;

(四)未按照规定开展应急预案评估的;

(五)未按照规定进行应急预案修订的;

(六)未落实应急预案规定的应急物资及装备的。

生产经营单位未按照规定进行应急预案备案的,由县级以上人民政府应急管理等部门依照职责责令限期改正;逾期未改正的,处3万元以上5万元以下的罚款,对直接负责的主管人员和其他直接责任人员处1万元以上2万元以下的罚款。

第七章 附 则

第四十六条 《生产经营单位生产安全事故应急预案备案申报表》和《生产经营单位生产安全事故应急预案备案登记表》由应急管理部统一制定。

第四十七条 各省、自治区、直辖市应急管理部门可以依据本办法的规定,结合本地区实际制定实施细则。

第四十八条 对储存、使用易燃易爆物品、危险化学品等危险物品的科研机构、学校、医院等单位的安全事故应急预案的管理,参照本办法的有关规定执行。

第四十九条 本办法自2016年7月1日起施行。

安全生产事故隐患排查治理暂行规定

（国家安全生产监督管理总局令第16号）

第一章　总　　则

第一条　为了建立安全生产事故隐患排查治理长效机制，强化安全生产主体责任，加强事故隐患监督管理，防止和减少事故，保障人民群众生命财产安全，根据安全生产法等法律、行政法规，制定本规定。

第二条　生产经营单位安全生产事故隐患排查治理和安全生产监督管理部门、煤矿安全监察机构（以下统称安全监管监察部门）实施监管监察，适用本规定。

有关法律、行政法规对安全生产事故隐患排查治理另有规定的，依照其规定。

第三条　本规定所称安全生产事故隐患（以下简称事故隐患），是指生产经营单位违反安全生产法律、法规、规章、标准、规程和安全生产管理制度的规定，或者因其他因素在生产经营活动中存在可能导致事故发生的物的危险状态、人的不安全行为和管理上的缺陷。

事故隐患分为一般事故隐患和重大事故隐患。一般事故隐患，是指危害和整改难度较小，发现后能够立即整改排除的隐患。重大事故隐患，是指危害和整改难度较大，应当全部或者局部停产停业，并经过一定时间整改治理方能排除的隐患，或者因外部因素影响致使生产经营单位自身难以排除的隐患。

第四条　生产经营单位应当建立健全事故隐患排查治理制度。

生产经营单位主要负责人对本单位事故隐患排查治理工作全面负责。

第五条　各级安全监管监察部门按照职责对所辖区域内生产经营单位排查治理事故隐患工作依法实施综合监督管理；各级人民政府有关部门在各自职责范围内对生产经营单位排查治理事故隐患工作依法实施监督管理。

第六条　任何单位和个人发现事故隐患，均有权向安全监管监察部门和有关部门报告。

安全监管监察部门接到事故隐患报告后，应当按照职责分工立即组织核实并予以查处；发现所报告事故隐患应当由其他有关部门处理的，应当立即移送有关部门并记录备查。

第二章　生产经营单位的职责

第七条　生产经营单位应当依照法律、法规、规章、标准和规程的要求从事生产经营活动。严禁非法从事生产经营活动。

第八条　生产经营单位是事故隐患排查、治理和防控的责任主体。

生产经营单位应当建立健全事故隐患排查治理和建档监控等制度，逐级建立并落实从主要负责人到每个从业人员的隐患排查治理和监控责任制。

第九条　生产经营单位应当保证事故隐患排查治理所需的资金，建立资金使用专项制度。

第十条 生产经营单位应当定期组织安全生产管理人员、工程技术人员和其他相关人员排查本单位的事故隐患。对排查出的事故隐患,应当按照事故隐患的等级进行登记,建立事故隐患信息档案,并按照职责分工实施监控治理。

第十一条 生产经营单位应当建立事故隐患报告和举报奖励制度,鼓励、发动职工发现和排除事故隐患,鼓励社会公众举报。对发现、排除和举报事故隐患的有功人员,应当给予物质奖励和表彰。

第十二条 生产经营单位将生产经营项目、场所、设备发包、出租的,应当与承包、承租单位签订安全生产管理协议,并在协议中明确各方对事故隐患排查、治理和防控的管理职责。生产经营单位对承包、承租单位的事故隐患排查治理负有统一协调和监督管理的职责。

第十三条 安全监管监察部门和有关部门的监督检查人员依法履行事故隐患监督检查职责时,生产经营单位应当积极配合,不得拒绝和阻挠。

第十四条 生产经营单位应当每季、每年对本单位事故隐患排查治理情况进行统计分析,并分别于下一季度15日前和下一年1月31日前向安全监管监察部门和有关部门报送书面统计分析表。统计分析表应当由生产经营单位主要负责人签字。

对于重大事故隐患,生产经营单位除依照前款规定报送外,应当及时向安全监管监察部门和有关部门报告。重大事故隐患报告内容应当包括:

(一)隐患的现状及其产生原因;

(二)隐患的危害程度和整改难易程度分析;

(三)隐患的治理方案。

第十五条 对于一般事故隐患,由生产经营单位(车间、分厂、区队等)负责人或者有关人员立即组织整改。

对于重大事故隐患,由生产经营单位主要负责人组织制定并实施事故隐患治理方案。重大事故隐患治理方案应当包括以下内容:

(一)治理的目标和任务;

(二)采取的方法和措施;

(三)经费和物资的落实;

(四)负责治理的机构和人员;

(五)治理的时限和要求;

(六)安全措施和应急预案。

第十六条 生产经营单位在事故隐患治理过程中,应当采取相应的安全防范措施,防止事故发生。事故隐患排除前或者排除过程中无法保证安全的,应当从危险区域内撤出作业人员,并疏散可能危及的其他人员,设置警戒标志,暂时停产停业或者停止使用;对暂时难以停产或者停止使用的相关生产储存装置、设施、设备,应当加强维护和保养,防止事故发生。

第十七条 生产经营单位应当加强对自然灾害的预防。对于因自然灾害可能导致事故灾难的隐患,应当按照有关法律、法规、标准和本规定的要求排查治理,采取可靠的预防措施,制定应急预案。在接到有关自然灾害预报时,应当及时向下属单位发出预警通知;发生自然灾害可能危及生产经营单位和人员安全的情况时,应当采取撤离人员、停止作业、加强监测等安全措施，并及时向当地人民政府及其有关部门报告。

第十八条 地方人民政府或者安全监管监察部门及有关部门挂牌督办并责令全部或者局部停产停业治理的重大事故隐患，治理工作结束后，有条件的生产经营单位应当组织本单位的技术人员和专家对重大事故隐患的治理情况进行评估；其他生产经营单位应当委托具备相应资质的安全评价机构对重大事故隐患的治理情况进行评估。

经治理后符合安全生产条件的，生产经营单位应当向安全监管监察部门和有关部门提出恢复生产的书面申请，经安全监管监察部门和有关部门审查同意后，方可恢复生产经营。申请报告应当包括治理方案的内容、项目和安全评价机构出具的评价报告等。

第三章 监督管理

第十九条 安全监管监察部门应当指导、监督生产经营单位按照有关法律、法规、规章、标准和规程的要求，建立健全事故隐患排查治理等各项制度。

第二十条 安全监管监察部门应当建立事故隐患排查治理监督检查制度，定期组织对生产经营单位事故隐患排查治理情况开展监督检查；应当加强对重点单位的事故隐患排查治理情况的监督检查。对检查过程中发现的重大事故隐患，应当下达整改指令书，并建立信息管理台账。必要时，报告同级人民政府并对重大事故隐患实行挂牌督办。

安全监管监察部门应当配合有关部门做好对生产经营单位事故隐患排查治理情况开展的监督检查，依法查处事故隐患排查治理的非法和违法行为及其责任者。

安全监管监察部门发现属于其他有关部门职责范围内的重大事故隐患的，应该及时将有关资料移送有管辖权的有关部门，并记录备查。

第二十一条 已经取得安全生产许可证的生产经营单位，在其被挂牌督办的重大事故隐患治理结束前，安全监管监察部门应当加强监督检查。必要时，可以提请原许可证颁发机关依法暂扣其安全生产许可证。

第二十二条 安全监管监察部门应当会同有关部门把重大事故隐患整改纳入重点行业领域的安全专项整治中加以治理，落实相应责任。

第二十三条 对挂牌督办并采取全部或者局部停产停业治理的重大事故隐患，安全监管监察部门收到生产经营单位恢复生产的申请报告后，应当在10日内进行现场审查。审查合格的，对事故隐患进行核销，同意恢复生产经营；审查不合格的，依法责令改正或者下达停产整改指令。对整改无望或者生产经营单位拒不执行整改指令的，依法实施行政处罚；不具备安全生产条件的，依法提请县级以上人民政府按照国务院规定的权限予以关闭。

第二十四条 安全监管监察部门应当每季将本行政区域重大事故隐患的排查治理情况和统计分析表逐级报至省级安全监管监察部门备案。

省级安全监管监察部门应当每半年将本行政区域重大事故隐患的排查治理情况和统计分析表报国家安全生产监督管理总局备案。

第四章 罚 则

第二十五条 生产经营单位及其主要负责人未履行事故隐患排查治理职责，导致发生生产安全事故的，依法给予行政处罚。

第二十六条 生产经营单位违反本规定,有下列行为之一的,由安全监管监察部门给予警告,并处三万元以下的罚款:

(一)未建立安全生产事故隐患排查治理等各项制度的;

(二)未按规定上报事故隐患排查治理统计分析表的;

(三)未制定事故隐患治理方案的;

(四)重大事故隐患不报或者未及时报告的;

(五)未对事故隐患进行排查治理擅自生产经营的;

(六)整改不合格或者未经安全监管监察部门审查同意擅自恢复生产经营的。

第二十七条 承担检测检验、安全评价的中介机构,出具虚假评价证明,尚不够刑事处罚的,没收违法所得,违法所得在五千元以上的,并处违法所得二倍以上五倍以下的罚款,没有违法所得或者违法所得不足五千元的,单处或者并处五千元以上二万元以下的罚款,同时可对其直接负责的主管人员和其他直接责任人员处五千元以上五万元以下的罚款;给他人造成损害的,与生产经营单位承担连带赔偿责任。

对有前款违法行为的机构,撤销其相应的资质。

第二十八条 生产经营单位事故隐患排查治理过程中违反有关安全生产法律、法规、规章、标准和规程规定的,依法给予行政处罚。

第二十九条 安全监管监察部门的工作人员未依法履行职责的,按照有关规定处理。

第五章　附　　则

第三十条 省级安全监管监察部门可以根据本规定,制定事故隐患排查治理和监督管理实施细则。

第三十一条 事业单位、人民团体以及其他经济组织的事故隐患排查治理,参照本规定执行。

第三十二条 本规定自2008年2月1日起施行。

用人单位职业健康监护监督管理办法

（国家安全生产监督管理总局令第49号）

第一章　总　　则

第一条　为了规范用人单位职业健康监护工作，加强职业健康监护的监督管理，保护劳动者健康及其相关权益，根据《中华人民共和国职业病防治法》，制定本办法。

第二条　用人单位从事接触职业病危害作业的劳动者（以下简称劳动者）的职业健康监护和安全生产监督管理部门对其实施监督管理，适用本办法。

第三条　本办法所称职业健康监护，是指劳动者上岗前、在岗期间、离岗时、应急的职业健康检查和职业健康监护档案管理。

第四条　用人单位应当建立、健全劳动者职业健康监护制度，依法落实职业健康监护工作。

第五条　用人单位应当接受安全生产监督管理部门依法对其职业健康监护工作的监督检查，并提供有关文件和资料。

第六条　对用人单位违反本办法的行为，任何单位和个人均有权向安全生产监督管理部门举报或者报告。

第二章　用人单位的职责

第七条　用人单位是职业健康监护工作的责任主体，其主要负责人对本单位职业健康监护工作全面负责。

用人单位应当依照本办法以及《职业健康监护技术规范》（GBZ 188）、《放射工作人员职业健康监护技术规范》（GBZ 235）等国家职业卫生标准的要求，制定、落实本单位职业健康检查年度计划，并保证所需要的专项经费。

第八条　用人单位应当组织劳动者进行职业健康检查，并承担职业健康检查费用。

劳动者接受职业健康检查应当视同正常出勤。

第九条　用人单位应当选择由省级以上人民政府卫生行政部门批准的医疗卫生机构承担职业健康检查工作，并确保参加职业健康检查的劳动者身份的真实性。

第十条　用人单位在委托职业健康检查机构对从事接触职业病危害作业的劳动者进行职业健康检查时，应当如实提供下列文件、资料：

（一）用人单位的基本情况；

（二）工作场所职业病危害因素种类及其接触人员名册；

（三）职业病危害因素定期检测、评价结果。

第十一条　用人单位应当对下列劳动者进行上岗前的职业健康检查：

(一)拟从事接触职业病危害作业的新录用劳动者,包括转岗到该作业岗位的劳动者;

(二)拟从事有特殊健康要求作业的劳动者。

第十二条 用人单位不得安排未经上岗前职业健康检查的劳动者从事接触职业病危害的作业,不得安排有职业禁忌的劳动者从事其所禁忌的作业。

用人单位不得安排未成年工从事接触职业病危害的作业,不得安排孕期、哺乳期的女职工从事对本人和胎儿、婴儿有危害的作业。

第十三条 用人单位应当根据劳动者所接触的职业病危害因素,定期安排劳动者进行在岗期间的职业健康检查。

对在岗期间的职业健康检查,用人单位应当按照《职业健康监护技术规范》(GBZ 188)等国家职业卫生标准的规定和要求,确定接触职业病危害的劳动者的检查项目和检查周期。需要复查的,应当根据复查要求增加相应的检查项目。

第十四条 出现下列情况之一的,用人单位应当立即组织有关劳动者进行应急职业健康检查:

(一)接触职业病危害因素的劳动者在作业过程中出现与所接触职业病危害因素相关的不适症状的;

(二)劳动者受到急性职业中毒危害或者出现职业中毒症状的。

第十五条 对准备脱离所从事的职业病危害作业或者岗位的劳动者,用人单位应当在劳动者离岗前30日内组织劳动者进行离岗时的职业健康检查。劳动者离岗前90日内的在岗期间的职业健康检查可以视为离岗时的职业健康检查。

用人单位对未进行离岗时职业健康检查的劳动者,不得解除或者终止与其订立的劳动合同。

第十六条 用人单位应当及时将职业健康检查结果及职业健康检查机构的建议以书面形式如实告知劳动者。

第十七条 用人单位应当根据职业健康检查报告,采取下列措施:

(一)对有职业禁忌的劳动者,调离或者暂时脱离原工作岗位;

(二)对健康损害可能与所从事的职业相关的劳动者,进行妥善安置;

(三)对需要复查的劳动者,按照职业健康检查机构要求的时间安排复查和医学观察;

(四)对疑似职业病病人,按照职业健康检查机构的建议安排其进行医学观察或者职业病诊断;

(五)对存在职业病危害的岗位,立即改善劳动条件,完善职业病防护设施,为劳动者配备符合国家标准的职业病危害防护用品。

第十八条 职业健康监护中出现新发生职业病(职业中毒)或者两例以上疑似职业病(职业中毒)的,用人单位应当及时向所在地安全生产监督管理部门报告。

第十九条 用人单位应当为劳动者个人建立职业健康监护档案,并按照有关规定妥善保存。职业健康监护档案包括下列内容:

(一)劳动者姓名、性别、年龄、籍贯、婚姻、文化程度、嗜好等情况;

(二)劳动者职业史、既往病史和职业病危害接触史;

(三)历次职业健康检查结果及处理情况;

（四）职业病诊疗资料；

（五）需要存入职业健康监护档案的其他有关资料。

第二十条 安全生产行政执法人员、劳动者或者其近亲属、劳动者委托的代理人有权查阅、复印劳动者的职业健康监护档案。

劳动者离开用人单位时，有权索取本人职业健康监护档案复印件，用人单位应当如实、无偿提供，并在所提供的复印件上签章。

第二十一条 用人单位发生分立、合并、解散、破产等情形时，应当对劳动者进行职业健康检查，并依照国家有关规定妥善安置职业病病人；其职业健康监护档案应当依照国家有关规定实施移交保管。

第三章 监督管理

第二十二条 安全生产监督管理部门应当依法对用人单位落实有关职业健康监护的法律、法规、规章和标准的情况进行监督检查，重点监督检查下列内容：

（一）职业健康监护制度建立情况；

（二）职业健康监护计划制定和专项经费落实情况；

（三）如实提供职业健康检查所需资料情况；

（四）劳动者上岗前、在岗期间、离岗时、应急职业健康检查情况；

（五）对职业健康检查结果及建议，向劳动者履行告知义务情况；

（六）针对职业健康检查报告采取措施情况；

（七）报告职业病、疑似职业病情况；

（八）劳动者职业健康监护档案建立及管理情况；

（九）为离开用人单位的劳动者如实、无偿提供本人职业健康监护档案复印件情况；

（十）依法应当监督检查的其他情况。

第二十三条 安全生产监督管理部门应当加强行政执法人员职业健康知识培训，提高行政执法人员的业务素质。

第二十四条 安全生产行政执法人员依法履行监督检查职责时，应当出示有效的执法证件。

安全生产行政执法人员应当忠于职守，秉公执法，严格遵守执法规范；涉及被检查单位技术秘密、业务秘密以及个人隐私的，应当为其保密。

第二十五条 安全生产监督管理部门履行监督检查职责时，有权进入被检查单位，查阅、复制被检查单位有关职业健康监护的文件、资料。

第四章 法律责任

第二十六条 用人单位有下列行为之一的，给予警告，责令限期改正，可以并处 3 万元以下的罚款：

（一）未建立或者落实职业健康监护制度的；

（二）未按照规定制定职业健康监护计划和落实专项经费的；

（三）弄虚作假，指使他人冒名顶替参加职业健康检查的；

(四)未如实提供职业健康检查所需要的文件、资料的;

(五)未根据职业健康检查情况采取相应措施的;

(六)不承担职业健康检查费用的。

第二十七条 用人单位有下列行为之一的,责令限期改正,给予警告,可以并处5万元以上10万元以下的罚款:

(一)未按照规定组织职业健康检查、建立职业健康监护档案或者未将检查结果如实告知劳动者的;

(二)未按照规定在劳动者离开用人单位时提供职业健康监护档案复印件的。

第二十八条 用人单位有下列情形之一的,给予警告,责令限期改正,逾期不改正的,处5万元以上20万元以下的罚款;情节严重的,责令停止产生职业病危害的作业,或者提请有关人民政府按照国务院规定的权限责令关闭:

(一)未按照规定安排职业病病人、疑似职业病病人进行诊治的;

(二)隐瞒、伪造、篡改、损毁职业健康监护档案等相关资料,或者拒不提供职业病诊断、鉴定所需资料的。

第二十九条 用人单位有下列情形之一的,责令限期治理,并处5万元以上30万元以下的罚款;情节严重的,责令停止产生职业病危害的作业,或者提请有关人民政府按照国务院规定的权限责令关闭:

(一)安排未经职业健康检查的劳动者从事接触职业病危害的作业的;

(二)安排未成年工从事接触职业病危害的作业的;

(三)安排孕期、哺乳期女职工从事对本人和胎儿、婴儿有危害的作业的;

(四)安排有职业禁忌的劳动者从事所禁忌的作业的。

第三十条 用人单位违反本办法规定,未报告职业病、疑似职业病的,由安全生产监督管理部门责令限期改正,给予警告,可以并处1万元以下的罚款;弄虚作假的,并处2万元以上5万元以下的罚款。

第五章 附 则

第三十一条 煤矿安全监察机构依照本办法负责煤矿劳动者职业健康监护的监察工作。

第三十二条 本办法自2012年6月1日起施行。

机动车强制报废标准规定

(中华人民共和国商务部　国家发展和改革委员会　中华人民共和国公安部　中华人民共和国环境保护部令2012年第12号)

第一条　为保障道路交通安全、鼓励技术进步、加快建设资源节约型、环境友好型社会,根据《中华人民共和国道路交通安全法》及其实施条例、《中华人民共和国大气污染防治法》《中华人民共和国噪声污染防治法》,制定本规定。

第二条　根据机动车使用和安全技术、排放检验状况,国家对达到报废标准的机动车实施强制报废。

第三条　商务、公安、环境保护、发展改革等部门依据各自职责,负责报废机动车回收拆解监督管理、机动车强制报废标准执行有关工作。

第四条　已注册机动车有下列情形之一的应当强制报废,其所有人应当将机动车交售给报废机动车回收拆解企业。由报废机动车回收拆解企业按规定进行登记、拆解、销毁等处理,并将报废机动车登记证书、号牌、行驶证交公安机关交通管理部门注销:

(一)达到本规定第五条规定使用年限的;

(二)经修理和调整仍不符合机动车安全技术国家标准对在用车有关要求的;

(三)经修理和调整或者采用控制技术后,向大气排放污染物或者噪声仍不符合国家标准对在用车有关要求的;

(四)在检验有效期届满后连续3个机动车检验周期内未取得机动车检验合格标志的。

第五条　各类机动车使用年限分别如下:

(一)小、微型出租客运汽车使用8年,中型出租客运汽车使用10年,大型出租客运汽车使用12年;

(二)租赁载客汽车使用15年;

(三)小型教练载客汽车使用10年,中型教练载客汽车使用12年,大型教练载客汽车使用15年;

(四)公交客运汽车使用13年;

(五)其他小、微型营运载客汽车使用10年,大、中型营运载客汽车使用15年;

(六)专用校车使用15年;

(七)大、中型非营运载客汽车(大型轿车除外)使用20年;

(八)三轮汽车、装用单缸发动机的低速货车使用9年,其他载货汽车(包括半挂牵引车和全挂牵引车)使用15年;

(九)有载货功能的专项作业车使用15年,无载货功能的专项作业车使用30年;

(十)全挂车、危险品运输半挂车使用10年,集装箱半挂车20年,其他半挂车使用15年;

(十一)正三轮摩托车使用12年,其他摩托车使用13年。

对小、微型出租客运汽车(纯电动汽车除外)和摩托车,省、自治区、直辖市人民政府有关部门可结合本地实际情况,制定严于上述使用年限的规定,但小、微型出租客运汽车不得低于6年,正三轮摩托车不得低于10年,其他摩托车不得低于11年。

小、微型非营运载客汽车、大型非营运轿车、轮式专用机械车无使用年限限制。

机动车使用年限起始日期按照注册登记日期计算,但自出厂之日起超过2年未办理注册登记手续的,按照出厂日期计算。

第六条 变更使用性质或者转移登记的机动车应当按照下列有关要求确定使用年限和报废:

(一)营运载客汽车与非营运载客汽车相互转换的,按照营运载客汽车的规定报废,但小、微型非营运载客汽车和大型非营运轿车转为营运载客汽车的,应按照本规定附件1所列公式核算累计使用年限,且不得超过15年;

(二)不同类型的营运载客汽车相互转换,按照使用年限较严的规定报废;

(三)小、微型出租客运汽车和摩托车需要转出登记所属地省、自治区、直辖市范围的,按照使用年限较严的规定报废;

(四)危险品运输载货汽车、半挂车与其他载货汽车、半挂车相互转换的,按照危险品运输载货车、半挂车的规定报废。

距本规定要求使用年限1年以内(含1年)的机动车,不得变更使用性质、转移所有权或者转出登记地所属地市级行政区域。

第七条 国家对达到一定行驶里程的机动车引导报废。

达到下列行驶里程的机动车,其所有人可以将机动车交售给报废机动车回收拆解企业,由报废机动车回收拆解企业按规定进行登记、拆解、销毁等处理,并将报废的机动车登记证书、号牌、行驶证交公安机关交通管理部门注销:

(一)小、微型出租客运汽车行驶60万千米,中型出租客运汽车行驶50万千米,大型出租客运汽车行驶60万千米;

(二)租赁载客汽车行驶60万千米;

(三)小型和中型教练载客汽车行驶50万千米,大型教练载客汽车行驶60万千米;

(四)公交客运汽车行驶40万千米;

(五)其他小、微型营运载客汽车行驶60万千米,中型营运载客汽车行驶50万千米,大型营运载客汽车行驶80万千米;

(六)专用校车行驶40万千米;

(七)小、微型非营运载客汽车和大型非营运轿车行驶60万千米,中型非营运载客汽车行驶50万千米,大型非营运载客汽车行驶60万千米;

(八)微型载货汽车行驶50万千米,中、轻型载货汽车行驶60万千米,重型载货汽车(包括半挂牵引车和全挂牵引车)行驶70万千米,危险品运输载货汽车行驶40万千米,装用多缸发动机的低速货车行驶30万千米;

(九)专项作业车、轮式专用机械车行驶50万千米;

(十)正三轮摩托车行驶10万千米,其他摩托车行驶12万千米。

第八条 本规定所称机动车是指上道路行驶的汽车、挂车、摩托车和轮式专用机械车；非营运载客汽车是指个人或者单位不以获取利润为目的的自用载客汽车；危险品运输载货汽车是指专门用于运输剧毒化学品、爆炸品、放射性物品、腐蚀性物品等危险品的车辆；变更使用性质是指使用性质由营运转为非营运或者由非营运转为营运，小、微型出租、租赁、教练等不同类型的营运载客汽车之间的相互转换，以及危险品运输载货汽车转为其他载货汽车。本规定所称检验周期是指《中华人民共和国道路交通安全法实施条例》规定的机动车安全技术检验周期。

第九条 省、自治区、直辖市人民政府有关部门依据本规定第五条制定的小、微型出租客运汽车或者摩托车使用年限标准，应当及时向社会公布，并报国务院商务、公安、环境保护等部门备案。

第十条 上道路行驶拖拉机的报废标准规定另行制定。

第十一条 本规定自2013年5月1日起施行。2013年5月1日前已达到本规定所列报废标准的，应当在2014年4月30日前予以报废。《关于发布〈汽车报废标准〉的通知》(国经贸经〔1997〕456号)、《关于调整轻型载货汽车报废标准的通知》(国经贸经〔1998〕407号)、《关于调整汽车报废标准若干规定的通知》(国经贸资源〔2000〕1202号)、《关于印发〈农用运输车报废标准〉的通知》(国经贸资源〔2001〕234号)、《摩托车报废标准暂行规定》(国家经贸委、发展计划委、公安部、环保总局令〔2002〕第33号)同时废止。

附件(略)

剧毒化学品购买和公路运输许可证件管理办法

(中华人民共和国公安部令第77号)

第一条 为加强对剧毒化学品购买和公路运输的监督管理,保障国家财产和公民生命财产安全,根据《中华人民共和国道路交通安全法》《危险化学品安全管理条例》等法律、法规的规定,制定本办法。

第二条 除个人购买农药、灭鼠药、灭虫药以外,在中华人民共和国境内购买和通过公路运输剧毒化学品的,应当遵守本办法。

本办法所称剧毒化学品,按照国务院安全生产监督管理部门会同国务院公安、环保、卫生、质检、交通部门确定并公布的剧毒化学品目录执行。

第三条 国家对购买和通过公路运输剧毒化学品行为实行许可管理制度。购买和通过公路运输剧毒化学品,应当依照本办法申请取得《剧毒化学品购买凭证》《剧毒化学品准购证》和《剧毒化学品公路运输通行证》。未取得上述许可证件,任何单位和个人不得购买、通过公路运输剧毒化学品。

任何单位或者个人不得伪造、变造、买卖、出借或者以其他方式转让《剧毒化学品购买凭证》《剧毒化学品准购证》和《剧毒化学品公路运输通行证》,不得使用作废的上述许可证件。

第四条 公安机关应当坚持公开、公平、公正的原则,严格依照本办法审查核发剧毒化学品购买和公路运输许可证件,建立健全审查核发许可证件的管理档案,公开办理许可证件的公安机关主管部门的通信地址、联系电话、传真号码和电子信箱,并监督指导从业单位严格执行剧毒化学品购买和公路运输许可管理规定。

省级公安机关对核发的剧毒化学品购买凭证、准购证和公路运输通行证应当建立计算机数据库,包括证件编号、购买企业、运输企业、运输车辆、驾驶人、押运人员、剧毒化学品品名和数量、目的地、始发地、行驶路线等内容。数据库的项目和数据的格式应当全国统一。治安管理、交通管理部门应当建立信息共享或者通报制度。

第五条 经常需要购买、使用剧毒化学品的,应当持销售单位生产或者经营剧毒化学品资质证明复印件,向购买单位所在地设区的市级人民政府公安机关治安管理部门提出申请。符合要求的,由设区的市级人民政府公安机关负责人审批后,将盖有公安机关印章的《剧毒化学品购买凭证》成册发给购买或者使用单位保管、填写。

(一)生产危险化学品的企业申领《剧毒化学品购买凭证》时,应当如实填写《剧毒化学品购买凭证申请表》,并提交危险化学品生产企业安全生产许可证或者批准书的复印件。

(二)经营剧毒化学品的企业申领《剧毒化学品购买凭证》时,应当如实填写《剧毒化学品购买凭证申请表》,并提交危险化学品经营许可证(甲种)的复印件。

(三)其他生产、科研、医疗等经常需要使用剧毒化学品的单位申领《剧毒化学品购买凭证》时,应当如实填写《剧毒化学品购买凭证申请表》,并提交使用、接触剧毒化学品从业人员的上岗资格证的复印件。使用剧毒化学品从事生产的单位还应当提交危险化学品使用许可证、批准书或者其他相应的从业许可证明。

第六条 临时需要购买、使用剧毒化学品的,应当持销售单位生产或者经营剧毒化学品资质证明复印件,向购买单位所在地设区的市级人民政府公安机关治安管理部门提出申请。符合要求的,由设区的市级人民政府公安机关负责人审批签发《剧毒化学品准购证》。

申领《剧毒化学品准购证》时,应当如实填写《剧毒化学品准购证申请表》,并提交注明品名、数量、用途的单位证明。

第七条 对需要通过公路运输剧毒化学品的,以及单车运输气态、液态剧毒化学品超过五吨的,由签发《剧毒化学品购买凭证》《剧毒化学品准购证》的公安机关治安管理部门将证件编号、发证机关、剧毒化学品品名、数量等有关信息,向运输目的地县级人民政府公安机关交通管理部门通报并录入剧毒化学品公路运输安全管理数据库。具体通报办法由省级人民政府公安机关制定。

第八条 需要通过公路运输剧毒化学品的,应当向运输目的地县级人民政府公安机关交通管理部门申领《剧毒化学品公路运输通行证》。申领时,托运人应当如实填写《剧毒化学品公路运输通行证申请表》,同时提交下列证明文件和资料,并接受公安机关交通管理部门对运输车辆和驾驶人、押运人员的查验、审核:

(一)《剧毒化学品购买凭证》或者《剧毒化学品准购证》。

运输进口或者出口剧毒化学品的,应当提交危险化学品进口或者出口登记证。

(二)承运单位从事危险货物道路运输的经营(运输)许可证(复印件)、机动车行驶证、运输车辆从事危险货物道路运输的道路运输证。

运输剧毒化学品的车辆必须设置安装剧毒化学品道路运输专用标识和安全标示牌。安全标示牌应当标明剧毒化学品品名、种类、罐体容积、载质量、施救方法、运输企业联系电话。

(三)驾驶人的机动车驾驶证,驾驶人、押运人员的身份证件以及从事危险货物道路运输的上岗资格证。

(四)随《剧毒化学品公路运输通行证申请表》附运输企业对每辆运输车辆制作的运输路线图和运行时间表,每辆车拟运输的载质量。

承运单位不在目的地的,可以向运输目的地县级人民政府公安机关交通管理部门提出申请,委托运输始发地县级人民政府公安机关交通管理部门受理核发《剧毒化学品公路运输通行证》,但不得跨省(自治区、直辖市)委托。具体委托办法由省级人民政府公安机关制定。

第九条 公安机关交通管理部门受理申请后,应当及时审核和查验以下事项:

(一)审核证明文件的真实性,并与省级人民政府公安机关建立的剧毒化学品公路运输安全管理数据库进行比对,审核证明文件与运输单位、运输车辆、驾驶人和押运人员的同一性。

(二)审核驾驶人在一个记分周期内是否有交通违法记分满 12 分,或者有两次以上驾驶剧毒化学品运输车辆超载、超速记录。

(三)审核申请的通行路线和时间是否可能对公共安全构成威胁。

(四)查验运输车辆是否设置安装了剧毒化学品道路运输专用标识和安全标示牌,是否配备了主管部门规定的应急处理器材和防护用品,是否有非法改装行为,轮胎花纹深度是否符合国家标准,车辆定期检验周期的时间是否在有效期内。

(五)审核单车运输的数量是否超过行驶证核定载质量。

第十条 公安机关交通管理部门经过审核和查验后,应当按照下列情况分别处理:

(一)对证明文件真实有效,运输单位、运输车辆、驾驶人和押运人员符合规定,通行路线和时间对公共安全不构成威胁的,报本级公安机关负责人批准签发《剧毒化学品公路运输通行证》,每次运输一车一证,有效期不超过15天。

(二)对其他申请条件符合要求,但通行路线和时间有可能对公共安全构成威胁的,由公安机关交通管理部门变更通行路线和时间后,再予批准签发《剧毒化学品公路运输通行证》。

(三)对车辆定期检验合格标志已超过有效期或者在运输过程中将超过有效期的,没有设置专用标识、安全标示牌的,或者没有配备应急处理器材和防护用品,应当经过检验合格,补充有关设置,配齐有关器材和用品后,重新受理申请。

(四)对证明文件过期或者失效的,证明文件与计算机数据库记录比对结果不一致或者没有记录的,承运单位不具备运输危险化学品资质的,驾驶人、押运人员不具备上岗资格的,驾驶人交通违法记录不符合本办法要求的,或者车辆有非法改装行为或者安全状况不符合国家安全技术标准的,不予批准。

行驶路线跨越本县(市、区、旗)的,应当由县级人民政府公安机关交通管理部门报送上一级公安机关交通管理部门核准;行驶路线跨越本地(市、州、盟)或者跨省(自治区、直辖市)的,应当逐级上报到省级人民政府公安机关交通管理部门核准。由县级人民政府公安机关交通管理部门按照核准后的路线指定。对跨省(自治区、直辖市)行驶路线的指定,应当由所在地省级人民政府公安机关交通管理部门征得途径地省级人民政府公安机关交通管理部门同意。

第十一条 签发通行证后,发证的公安机关交通管理部门应当及时将发证信息发送到省级人民政府公安机关建立的剧毒化学品公路运输安全管理数据库,并通过书面或者信息系统通报沿线公安机关交通管理部门。跨县(市、区、旗)运输的,由设区的市级人民政府公安机关交通管理部门通报,跨地(市、州、盟)和跨省(自治区、直辖市)运输的,由省级人民政府公安机关交通管理部门通报。

对气态、液态剧毒化学品单车运输超过五吨的,签发通行证的公安机关交通管理部门应当报上一级公安机关交通管理部门备案。

具体通报和备案办法由省级人民政府公安机关制定。

第十二条 目的地、始发地和途径地公安机关交通管理部门应当通过信息系统或者采取其他方式及时了解剧毒化学品运输信息,加强对剧毒化学品运输车辆、驾驶人遵守道路交通安全法律规定情况的监督检查。

第十三条 申领《剧毒化学品购买凭证》《剧毒化学品准购证》的申请人或者申请人委托的代理人可以直接到公安机关提出书面申请,也可以通过信函、传真、电子邮件等形式提出申请。

第十四条 公安机关对申领单位提交的申请材料,应当按照下列规定分别处理:

(一)对符合申领条件的,应当当场受理并出具书面凭证。

（二）对申请材料不齐全或者不符合法定形式的，应当当场一次性告知需要补正的全部内容；申请材料存在的错误，可以当场更正的，应当允许申请人当场更正。

（三）对不属于本机关职权范围或者本办法所规定的许可事项的，应当即时作出不予受理的决定并出具书面凭证。

第十五条 对已经受理的申请，公安机关应当及时进行审查，并在三个工作日内作出批准或者不予批准的决定；对申请跨省（自治区、直辖市）运输需要勘察核定行驶线路的，应当在十个工作日内作出批准或者不予批准的决定。对批准的，应当即时填发剧毒化学品购买和公路运输许可证件，并于当日送达或者通知申请人领取；对不予批准的，应当告知申请人不予批准的理由，并出具不予批准的书面凭证。

第十六条 《剧毒化学品购买凭证》由发证公安机关成册核发给购买或者使用单位的，由该单位负责人按照制度规定审核签批使用。持证单位用完后应当及时将购买凭证的存根交回原发证公安机关核查存档。

已经领取《剧毒化学品购买凭证》的单位，应当建立规范的购买凭证保管、填写、审核、签批、使用制度，严格管理。因故不再需要使用时，应当及时将尚未使用的购买凭证连同已经使用的购买凭证的存根交回原发证公安机关核查存档。

第十七条 销售单位销售剧毒化学品时，应当收验《剧毒化学品购买凭证》或者《剧毒化学品准购证》，按照购买凭证或者准购证许可的品名、数量销售，并如实填写《剧毒化学品购买凭证》或者《剧毒化学品准购证》回执第一联和回执第二联，由购买经办人签字确认。

回执第一联由购买单位带回，并在保管人员签注接收情况后的七日内交原发证公安机关核查存档；回执第二联由销售单位在销售后的七日内交所在地县级人民政府公安机关治安管理部门核查存档。

第十八条 通过公路运输剧毒化学品的，应当遵守《中华人民共和国道路交通安全法》《危险化学品安全管理条例》等法律、法规对剧毒化学品运输安全的管理规定，悬挂警示标志，采取必要的安全措施，并按照《剧毒化学品公路运输通行证》载明的运输车辆、驾驶人、押运人员、装载数量、有效期限、指定的路线、时间和速度运输，禁止超载、超速行驶；押运人员应当随车携带《剧毒化学品公路运输通行证》，以备查验。

运输车辆行驶速度在不超过限速标志的前提下，在高速公路上不低于每小时 70 公里、不高于每小时 90 公里，在其他道路上不超过每小时 60 公里。

剧毒化学品运达目的地后，收货单位应当在《剧毒化学品公路运输通行证》上签注接收情况，并在收到货物后的七日内将《剧毒化学品公路运输通行证》送目的地县级人民政府公安机关治安管理部门备案存查。

第十九条 填写《剧毒化学品购买凭证》《剧毒化学品准购证》或者《剧毒化学品公路运输通行证》发生错误时，应当注明作废并保留存档备查，不得涂改；填写错误的《剧毒化学品购买凭证》，由持证单位负责交回原发证公安机关核查存档。

填写《剧毒化学品购买凭证》或者《剧毒化学品准购证》回执第一联、回执第二联发生错误确需涂改的，应当在涂改处加盖销售单位印章予以确认。

第二十条 未申领《剧毒化学品购买凭证》《剧毒化学品准购证》《剧毒化学品公路运输通行证》，擅自购买、通过公路运输剧毒化学品的，由公安机关依法采取措施予以制止，处以一万元以上三万元以下罚款;对已经购买了剧毒化学品的,责令退回原销售单位;对已经实施运输的,扣留运输车辆,责令购买、使用和承运单位共同派员接受处理;对发生重大事故,造成严重后果的,依法追究刑事责任。

第二十一条 提供虚假证明文件、采取其他欺骗手段或者贿赂等不正当手段,取得《剧毒化学品购买凭证》《剧毒化学品准购证》《剧毒化学品公路运输通行证》的,由发证的公安机关依法撤销许可证件,处以1000元以上一万元以下罚款。

对利用骗取的许可证件购买了剧毒化学品的,责令退回原销售单位。

利用骗取的许可证件通过公路运输剧毒化学品的,由公安机关依照《危险化学品安全管理条例》第六十七条第(一)项的规定予以处罚。

第二十二条 伪造、变造、买卖、出借或者以其他方式转让《剧毒化学品购买凭证》《剧毒化学品准购证》和《剧毒化学品公路运输通行证》,或者使用作废的上述许可证件的,由公安机关依照《危险化学品安全管理条例》第六十四条的规定予以处罚。

第二十三条 《剧毒化学品购买凭证》或者《剧毒化学品准购证》回执第一联、回执第二联填写错误时,未按规定在涂改处加盖销售单位印章予以确认的,由公安机关责令改正,处以500元以上1000元以下罚款。

未按规定填写《剧毒化学品购买凭证》和《剧毒化学品准购证》回执记录剧毒化学品销售、购买信息的,由公安机关依照《危险化学品安全管理条例》第六十一条的规定予以处罚。

第二十四条 通过公路运输剧毒化学品未随车携带《剧毒化学品公路运输通行证》的,由公安机关责令提供已依法领取《剧毒化学品公路运输通行证》的证明,处以500元以上1000元以下罚款。

除不可抗力外,未按《剧毒化学品公路运输通行证》核准载明的运输车辆、驾驶人、押运人员、装载数量、有效期限、指定的路线、时间和速度运输剧毒化学品的,尚未造成严重后果的,由公安机关对单位处以1000元以上一万元以下罚款,对直接责任人员依法给予治安处罚;构成犯罪的,依法追究刑事责任。

第二十五条 违反本办法的规定,有下列行为之一的,由原发证公安机关责令改正,处以500元以上1000元以下罚款:

(一)除不可抗力外,未在规定时限内将《剧毒化学品购买凭证》《剧毒化学品准购证》的回执交原发证公安机关或者销售单位所在地县级人民政府公安机关核查存档的;

(二)除不可抗力外,未在规定时限内将《剧毒化学品公路运输通行证》交目的地县级人民政府公安机关备案存查的;

(三)未按规定将已经使用的《剧毒化学品购买凭证》的存根或者因故不再需要使用的《剧毒化学品购买凭证》交回原发证公安机关核查存档的;

(四)未按规定将填写错误的《剧毒化学品购买凭证》注明作废并保留交回原发证公安机关核查存档的。

第二十六条 当事人对公安机关依照本办法作出的具体行政行为不服的,可以依法申请行政复议或者提起行政诉讼。

第二十七条 公安机关及其人民警察在工作中,有下列行为之一的,对直接负责的主管人员和其他直接责任人员依法给予行政处分;构成犯罪的,依法追究刑事责任:

(一)为不符合申领条件的单位发证的;

(二)除不可抗力外,不按本办法规定的时限办理许可证件的;

(三)索取、收受当事人贿赂或者谋取其他利益的;

(四)对违反本办法的行为不依法追究法律责任的;

(五)违反法律、法规、本办法的规定实施处罚或者收取费用的;

(六)其他滥用职权、玩忽职守、徇私舞弊的。

第二十八条 本办法规定的《剧毒化学品购买凭证》《剧毒化学品准购证》和《剧毒化学品公路运输通行证》由公安部统一印制;其他法律文书式样由公安部制定,各发证公安机关自行印制;各类申请书式样由公安部制定,申领单位根据需要自行印制。

第二十九条 在中华人民共和国境内通过城市道路运输剧毒化学品的,参照本办法关于通过公路运输剧毒化学品的规定执行。

第三十条 本办法自 2005 年 8 月 1 日起施行。

易制毒化学品购销和运输管理办法

(中华人民共和国公安部令第87号)

第一章　总　　则

第一条　为加强易制毒化学品管理,规范购销和运输易制毒化学品行为,防止易制毒化学品被用于制造毒品,维护经济和社会秩序,根据《易制毒化学品管理条例》,制定本办法。

第二条　公安部是全国易制毒化学品购销、运输管理和监督检查的主管部门。

县级以上地方人民政府公安机关负责本辖区内易制毒化学品购销、运输管理和监督检查工作。

各省、自治区、直辖市和设区的市级人民政府公安机关禁毒部门应当设立易制毒化学品管理专门机构,县级人民政府公安机关应当设专门人员,负责易制毒化学品的购买、运输许可或者备案和监督检查工作。

第二章　购销管理

第三条　购买第一类中的非药品类易制毒化学品的,应当向所在地省级人民政府公安机关申请购买许可证;购买第二类、第三类易制毒化学品的,应当向所在地县级人民政府公安机关备案。取得购买许可证或者购买备案证明后,方可购买易制毒化学品。

第四条　个人不得购买第一类易制毒化学品和第二类易制毒化学品。

禁止使用现金或者实物进行易制毒化学品交易,但是个人合法购买第一类中的药品类易制毒化学品药品制剂和第三类易制毒化学品的除外。

第五条　申请购买第一类中的非药品类易制毒化学品和第二类、第三类易制毒化学品的,应当提交下列申请材料:

(一)经营企业的营业执照(副本和复印件),其他组织的登记证书或者成立批准文件(原件和复印件),或者个人的身份证明(原件和复印件);

(二)合法使用需要证明(原件)。

合法使用需要证明由购买单位或者个人出具,注明拟购买易制毒化学品的品种、数量和用途,并加盖购买单位印章或者个人签名。

第六条　申请购买第一类中的非药品类易制毒化学品的,由申请人所在地的省级人民政府公安机关审批。负责审批的公安机关应当自收到申请之日起十日内,对申请人提交的申请材料进行审查。对符合规定的,发给购买许可证;不予许可的,应当书面说明理由。

负责审批的公安机关对购买许可证的申请能够当场予以办理的,应当当场办理;对材料不齐备需要补充的,应当一次告知申请人需补充的内容;对提供材料不符合规定不予受理的,应当书面说明理由。

第七条 公安机关审查第一类易制毒化学品购买许可申请材料时，根据需要，可以进行实地核查。遇有下列情形之一的，应当进行实地核查：

（一）购买单位第一次申请的；

（二）购买单位提供的申请材料不符合要求的；

（三）对购买单位提供的申请材料有疑问的。

第八条 购买第二类、第三类易制毒化学品的，应当在购买前将所需购买的品种、数量，向所在地的县级人民政府公安机关备案。公安机关受理备案后，应当于当日出具购买备案证明。

自用一次性购买五公斤以下且年用量五十公斤以下高锰酸钾的，无须备案。

第九条 易制毒化学品购买许可证一次使用有效，有效期一个月。

易制毒化学品购买备案证明一次使用有效，有效期一个月。对备案后一年内无违规行为的单位，可以发给多次使用有效的备案证明，有效期六个月。

对个人购买的，只办理一次使用有效的备案证明。

第十条 经营单位销售第一类易制毒化学品时，应当查验购买许可证和经办人的身份证明。对委托代购的，还应当查验购买人持有的委托文书。

委托文书应当载明委托人与被委托人双方情况、委托购买的品种、数量等事项。

经营单位在查验无误、留存前两款规定的证明材料的复印件后，方可出售第一类易制毒化学品；发现可疑情况的，应当立即向当地公安机关报告。

经营单位在查验购买方提供的许可证和身份证明时，对不能确定其真实性的，可以请当地公安机关协助核查。公安机关应当当场予以核查，对于不能当场核实的，应当于三日内将核查结果告知经营单位。

第十一条 经营单位应当建立易制毒化学品销售台账，如实记录销售的品种、数量、日期、购买方等情况。经营单位销售易制毒化学品时，还应当留存购买许可证或者购买备案证明以及购买经办人的身份证明的复印件。

销售台账和证明材料复印件应当保存二年备查。

第十二条 经营单位应当将第一类易制毒化学品的销售情况于销售之日起五日内报当地县级人民政府公安机关备案，将第二类、第三类易制毒化学品的销售情况于三十日内报当地县级人民政府公安机关备案。

备案的销售情况应当包括销售单位、地址，销售易制毒化学品的种类、数量等，并同时提交留存的购买方的证明材料复印件。

第十三条 第一类易制毒化学品的使用单位，应当建立使用台账，如实记录购进易制毒化学品的种类、数量、使用情况和库存等，并保存二年备查。

第十四条 购买、销售和使用易制毒化学品的单位，应当在易制毒化学品的出入库登记、易制毒化学品管理岗位责任分工以及企业从业人员的易制毒化学品知识培训等方面建立单位内部管理制度。

第三章　运输管理

第十五条 运输易制毒化学品，有下列情形之一的，应当申请运输许可证或者进行备案：

(一)跨设区的市级行政区域(直辖市为跨市界)运输的；

(二)在禁毒形势严峻的重点地区跨县级行政区域运输的。禁毒形势严峻的重点地区由公安部确定和调整,名单另行公布。

运输第一类易制毒化学品的,应当向运出地的设区的市级人民政府公安机关申请运输许可证。

运输第二类易制毒化学品的,应当向运出地县级人民政府公安机关申请运输许可证。

运输第三类易制毒化学品的,应当向运出地县级人民政府公安机关备案。

第十六条 运输供教学、科研使用的一百克以下的麻黄素样品和供医疗机构制剂配方使用的小包装麻黄素以及医疗机构或者麻醉药品经营企业购买麻黄素片剂六万片以下、注射剂一万五千支以下,货主或者承运人持有依法取得的购买许可证明或者麻醉药品调拨单的,无须申请易制毒化学品运输许可。

第十七条 因治疗疾病需要,患者、患者近亲属或者患者委托的人凭医疗机构出具的医疗诊断书和本人的身份证明,可以随身携带第一类中的药品类易制毒化学品药品制剂,但是不得超过医用单张处方的最大剂量。

第十八条 运输易制毒化学品,应当由货主向公安机关申请运输许可证或者进行备案。申请易制毒化学品运输许可证或者进行备案,应当提交下列材料：

(一)经营企业的营业执照(副本和复印件),其他组织的登记证书或者成立批准文件(原件和复印件),个人的身份证明(原件和复印件)；

(二)易制毒化学品购销合同(复印件)；

(三)经办人的身份证明(原件和复印件)。

第十九条 负责审批的公安机关应当自收到第一类易制毒化学品运输许可申请之日起十日内,收到第二类易制毒化学品运输许可申请之日起三日内,对申请人提交的申请材料进行审查。对符合规定的,发给运输许可证;不予许可的,应当书面说明理由。

负责审批的公安机关对运输许可申请能够当场予以办理的,应当当场办理;对材料不齐备需要补充的,应当一次告知申请人需补充的内容;对提供材料不符合规定不予受理的,应当书面说明理由。

运输第三类易制毒化学品的,应当在运输前向运出地的县级人民政府公安机关备案。公安机关应当在收到备案材料的当日发给备案证明。

第二十条 负责审批的公安机关对申请人提交的申请材料,应当核查其真实性和有效性,其中查验购销合同时,可以要求申请人出示购买许可证或者备案证明,核对是否相符;对营业执照和登记证书(或者成立批准文件),应当核查其生产范围、经营范围、使用范围、证照有效期等内容。

公安机关审查第一类易制毒化学品运输许可申请材料时,根据需要,可以进行实地核查。遇有下列情形之一的,应当进行实地核查：

(一)申请人第一次申请的；

(二)提供的申请材料不符合要求的；

(三)对提供的申请材料有疑问的。

第二十一条 对许可运输第一类易制毒化学品的，发给一次有效的运输许可证，有效期一个月。

对许可运输第二类易制毒化学品的，发给三个月多次使用有效的运输许可证；对第三类易制毒化学品运输备案的，发给三个月多次使用有效的备案证明；对于领取运输许可证或者运输备案证明后六个月内按照规定运输并保证运输安全的，可以发给有效期十二个月的运输许可证或者运输备案证明。

第二十二条 承运人接受货主委托运输，对应当凭证运输的，应当查验货主提供的运输许可证或者备案证明，并查验所运货物与运输许可证或者备案证明载明的易制毒化学品的品种、数量等情况是否相符；不相符的，不得承运。

承运人查验货主提供的运输许可证或者备案证明时，对不能确定其真实性的，可以请当地人民政府公安机关协助核查。公安机关应当当场予以核查，对于不能当场核实的，应当于三日内将核查结果告知承运人。

第二十三条 运输易制毒化学品时，运输车辆应当在明显部位张贴易制毒化学品标识；属于危险化学品的，应当由有危险化学品运输资质的单位运输；应当凭证运输的，运输人员应当自启运起全程携带运输许可证或者备案证明。承运单位应当派人押运或者采取其他有效措施，防止易制毒化学品丢失、被盗、被抢。

运输易制毒化学品时，还应当遵守国家有关货物运输的规定。

第二十四条 公安机关在易制毒化学品运输过程中应当对运输情况与运输许可证或者备案证明所载内容是否相符等情况进行检查。交警、治安、禁毒、边防等部门应当在交通重点路段和边境地区等加强易制毒化学品运输的检查。

第二十五条 易制毒化学品运出地与运入地公安机关应当建立情况通报制度。运出地负责审批或者备案的公安机关应当每季度末将办理的易制毒化学品运输许可或者备案情况通报运入地同级公安机关，运入地同级公安机关应当核查货物的实际运达情况后通报运出地公安机关。

第四章 监督检查

第二十六条 县级以上人民政府公安机关应当加强对易制毒化学品购销和运输等情况的监督检查，有关单位和个人应当积极配合。对发现非法购销和运输行为的，公安机关应当依法查处。

公安机关在进行易制毒化学品监督检查时，可以依法查看现场、查阅和复制有关资料、记录有关情况、扣押相关的证据材料和违法物品；必要时，可以临时查封有关场所。

被检查的单位或者个人应当如实提供有关情况和材料、物品，不得拒绝或者隐匿。

第二十七条 公安机关应当对依法收缴、查获的易制毒化学品安全保管。对于可以回收的，应当予以回收；对于不能回收的，应当依照环境保护法律、行政法规的有关规定，交由有资质的单位予以销毁，防止造成环境污染和人身伤亡。对收缴、查获的第一类中的药品类易制毒化学品的，一律销毁。

保管和销毁费用由易制毒化学品违法单位或者个人承担。违法单位或者个人无力承担的，该费用在回收所得中开支，或者在公安机关的禁毒经费中列支。

第二十八条 购买、销售和运输易制毒化学品的单位应当于每年三月三十一日前向所在地县级公安机关报告上年度的购买、销售和运输情况。公安机关发现可疑情况的,应当及时予以核对和检查,必要时可以进行实地核查。

有条件的购买、销售和运输单位,可以与当地公安机关建立计算机联网,及时通报有关情况。

第二十九条 易制毒化学品丢失、被盗、被抢的,发案单位应当立即向当地公安机关报告。接到报案的公安机关应当及时立案查处,并向上级公安机关报告。

第五章 法律责任

第三十条 违反规定购买易制毒化学品,有下列情形之一的,公安机关应当没收非法购买的易制毒化学品,对购买方处非法购买易制毒化学品货值十倍以上二十倍以下的罚款,货值的二十倍不足一万元的,按一万元罚款;构成犯罪的,依法追究刑事责任:

(一)未经许可或者备案擅自购买易制毒化学品的;

(二)使用他人的或者伪造、变造、失效的许可证或者备案证明购买易制毒化学品的。

第三十一条 违反规定销售易制毒化学品,有下列情形之一的,公安机关应当对销售单位处一万元以下罚款;有违法所得的,处三万元以下罚款,并对违法所得依法予以追缴;构成犯罪的,依法追究刑事责任:

(一)向无购买许可证或者备案证明的单位或者个人销售易制毒化学品的;

(二)超出购买许可证或者备案证明的品种、数量销售易制毒化学品的。

第三十二条 货主违反规定运输易制毒化学品,有下列情形之一的,公安机关应当没收非法运输的易制毒化学品或者非法运输易制毒化学品的设备、工具;处非法运输易制毒化学品货值十倍以上二十倍以下罚款,货值的二十倍不足一万元的,按一万元罚款;有违法所得的,没收违法所得;构成犯罪的,依法追究刑事责任:

(一)未经许可或者备案擅自运输易制毒化学品的;

(二)使用他人的或者伪造、变造、失效的许可证运输易制毒化学品的。

第三十三条 承运人违反规定运输易制毒化学品,有下列情形之一的,公安机关应当责令停运整改,处五千元以上五万元以下罚款:

(一)与易制毒化学品运输许可证或者备案证明载明的品种、数量、运入地、货主及收货人、承运人等情况不符的;

(二)运输许可证种类不当的;

(三)运输人员未全程携带运输许可证或者备案证明的。

个人携带易制毒化学品不符合品种、数量规定的,公安机关应当没收易制毒化学品,处一千元以上五千元以下罚款。

第三十四条 伪造申请材料骗取易制毒化学品购买、运输许可证或者备案证明的,公安机关应当处一万元罚款,并撤销许可证或者备案证明。

使用以伪造的申请材料骗取的易制毒化学品购买、运输许可证或者备案证明购买、运输易制毒化学品的,分别按照第三十条第一项和第三十二条第一项的规定处罚。

第三十五条 对具有第三十条、第三十二条和第三十四条规定违法行为的单位或个人,自作出行政处罚决定之日起三年内，公安机关可以停止受理其易制毒化学品购买或者运输许可申请。

第三十六条 违反易制毒化学品管理规定，有下列行为之一的，公安机关应当给予警告，责令限期改正，处一万元以上五万元以下罚款；对违反规定购买的易制毒化学品予以没收；逾期不改正的，责令限期停产停业整顿；逾期整顿不合格的，吊销相应的许可证：

（一）将易制毒化学品购买或运输许可证或者备案证明转借他人使用的；

（二）超出许可的品种、数量购买易制毒化学品的；

（三）销售、购买易制毒化学品的单位不记录或者不如实记录交易情况、不按规定保存交易记录或者不如实、不及时向公安机关备案销售情况的；

（四）易制毒化学品丢失、被盗、被抢后未及时报告，造成严重后果的；

（五）除个人合法购买第一类中的药品类易制毒化学品药品制剂以及第三类易制毒化学品外，使用现金或者实物进行易制毒化学品交易的；

（六）经营易制毒化学品的单位不如实或者不按时报告易制毒化学品年度经销和库存情况的。

第三十七条 经营、购买、运输易制毒化学品的单位或者个人拒不接受公安机关监督检查的，公安机关应当责令其改正，对直接负责的主管人员以及其他直接责任人员给予警告；情节严重的，对单位处一万元以上五万元以下罚款，对直接负责的主管人员以及其他直接责任人员处一千元以上五千元以下罚款；有违反治安管理行为的，依法给予治安管理处罚；构成犯罪的，依法追究刑事责任。

第三十八条 公安机关易制毒化学品管理工作人员在管理工作中有应当许可而不许可、不应当许可而滥许可，不依法受理备案，以及其他滥用职权、玩忽职守、徇私舞弊行为的，依法给予行政处分；构成犯罪的，依法追究刑事责任。

第三十九条 公安机关实施本章处罚，同时应当由其他行政主管机关实施处罚的，应当通报其他行政机关处理。

第六章 附 则

第四十条 本办法所称“经营单位”，是指经营易制毒化学品的经销单位和经销自产易制毒化学品的生产单位。

第四十一条 本办法所称“运输”，是指通过公路、铁路、水上和航空等各种运输途径，使用车、船、航空器等各种运输工具，以及人力、畜力携带、搬运等各种运输方式使易制毒化学品货物发生空间位置的移动。

第四十二条 易制毒化学品购买许可证和备案证明、运输许可证和备案证明、易制毒化学品管理专用印章由公安部统一规定式样并监制。

第四十三条 本办法自2006年10月1日起施行。《麻黄素运输许可证管理规定》（公安部令第52号）同时废止。

附件（略）

第四部分

安全生产相关地方性法规

浙江省道路运输条例

（2012年3月31日浙江省第十一届人民代表大会常务委员会第三十二次会议通过）

第一章　总　　则

第一条　为了维护道路运输市场秩序，保障道路运输安全，保护当事人的合法权益，促进道路运输业的健康发展，根据《中华人民共和国道路运输条例》和其他有关法律、行政法规的规定，结合本省实际，制定本条例。

第二条　在本省行政区域内从事道路运输经营、道路运输相关业务经营和相关管理活动，适用本条例。

本条例所称的道路运输经营，是指单位或者个人以汽车为他人提供道路旅客运输或者道路货物运输服务的经营活动，包括班车客运、包车客运、公共汽车客运、出租汽车客运等道路旅客运输经营和道路货物运输经营。

本条例所称的道路运输相关业务经营，包括道路运输站（场）经营、机动车维修经营和营运车辆维修质量检验经营、机动车驾驶员培训经营和汽车租赁经营。

第三条　道路运输发展应当遵循统筹规划、合理引导、安全便捷、节能环保的原则，并按照综合高效、优势互补的要求，与轨道、水路、航空和管道等其他运输方式合理衔接、协调发展。

道路运输管理应当遵循公平、公正、公开、便民和保障安全的原则。

第四条　县级以上人民政府应当加强对道路运输工作的领导，根据国民经济和社会发展规划，制定本行政区域道路运输发展规划，构建社会化、专业化、信息化、智能化的现代道路运输服务体系，提高道路运输公共服务能力。

道路运输管理和应急运输保障所需经费纳入部门预算，由同级财政予以保障。

第五条　县级以上人民政府交通运输主管部门主管本行政区域内的道路运输管理工作；其所属的道路运输管理机构负责具体实施道路运输管理工作。

县级以上人民政府其他有关部门应当按照各自职责做好道路运输管理的相关工作。

第六条　道路运输和道路运输相关业务经营者，应当依法经营、诚实守信、公平竞争，为服务对象提供安全、便捷、优质的服务。

鼓励成立道路运输相关行业协会，发挥行业协会在维护道路运输市场秩序、保障道路运输安全和促进道路运输业发展等方面的作用。

第二章　道路运输经营

第一节　班车客运、包车客运

第七条　道路运输管理机构应当按照道路运输发展规划，结合客运市场供求状况和普遍服务、方便群众等要求,确定班车客运(包括定线旅游客运,下同)线路的拟开通计划,并将拟开通计划在省、市道路运输管理机构信息服务网站定期集中公告。

班车客运线路营运权应当采取服务质量招标方式授予经营者;投标人仅有一个的,由道路运输管理机构作出是否许可的决定。

第八条 班车客运经营者应当按照核定的班车客运线路从事客运经营活动,提供的服务质量应当符合承诺标准。

班车客运经营者应当在核定的经营期限内向公众提供连续的运输服务,不得转让客运班线营运权,不得擅自暂停或者终止班线营运;需要暂停或者终止班线营运的,应当提前三十日报经原许可机关同意。原许可机关同意暂停或者终止班线营运的,应当依法安排其他经营者从事班线营运或者提前向公众公告终止班线营运。

班车客运经营者不得途中甩客、站外揽客。

第九条 包车客运(包括非定线旅游客运,下同)经营者应当持包车合同或者其他有效凭证,按照约定的车辆、时间、起讫地和线路营运,不得招揽包车合同以外的旅客乘车。

第十条 道路运输管理机构依法许可班车客运、包车客运后,应当对经营者已取得车辆营运证的车辆配发规定的客运标志牌。

第十一条 车辆因客观原因无法行驶的,班车客运、包车客运经营者应当安排旅客改乘或者退票,不得加收费用;因经营者及其驾驶人员、乘务人员的过错造成旅客漏乘、误乘的,经营者应当根据旅客要求安排改乘或者退票,并依法承担相应的赔偿责任。

第二节　公共汽车客运

第十二条 县级以上人民政府应当在财政政策、用地保障、设施建设、道路交通管理等方面支持公共汽车客运发展,合理设置公共汽车专用道、港湾式停靠站和优先通行信号系统,鼓励社会公众选择公共交通方式出行。

各级人民政府应当采取措施,提高乡村班车公交化水平,为农村居民出行提供安全、便捷、经济的客运服务。

第十三条 公共汽车客运线路营运权应当采取招标等公平方式授予经营者。

取得公共汽车客运线路营运权的经营者在投入营运前,应当取得市、县道路运输管理机构核发的经营许可证。

申请经营许可证,应当符合下列条件:

(一)有企业法人资格;

(二)有符合规定标准的公共汽(电)车和场站等设施;

(三)有符合规定条件的驾驶人员以及与营运业务相适应的其他专业人员和管理人员;

(四)有健全的安全生产管理制度、服务质量保障制度以及相应的责任承担能力;

(五)法律、法规规定的其他条件。

第十四条 公共汽车客运经营者应当遵守下列规定:

(一)按照核定的线路、站点、车次和时间营运;

(二)为车辆配备线路走向示意图、价格表、乘客须知、禁烟标志、特殊乘客专用座位、监督投诉电话等服务设施和标志;

（三）制定从业人员安全运行、进出站台提示、乘运秩序维持和车辆卫生保持等操作规程并监督实施；

（四）依法应当遵守的其他规定。

第十五条 在城镇建成区范围内行驶的公共汽车可以设立站立乘员席。

除高速公路以外的三级以上公路的路况、站台设施、标志标线以及公共汽车车况和车辆行驶速度等符合安全保障要求的，市、县人民政府可以决定行经该公路的公共汽车设立站立乘员席。

第十六条 县级以上道路运输管理机构应当根据车况、高峰期乘客待车时间、乘客拥挤度、到站准时率等因素对公共汽车客运经营者服务质量进行定期考核，并根据考核结果予以奖惩。服务质量考核应当听取公众的意见，并向社会公布考核结果。

第三节 出租汽车客运

第十七条 客运出租汽车营运权应当采取服务质量招标方式授予经营者；市、县人民政府可以决定以其他公平方式授予经营者。

市、县人民政府应当根据本行政区域道路运输发展规划、市场供求状况和节能环保的要求，科学合理地确定客运出租汽车的投放数量和车型，制定客运出租汽车服务质量招标方案。招标方案应当明确经营期限、承运人责任险投保义务、服务质量等要求。

第十八条 客运出租汽车营运权期限不得超过八年，根据单车服务质量考核结果可以予以奖励延长，但奖励延长的期限不得超过四年。

市、县人民政府对客运出租汽车营运权收取有偿使用费的，应当对本行政区域内的所有经营者逐步按照相同标准收取有偿使用费，保证经营者公平负担。有偿使用费应当按年收取。

第十九条 市、县道路运输管理机构应当制定客运出租汽车服务质量考核办法，建立考核结果与单车营运期限延长等奖惩措施挂钩机制。服务质量考核应当包含乘客满意度测评的内容。

第二十条 取得客运出租汽车营运权的经营者在投入营运前，应当取得市、县道路运输管理机构核发的经营许可证。

申请经营许可证，应当符合下列条件：

（一）有符合规定条件的驾驶人员和规定标准的车辆；

（二）有健全的安全生产管理制度、服务质量保障制度以及相应的责任承担能力；

（三）有与经营规模相适应的管理人员；

（四）法律、法规规定的其他条件。

第二十一条 客运出租汽车应当按照规定喷刷车辆标志色，设置顶灯、防劫装置和专用待租、暂停营业的标志，安装计价器，在醒目位置标明起步价和车公里运价等运费标准、经营者名称或者姓名以及监督电话。

第二十二条 从事出租汽车客运服务的驾驶人员，应当按照国家有关规定取得从业资格证，并经从业资格注册后方可从事出租汽车客运服务。

第二十三条 客运出租汽车驾驶人员应当遵守下列规定：

(一)持经注册的从业资格证上岗,并在车辆醒目位置放置服务监督标志;

(二)按照规定使用客运出租汽车计价器;

(三)收取运费不得超过计价器明示的金额,但价格主管部门核准可以收取其他费用的除外;

(四)在核定的营运区域内营运,不得异地驻点营运;

(五)不得途中甩客、故意绕道,未经乘客同意不得拼载,显示空车时不得拒绝载客;

(六)依法应当遵守的其他规定。

第二十四条 客运出租汽车驾驶人员在机场、车站、码头、宾馆、商厦、医院等公共场所,应当依次候客经营。

任何单位和个人不得向客运出租汽车驾驶人员收取候客停车费或者变相收取其他费用。

第二十五条 鼓励出租汽车客运经营者实行员工化经营模式,依法与驾驶人员签订劳动合同。

出租汽车客运经营者与驾驶人员签订承包合同的,双方应当协商确定承包费、风险保证金等事项;承包费和风险保证金的数额不得高于县级以上道路运输管理机构规定的最高限额。

出租汽车客运经营者应当通过安排替班驾驶人员、免收驾驶人员必要休息时间班费和病假时间班费等方法,减轻驾驶人员劳动强度,保障驾驶人员休息休假权利。

第二十六条 市、县人民政府应当通过资金支持、场地保障等措施,鼓励建设客运出租汽车服务区,为出租汽车驾驶人员提供餐饮、车辆简单维护、洗车等服务。

市、县人民政府应当根据需要建设电话召车系统,为乘客召车提供便利。

第四节　货物运输经营

第二十七条 县级以上人民政府应当根据财力情况建立物流发展资金,支持物流信息互联互通和数据交换共享平台建设,推广应用物流先进设施设备,促进现代物流业发展。

第二十八条 鼓励采用集装箱车辆、封闭厢式车辆和重型车辆以及甩挂运输方式从事道路货物运输经营。

对采用前款规定车辆和方式从事道路货物运输经营的,应当给予通行费等方面的优惠。

第二十九条 鼓励发展货物配送和快递服务等货物运输,保障居民生活和生产的需要。

市、县人民政府及其有关部门应当采取措施,为城市货物配送和快递服务货运车辆进城通行、停靠、装卸作业等提供便利条件。

第三十条 道路危险货物运输经营者应当加强安全生产管理,配备专职安全管理人员,按照规定接入统一的危险货物运输信息管理平台,制定突发事件应急预案,严格落实各项安全措施。

道路危险货物运输经营者运输危险货物时,应当遵守危险货物运输线路、时间和速度等方面的有关规定,并采取必要措施防止危险货物发生燃烧、爆炸、辐射或者泄漏等事故。

第五节　共同规定

第三十一条　实行政府定价和政府指导价的公共汽车客运、出租汽车客运、班车客运，其经营者应当按照核定标准收取费用，并按照规定使用由税务部门监制的发票（车票）。

县级以上人民政府价格主管部门应当根据营运成本和城乡居民承受能力等因素，合理确定客运价格。公共汽车客运和乡村班车客运收入低于营运成本的，县级以上人民政府应当给予补贴。

第三十二条　道路运输营运车辆应当随车携带车辆营运证，班车和包车客运车辆还应当随车携带客运标志牌。

任何单位和个人不得伪造、涂改、转让、租借经营许可证、车辆营运证、客运标志牌或者使用伪造、涂改、转让、租借的经营许可证、车辆营运证、客运标志牌。

第三十三条　道路运输营运车辆应当符合国家和省规定的综合性能技术标准、污染物排放标准和燃料消耗量限值，按照国家和省规定的行驶间隔里程或者时间进行维护和综合性能检测以及技术等级评定。

鼓励道路运输经营者使用符合国家标准的清洁能源汽车从事道路运输。

第三十四条　道路旅客运输经营者应当为乘客提供良好的乘车环境，保持车辆安全、清洁、卫生，并采取必要的措施防止在运输过程中发生侵害乘客和司乘人员人身、财产安全的违法行为。

第三十五条　乘客不得携带易燃、易爆、剧毒、有放射性、腐蚀性等影响公共安全的物品乘车；货主不得在托运普通货物时夹带危险品以及其他禁运物品。

道路旅客运输经营者应当拒绝携带前款规定物品的乘客乘车，普通货物运输经营者不得承运夹带危险品以及其他禁运物品的货物。

乘客应当遵守乘运秩序，爱护乘运设施，保持车内卫生，不得违反规定携带宠物乘车；违反规定携带宠物乘车的，道路旅客运输经营者有权拒绝该乘客乘车。

第三十六条　县级以上人民政府应当建立道路应急运力储备和道路运输应急保障制度，定期组织开展演练，提高道路应急运输能力。

县级以上人民政府下达的抢险、救灾、战略物资等紧急道路运输任务和指令性计划运输，由同级人民政府交通运输主管部门组织实施。道路运输经营者应当服从统一调度，确保如期完成，由此发生的费用按照国家和省有关规定给予补偿。

第三十七条　班车客运经营者、包车客运经营者和危险货物运输经营者应当按照规定标准分别为旅客或者危险货物投保承运人责任险。

投保承运人责任险的最低限额由省交通运输主管部门会同省保险监督管理机构规定。国家另有规定的，从其规定。

第三十八条　包车客运车辆、三类以上客运班线车辆、客运出租汽车和危险货物运输车辆应当安装具有行驶记录功能的卫星定位终端设备。

驾驶人员应当按照规定使用卫星定位终端设备，保持完好并及时检定，不得擅自关闭。车辆所属单位应当加强对车辆安全行驶情况的动态监控。

公安机关交通管理等部门应当依法加强散装水泥运输车、混凝土搅拌车和自卸式重型砂土车等车辆的交通运输安全的管理。

第三章　道路运输相关业务经营

第一节　道路运输站(场)经营

第三十九条　道路旅客运输站(场)经营者应当合理安排客运班车的发班方式和时间,公平对待进站发班的客运车辆,不得拒绝接纳经道路运输管理机构批准的车辆进站(场)营运,不得擅自接纳未经道路运输管理机构批准的车辆进站(场)营运。客运班车的发班方式、发班时间的确定及变更,应当向市、县道路运输管理机构备案。

道路旅客运输经营者与道路旅客运输站(场)经营者对客运班车发班方式和发班时间的安排发生争议,且协商不成的,由市、县道路运输管理机构决定。

道路旅客运输站(场)经营者应当向公众提供真实有效的票务信息,按照规定接入统一的售票信息服务平台,并提供窗口、网络、电话等多种售票方式。

第四十条　道路运输站(场)经营者应当按照规定配备安全设施设备,设置安全标识,执行车辆进出站(场)安全检查和登记查验制度。

二级以上道路旅客运输站(场)应当按照规定配备并使用行包安全检查和视频监控设备。

旅客应当配合道路旅客运输站(场)经营者对行包的安全检查;拒不接受安全检查的,道路旅客运输站(场)经营者有权拒绝其乘车。

第四十一条　道路货物运输站(场)包括综合货运站(场)、零担货运站(场)、集装箱中转站(场)、物流中心等经营场所。道路货物运输站(场)经营服务包括货物集散服务、货运配载服务、货运代理服务和仓储理货服务。

道路货物运输站(场)经营者应当按照规定接入统一的物流信息服务平台,为进场的货运经营者提供信息支持和便捷、安全的配套服务。

第四十二条　货运配载、货运代理经营者应当将受理的运输货物交由有相应经营资格的承运人承运,不得承接按照规定应当办理准运手续而未办理的货物运输代理业务。

第四十三条　仓储理货经营者应当按照货物的性质、保管要求和有效期限,对货物分类存放,保证仓储货物完好。

第四十四条　市、县人民政府组织编制城市总体规划和批准交通运输相关专项规划时,应当合理确定道路运输站(场)布局和站(场)及其必要配套设施建设需要的规划用地面积,并通过资金补助等措施扶持站(场)建设。

新建、改建、扩建道路运输站(场),建设单位应当按照规定编制可行性研究报告,对站(场)的作业能力、功能定位、交通影响、区位布局合理性等进行分析评估。

道路运输站(场)建成后,应当按照批准或者核准的功能定位投入使用,不得擅自变更用途。

第二节　机动车维修经营和营运车辆维修质量检验经营

第四十五条　从事机动车维修经营的,其场地、设施设备、技术人员、管理制度以及环境保护措施应当符合机动车维修业开业的有关标准和要求。

第四十六条 机动车维修经营者应当遵守下列规定:

(一)按照国家有关技术规范对机动车进行维修,不得使用假冒伪劣配件维修机动车,保证维修质量,向托修方出具规定格式的机动车维修凭证;维修凭证应当载明维修部位、配件生产商名称、保修期限等内容;

(二)未经托修方同意不得擅自增减维修作业项目;

(三)对机动车进行整车修理、总成修理、二级维护的,应当采用机动车维修合同示范文本与托修方签订书面合同,并按照规定要求建立机动车维修档案。

第四十七条 机动车维修经营者对营运车辆进行整车修理、总成修理、二级维护的,作业完成后应当对车辆进行维修质量竣工检验;不具备检验能力的,应当委托其他取得经营许可的维修质量检验经营者进行检验,保证营运车辆安全性、动力性、经济性、污染物排放标准等符合国家和省规定的综合性能技术标准。

第四十八条 机动车维修经营者、机动车配件经销者应当按照规定建立配件采购登记制度,查验配件合格证书,记录配件的进货日期、供应商名称以及地址、产品名称、品牌、规格型号、适用车型等内容,保存能够证明进货来源的原始凭证。

机动车维修经营者、机动车配件经销者应当将配件分别标识,明码标价。

第四十九条 从事营运车辆维修质量检验经营的,应当具备下列条件:

(一)有符合车辆综合性能技术检验要求的检验场地以及设施设备;

(二)有必要的技术和管理人员;

(三)有健全的检验管理制度;

(四)法律、法规规定的其他条件。

申请营运车辆维修质量检验经营的,应当向省道路运输管理机构提出书面申请,并附送符合前款规定条件的相关证明材料。

第五十条 营运车辆维修质量检验经营者应当经省质量技术监督部门计量认证,取得计量认证合格证书后,方可从事营运车辆维修质量检验经营。

第五十一条 营运车辆维修质量检验经营者应当按照有关标准进行检验,确保检验结果准确,如实提供检验结果证明,并承担相应的法律责任。

营运车辆维修质量检验经营者应当在经营场所公布其收费项目和标准,按照规定收取费用。

营运车辆维修质量检验经营者应当为经其检验的机动车建立维修质量检验档案。

第三节 机动车驾驶员培训经营

第五十二条 从事机动车驾驶员培训经营的,其场地、设施设备、教学人员配备等应当符合机动车驾驶员培训开业的有关标准。

教练车辆应当符合有关技术标准,配备副制动器、副后视镜、灭火器以及培训学时计时管理设备,并取得经公安机关交通管理部门注册登记的教练车辆号牌。

第五十三条 机动车驾驶员培训教练员应当符合国家和省规定的条件,按照统一的教学大纲规范教学,并遵守下列规定:

(一)如实填写教学日志以及培训记录;
(二)不得索要学员财物;
(三)不得酒后教学;
(四)不得将教练车辆交给与教学无关的人员驾驶;
(五)不得同时使用两辆以上教练车从事驾驶培训;
(六)不得使用非教练车辆从事驾驶培训;
(七)在操作教学期间不得离岗。

第五十四条 机动车驾驶员培训经营者应当遵守下列规定:
(一)与学员签订机动车驾驶员培训合同,明确双方权利义务;
(二)在核定的教学场地和公安机关交通管理部门指定的教练路线、时间进行培训;
(三)如实签署培训记录,建立教学日志、学员档案;
(四)不得利用非教练车辆从事驾驶培训经营;
(五)增减教练车辆的,自增减发生之日起二十日内向市、县道路运输管理机构备案。

第五十五条 道路运输管理机构应当加强对机动车驾驶员培训过程的监管。公安机关交通管理部门在受理机动车驾驶证考试科目申请时,应当按照国家规定查验机动车驾驶员培训经营者出具的培训记录。

公安机关交通管理部门、道路运输管理机构应当建立驾驶员培训考试、发证等信息共享机制。

第四节 汽车租赁经营

第五十六条 从事汽车租赁经营的,应当在依法取得工商营业执照之日起二十日内将营业执照和车辆信息,报送市、县道路运输管理机构备案。

第五十七条 汽车租赁经营者应当遵守下列规定:
(一)租赁车辆的综合性能技术等级达到二级以上;
(二)与承租人签订汽车租赁书面合同,明确双方权利义务;
(三)不得出租十座以上客运车辆,但出租给单位作为员工固定班车的除外。

汽车租赁经营者从事道路运输经营活动的,应当取得相应道路经营许可。未经许可,不得从事或者变相从事包车客运等道路运输经营活动。

第五十八条 在车辆租赁期间,因承租人、驾驶人员过错发生交通违法、交通责任事故以及其他因承租人、驾驶人员行为造成租赁车辆被扣押、丢失等后果的,由承租人依法承担责任。法律、行政法规另有规定的,从其规定。

第五十九条 道路运输管理机构应当建立健全监督检查制度,依法对道路运输和道路运输相关业务经营活动进行监督检查。

相关经营者应当接受并配合检查,如实提供有关情况和材料。

第六十条 道路运输和道路运输相关业务经营者应当在经营许可证、车辆营运证期限届满前提出延续申请;期限届满未提出延续申请,经公告后仍不提出延续申请的,由原许可机关注销经营许可证、车辆营运证。

第六十一条 道路运输管理机构工作人员在执行检查任务时,应当持有效执法证件,按照规定着装，佩戴标志，文明执法。

道路运输监督检查专用车辆，应当设置统一、便于识别的道路运输稽查标志和示警灯。

第六十二条 道路运输管理机构应当严格按照法定权限和程序进行监督检查。

道路运输管理机构应当重点在道路运输和道路运输相关业务经营场所、客货集散地、高速公路收费站及服务区、经省人民政府批准设立的检查站，依法对道路运输和道路运输相关业务经营活动实施监督检查。

道路运输管理机构在公路路口进行监督检查时，不得拦截正常行驶的道路运输车辆，但拦截已发现有违法经营行为嫌疑的车辆或者被举报有违法经营行为嫌疑的车辆除外。

第六十三条 道路运输管理机构在实施道路运输监督检查过程中，对没有车辆营运证又无法当场提供其他有效证件的经营车辆，可以予以扣押；但对其中客运公共汽车、客运出租汽车，应当由交通运输主管部门予以扣押，法律、行政法规另有规定的，从其规定。

车辆扣押机关应当对车载乘客改乘其他车辆提供帮助，所需费用由经营者承担；车载的鲜活物品或者易腐烂、易变质物品，由车辆当事人自行及时处理，车辆扣押机关应当给予必要协助。

对车辆依法解除扣押后，车辆扣押机关应当通知当事人限期领取车辆；当事人逾期不领取的，逾期之日起的车辆保管费用由当事人承担。经再次通知限期领取，当事人逾期超过六十日仍不领取的，车辆扣押机关可以依法处理该车辆。

第六十四条 道路运输管理机构应当建立健全公开办事和举报投诉制度，接受社会监督，并确保举报投诉电话有人负责接听；对当事人的举报投诉应当受理，并在受理之日起二十日内作出答复和处理。

第六十五条 省交通运输主管部门应当建立健全道路运输和道路运输相关业务经营者服务质量和信用考核制度，提高和促进道路运输业的服务质量和信用建设。

第六十六条 道路运输管理机构应当按照规定收集、统计、公布道路运输经营和管理等相关信息，建立道路运输公共服务信息系统，为公众和相关经营者提供必要、方便的信息服务。

道路运输和道路运输相关业务经营者应当按照规定向道路运输管理机构和统计部门报送相关统计资料和信息。统计资料和信息应当保证真实、准确、完整，不得漏报、瞒报。

第六十七条 县级以上人民政府交通运输、公安机关交通管理、安全生产、国土资源、气象等部门应当加强沟通协作和信息共享，做好雾霾、台风、冰雪等极端天气情况下的道路运输安全预报、预警、预防，共同做好道路运输安全工作，防止重大交通事故发生。

第六十八条 公安机关交通管理部门与道路运输管理机构应当建立营运车辆违法行为处理以及交通事故处置联动机制。

营运车辆驾驶人员被公安机关交通管理部门撤销机动车驾驶许可或者吊销机动车驾驶证的，原许可机关应当相应吊销其从业资格证。

第六十九条 道路运输和道路运输相关业务经营者应当建立安全管理档案和安全情况报告制度，按照规定向道路运输管理机构报告道路运输安全情况。

发生有人员死亡的道路交通事故的，事故车辆的经营者应当在规定时间内向有关部门和车籍地道路运输管理机构报告，不得瞒报、谎报、漏报或者迟报。道路运输管理机构接到报告后,应当在规定时间内报告本级交通运输主管部门和上级道路运输管理机构。

第四章　法律责任

第七十条　违反本条例规定的行为,有关法律、法规已有法律责任规定的,从其规定。

第七十一条　违反本条例规定,有下列行为之一的,由县级以上道路运输管理机构责令停止经营,没收违法所得,并处一万元以上五万元以下罚款:

(一)未取得经营许可证、车辆营运证或者使用伪造、涂改、转让、租借、失效的经营许可证、车辆营运证从事公共汽车或者出租汽车客运经营的;

(二)转让或者变相转让客运班线营运权的;

(三)未取得经营许可证或者使用伪造、涂改、转让、租借、失效的经营许可证从事营运车辆维修质量检验经营的。

第七十二条　知道或者应当知道属于未经许可的道路运输经营行为而为其提供车辆的,由县级以上道路运输管理机构责令停止违法行为,没收违法所得,并处二千元以上二万元以下罚款。

第七十三条　违反本条例规定,营运车辆维修质量检验经营者提供虚假车辆检验报告的,由县级以上道路运输管理机构责令改正,没收违法所得,并处一万元以上五万元以下罚款,可以对直接负责的主管人员和直接责任人员处二千元以上一万元以下罚款;情节严重的,由原许可机关吊销经营许可证。

违反本条例规定,营运车辆维修质量检验经营者未按规定建立机动车维修质量检验档案的,由县级以上道路运输管理机构责令改正,处二千元以上二万元以下罚款;情节严重的,由原许可机关吊销经营许可证。

第七十四条　道路运输和道路运输相关业务经营者未按规定对已经核准的车辆进行维护和检验、使用不符合相应综合性能技术标准的车辆、改变已经核准的场地或者设施设备等许可条件,导致其与相应许可条件不符的,由县级以上道路运输管理机构责令限期改正,处一千元以上五千元以下罚款;逾期不改正的,由原许可机关吊销车辆营运证、经营许可证。

第七十五条　违反本条例规定,有下列情形之一的,由县级以上道路运输管理机构责令改正,处三百元以上三千元以下罚款,可以并处暂扣三十日以下车辆营运证、从业资格证;情节严重的,由原许可机关吊销车辆营运证、从业资格证、经营许可证或者取消相应客运班线营运权:

(一)包车客运经营者招揽包车合同以外的旅客乘车的;

(二)班车客运经营者途中甩客、站外揽客的;

(三)公共汽车客运经营者有违反本条例第十四条规定行为的;

(四)出租汽车客运经营者有违反本条例第二十一条规定行为的;

(五)客运出租汽车驾驶人员有违反本条例第二十三条规定行为的;

(六)包车客运车辆、三类以上客运班线车辆、客运出租汽车和危险货物运输车辆的经营者和驾驶人员,未按规定安装和使用具有行驶记录功能的卫星定位终端设备的;

(七)机动车驾驶员培训教练员有违反本条例第五十三条规定行为的;

(八)道路运输和道路运输相关业务经营者未按规定实施安全生产管理制度,或者未按规定期限报告道路运输安全情况或者隐瞒、拖延不报、谎报道路运输安全事故的。

第七十六条 违反本条例规定，有下列情形之一的，由县级以上道路运输管理机构责令改正，处一千元以上一万元以下罚款；情节严重的，由原许可机关吊销经营许可证：

（一）道路危险货物运输经营者、道路运输站（场）经营者未按规定接入统一管理或者服务信息平台的；

（二）道路旅客运输站（场）经营者对进站（场）的客运班车的发班方式、发班时间未按规定备案或者拒不执行道路运输管理机构关于客运班车发班方式和发班时间决定，或者未按规定配备并使用行包安全检查设备的；

（三）货运配载、货运代理经营者有违反本条例第四十二条规定行为的；

（四）机动车维修经营者有违反本条例第四十六条、第四十七条和第四十八条第一款规定行为的；

（五）机动车驾驶员培训经营者有违反本条例第五十四条规定行为的；

（六）道路运输和道路运输相关业务经营者聘用无法定从业资格证的人员从事道路运输和道路运输相关业务经营活动的；

（七）道路运输和道路运输相关业务经营者未按规定向道路运输管理机构报送相关统计资料和信息的。

第七十七条 汽车租赁经营者有违反本条例第五十六条和第五十七条第一款规定行为的，由县级以上道路运输管理机构责令改正，处一千元以上一万元以下罚款。

第七十八条 道路运输经营者未按本条例规定随车携带车辆营运证、客运标志牌的，由县级以上道路运输管理机构责令改正，处警告或者二十元以上二百元以下罚款。

第七十九条 县级以上人民政府交通运输主管部门及其道路运输管理机构和其他有关部门的工作人员有下列行为之一的，由有权机关依法给予处分；构成犯罪的，由司法机关依法追究刑事责任：

（一）未按相关法律、行政法规和本条例规定的条件、程序和期限实施行政许可的；

（二）发现违法行为不及时依法查处的；

（三）违反法定权限和程序实施监督检查、行政处罚的；

（四）索取、收受他人财物，或者谋取其他非法利益的；

（五）其他违法行为。

第五章　附　　则

第八十条 本条例下列用语的含义：

（一）班车客运，是指营运客车在城乡道路上按照固定的线路、时间、站点、班次运行的一种客运方式，包括直达班车客运和普通班车客运。

（二）包车客运，是指以运送团体旅客为目的，将营运客车提供给客户安排使用，由经营者提供驾驶劳务，按照约定的起讫地、目的地、线路、时间行驶，并由客户按照约定支付费用的一种客运方式。

（三）公共汽车客运，是指利用公共汽（电）车和公共交通设施，在市、县人民政府确定的范围内按照固定的线路、站点、车次和时间运行，为社会公众提供基本出行服务且具有社会公益性质的一种客运方式。

(四)服务质量招标方式,是指通过公开招标,对参加投标的客运经营者的质量信誉情况、经营规模、运力结构和安全保障措施、服务质量承诺、营运方案等因素进行综合评价,择优确定客运经营者的许可方式。

第八十一条 从事非经营性道路危险货物运输的,应当遵守本条例有关经营性道路危险货物运输的规定。

校车的安全管理依照法律、法规规定执行;道路旅客运输经营者从事学生上下学接送服务经营的,应当同时遵守本条例有关道路旅客运输的规定。

第八十二条 本条例自2012年7月1日起施行。2001年4月19日浙江省第九届人民代表大会常务委员会第二十六次会议通过、2005年9月30日浙江省第十届人民代表大会常务委员会第二十次会议修订的《浙江省道路运输管理条例》同时废止。

浙江省消防条例

（2010年5月28日浙江省第十一届人民代表大会常务委员会第十八次会议通过；2016年5月27日浙江省第十二届人民代表大会常务委员会第二十九次会议第一次修改；2017年11月30日浙江省第十二届人民代表大会常务委员会第四十五次会议第二次修改）

第一章　总　　则

第一条　为了预防火灾和减少火灾危害，加强应急救援工作，保护人身、财产安全，维护公共安全，根据《中华人民共和国消防法》（以下简称消防法）和其他有关法律、行政法规，结合本省实际，制定本条例。

第二条　本省行政区域内的消防工作和相关应急救援工作，适用本条例。

法律、法规对消防工作及其监督管理另有规定的，从其规定。

第三条　各级人民政府负责本行政区域内的消防工作，并将消防工作纳入国民经济和社会发展计划，保障消防工作与经济社会发展相适应。

县级以上人民政府公安机关对本行政区域内的消防工作实施监督管理，并由本级人民政府公安机关消防机构负责实施。

县级以上人民政府其他有关部门，按照法律、法规和本级人民政府确定的职责，做好相关系统、行业的消防工作。

县级以上人民政府在开发区（工业园区）设立的管理机构，依照本级人民政府赋予的职责，做好管理区域内的消防工作。

第四条　单位应当加强消防安全管理，建立健全消防安全责任制和消防安全规章制度，落实消防安全的主体责任。

单位的主要负责人是本单位的消防安全责任人，应当对本单位的消防安全全面负责，落实消防安全工作所需经费和人员，组织实施各项消防安全制度。

第五条　公民应当遵守消防法律、法规，学习防火、灭火常识以及逃生技能，安全用火、用电、用气，增强自防自救互救能力。

任何单位和个人发现消防安全违法行为和消防设施不能正常使用等情形，有权进行投诉、举报。

第六条　鼓励、支持运用大数据、物联网、云计算等先进技术，推进智慧消防建设。

鼓励、支持社会力量开展消防公益活动和消防宣传、火灾预防等志愿服务活动。鼓励单位和个人捐资用于消防设施和消防装备建设。

县级以上人民政府可以根据本地实际安排消防公益性专项预算，用于抚恤、救助在执勤训练、扑救火灾和应急救援中伤亡的人员。

第二章　消防职责

第七条　县级以上人民政府应当履行下列消防工作职责：

(一)建立健全消防安全委员会制度,确定成员单位工作职责,研究解决消防工作重大问题;

(二)将公共消防设施建设和地方消防经费纳入本级财政预算,并保障资金投入;

(三)制订并组织实施年度及重点防火期消防工作计划;

(四)组织有关部门开展消防安全检查;

(五)对区域性火灾隐患和严重影响公共安全的重大火灾隐患实行挂牌督办;

(六)对下一级人民政府完成年度消防工作责任目标情况进行考核,对本级人民政府有关部门履行消防安全职责的情况进行检查、考核;

(七)其他依法应当履行的消防工作职责。

第八条　县级以上消防安全委员会应当履行下列消防工作职责:

(一)定期分析、通报本行政区域的消防安全形势,及时协调解决消防工作中的重大问题;

(二)协调成员单位开展消防安全专项治理和消防安全宣传教育培训;

(三)督促成员单位落实本系统、本行业的消防安全管理责任;

(四)组织实施年度消防工作责任目标考核;

(五)本级人民政府确定的其他消防工作。

消防安全委员会的成员单位应当根据本系统、本行业的特点,加强消防安全管理,定期组织开展消防安全检查,及时督促整改火灾隐患,落实消防安全管理责任和措施。

第九条　乡(镇)人民政府、街道办事处应当履行下列消防工作职责:

(一)建立健全消防安全组织,确定消防安全管理人员,落实消防安全网格化管理措施;

(二)按照上级人民政府和有关部门的部署,组织开展消防安全专项治理和消防安全检查,督促消除火灾隐患;

(三)根据当地经济发展和消防工作需要,建立专职消防队、志愿消防队;

(四)指导、帮助村(居)民委员会开展群众性的消防安全宣传教育工作,普及家庭防火知识;

(五)上级人民政府交办的其他消防工作。

第十条　公安机关消防机构应当履行下列消防工作职责:

(一)依法实施建设工程消防设计审核、消防验收、备案和抽查以及公众聚集场所投入使用、营业前的消防安全检查;

(二)实施消防监督检查,依法处理消防安全违法行为,督促火灾隐患整改,及时报告、通报重大火灾隐患;

(三)定期分析消防安全形势,提出改善消防安全环境的建议,并提请公安机关报告本级人民政府;

(四)制定灭火作战预案并进行实地演练,实施火灾扑救和有关应急救援,依法调查火灾事故;

（五）对有关部门开展相关系统、行业的消防安全管理工作进行业务指导；

（六）对专职消防队、志愿消防队等消防组织进行业务指导；

（七）其他依法应当履行的消防工作职责。

第十一条 公安派出所应当履行下列消防工作职责：

（一）开展消防安全宣传教育，督促和指导村（居）民委员会、物业服务企业等有关单位落实消防安全措施；

（二）开展日常消防监督检查，按照国家和省有关规定处理消防安全违法行为；

（三）协助公安机关消防机构开展火灾事故调查；

（四）国家和省公安机关规定的其他消防工作职责。

第十二条 村（居）民委员会应当履行下列消防工作职责：

（一）确定消防安全管理人，制定防火安全公约，进行防火安全检查，组织开展群众性的消防安全宣传教育；

（二）协助乡（镇）人民政府、街道办事处和有关部门、公安机关消防机构进行消防安全检查，及时报告火灾隐患；

（三）协助有关部门、公安机关消防机构开展火灾扑救、火灾现场保护和火灾事故处理等工作。

第十三条 消防安全重点单位应当按照消防安全标准实行规范化管理，除履行消防法规定的职责外，还应当履行下列消防安全职责：

（一）落实岗位消防安全责任，定期开展防火检查；

（二）将每日防火巡查记录存档，存档期限不得少于一年；

（三）立即消除巡查、检查发现的火灾隐患；确实不能立即消除的，应当制定整改方案，明确整改时限和措施。

消防安全重点单位应当按照规定组织开展消防安全评估，评估结果应当报当地公安机关消防机构备案。消防安全评估发现的问题，消防安全重点单位应当及时整改。

消防安全评估办法由省公安机关会同有关部门制定，报省人民政府批准后施行。

第十四条 从事家庭生产加工、农家乐、民宿等生产经营活动的，应当落实消防安全措施，配备必要的消防设施、器材，做好消防安全工作；农家乐、民宿的消防安全具体要求，由省人民政府另行制定。

有固定生产经营场所且具有一定规模的个体工商户，应当履行消防法规定的单位消防安全职责。

第十五条 综合楼、商住楼、居民住宅区的业主或者业主委员会，可以委托物业服务企业或者其他管理人对共用的疏散通道、安全出口和消防车通道进行统一管理，对共用的消防设施、器材进行维护。

业主或者业主委员会自行管理建筑物及其附属设施的，应当明确管理组织或者人员，对建筑物的消防安全实行统一管理。

提倡居民家庭配备灭火器和独立式火灾探测报警器等消防器材。

第十六条 物业服务企业应当在其管理区域内履行下列消防安全职责：

（一）建立健全消防安全制度，落实消防安全措施；

(二)对共用消防设施、器材和疏散通道、安全出口、消防车通道、消防车登高场地按规定进行维护管理;

(三)开展防火巡查和定期检查,及时消除火灾隐患;不能及时消除的,应当报告业主委员会或者公安机关消防机构、公安派出所;

(四)物业服务合同依法约定的其他消防安全职责。

物业服务企业对占用、堵塞、封闭疏散通道、安全出口、消防车通道和消防车登高场地的行为,应当予以劝阻、制止,业主或者业主委员会应当予以配合;对不听劝阻、制止的,应当及时向公安机关消防机构或者公安派出所报告。

没有成立业主委员会,也没有委托物业服务企业统一管理的居民住宅区,由村(居)民委员会负责消防安全日常管理。

第三章 火灾预防

第十七条 各级人民政府应当根据本地经济社会发展和消防工作的实际需要,将包括消防安全布局、消防站、消防供水、消防通信、消防车通道、消防装备等内容的消防规划纳入城乡规划,并负责组织实施。经依法批准的消防规划,未经法定程序批准不得修改。

公共消防设施建设应当与城乡其他基础设施建设同步实施。公共消防设施、消防装备不足或者不适应实际需要的,公安机关应当书面报告本级人民政府;接到报告的人民政府应当及时组织有关部门进行增建、改建、配置或者技术改造。

供水、电力、通信管理等部门应当督促供水、供电、电信企业保障公共消防设施的正常使用。

第十八条 建筑物耐火等级低且公共消防设施不适应防火和灭火需要的建筑密集区,当地人民政府应当有计划地组织实施改造,或者采取防火分隔、提高耐火等级、增设消防车通道和消防供水设施等措施,改善消防安全条件,提高防火、灭火能力。

不可移动文物、历史建筑的管理人或者使用人,应当按照消防技术标准或者防火安全保障方案,建立健全消防安全管理制度,设置禁止烟火的标志,严格用火管理,落实电气防火措施,消除火灾隐患。

第十九条 县(市、区)、乡(镇)人民政府、街道办事处应当加强对农村消防工作的领导,采取措施加强农村消防水源、适合消防车通行的道路等公共消防设施建设,提高农村防火灭火能力。

农村设有生产生活供水管网的,应当设置室外公共消火栓;利用河流、池塘等天然水源作为消防水源的,应当设置便于消防车和水泵取水的设施;取水困难的,应当修建消防水池等储水设施,配置消防水泵等设备。

第二十条 因城乡建设需要,确需拆除、迁移公共消防设施的,建设单位在依法报经有关部门批准后,报县级公安机关消防机构备案。其中,迁移公共消防设施的,还应当符合消防规划。

公安机关消防机构发现公共消防设施不能正常使用的,应当及时通知有关部门和单位采取措施,恢复正常使用。

第二十一条 对不符合消防规划的建设项目,城乡规划主管部门不得核发建设用地规划许可证和建设工程规划许可证。

依法应当进行消防设计审核的建设工程，未经依法审核或者经审核不合格的，建设主管部门不得核发施工许可证。

依法应当进行消防验收的建设工程，未经消防验收或者消防验收不合格的，禁止投入使用；其他建设工程经依法抽查不合格的，应当停止使用。

第二十二条 公安机关消防机构依法实施建设工程消防设计审核、备案抽查时，应当审查建设工程消防设计文件是否符合国家工程建设消防技术标准强制性要求，并自受理之日起十五个工作日内出具审核意见，或者自确定检查对象之日起十五个工作日内公告抽查结果。

公安机关消防机构可以委托具有相应资质的机构审查建设工程消防设计文件。受委托的机构应当保证审查工作质量，并对其出具的审查意见负责。

第二十三条 建设单位不得擅自修改经公安机关消防机构审核合格的建设工程消防设计；确需修改的，应当重新申请消防设计审核。

建设单位不得擅自修改已报公安机关消防机构备案的建设工程消防设计；确需修改的，应当自修改之日起七个工作日内重新报公安机关消防机构备案。

第二十四条 公安机关消防机构对依法需要消防验收的建设工程，应当按照建设工程消防验收评定标准对已经消防设计审核合格的内容组织消防验收。

建设单位提供具备相应资质的测绘机构出具的竣工综合测绘报告和具备相应资质的专业检测机构出具的消防设施检测报告的，公安机关消防机构可以予以认可。

第二十五条 任何单位和个人不得擅自改变经公安机关消防机构验收合格或者备案的建筑物、场所的使用性质；确需改变的，应当向公安机关消防机构重新申请消防验收或者备案。

建筑物的外墙装修装饰、建筑屋面使用以及广告牌的设置，不得影响防火、逃生和灭火救援。

第二十六条 公众聚集场所应当确定消防安全管理人和消防安全疏散引导员，开展防火巡查，确保安全出口和疏散通道畅通；并通过视频、在醒目位置张贴图片等方式，提示安全出口和疏散路线。

公共娱乐场所在营业期间不得带入、存放、使用烟花爆竹以及其他易燃易爆危险品。

第二十七条 用于居住的出租房屋，应当符合消防安全要求；居住人数较多的出租房屋，应当提高消防安全要求。消防安全的具体要求由省公安机关会同有关部门制定，报省人民政府批准后施行。

出租人应当遵守下列消防安全管理规定：

（一）发现火灾隐患及时消除或者通知承租人消除；

（二）对承租人改变房屋使用功能和结构是否符合消防安全要求进行监督；

（三）发现承租人有消防安全违法行为的，及时制止；

（四）国家和省规定的其他消防安全要求。

承租人应当遵守下列消防安全管理规定：

（一）对承租房屋内的消防设施、器材进行日常管理；

(二)改变房屋使用功能和结构的,应当符合消防安全要求;

(三)发现火灾隐患及时消除或者通知出租人消除;

(四)国家和省规定的其他消防安全要求。

第二十八条 新建、改建、扩建养老机构、福利机构,应当按照消防技术标准设置相关消防设施。

已建的养老机构、福利机构,未按照消防技术标准设置相关消防设施的,应当在县级人民政府确定的期限内设置独立式火灾探测报警器、简易喷淋等设备、器材。

第二十九条 企业集体宿舍、居住人数较多的出租房屋、居民住宅区以及其他停放电动车较多的单位,应当设置电动车集中停放、充电场所,设置符合用电安全要求的充电设施,采取防火分隔措施。因客观条件无法设置集中停放、充电场所的,物业服务企业或者其他管理人应当加强日常管理,做好巡查、检查工作。

禁止在疏散通道、安全出口、楼梯间停放电动车。禁止违反用电安全要求私拉电线和插座给电动车充电。

第三十条 生产、储存、经营易燃易爆危险品的场所不得与居住场所设置在同一建筑物内,并应当与居住场所保持安全距离。

生产、储存、经营其他物品的场所确需与居住场所设置在同一建筑物内的,应当按照国家消防安全技术要求,采取防火分隔措施,设置疏散、火灾自动报警等设施,加强用火用电管理,确保场所消防安全;对有条件的场所,推广使用自动灭火设施。

第三十一条 车辆、船舶等交通工具应当按照国家和省有关规定配备用于灭火救援和火灾防护、逃生的消防设施、器材。

公共交通运营单位应当加强对工作人员的消防安全教育培训,提高工作人员使用灭火器材和组织、引导乘客及时疏散的技能;并通过广播、电视、宣传手册等形式,向乘客宣传消防设施、器材的使用方法和逃生自救等消防安全知识。

第三十二条 建设工程施工现场的消防安全由施工单位负责。施工单位应当按照消防技术标准和消防安全规定,建立健全施工现场消防安全制度,落实消防安全措施,设置与施工进度相适应的消防设施、器材,保持消防车通道畅通,加强用火用电管理,消除火灾隐患。

第三十三条 单位、个人敷设电线、燃气管道和使用电器产品、燃气用具应当符合消防安全规定,及时更新老化电气线路,不得违反消防安全规定用电、用气。

供电企业应当定期对供电设施、电气线路进行检测,及时更换、改造老化供电设施和电气线路;加强用电管理,配合公安机关消防机构开展电气消防安全检查,督促电气火灾隐患的整改。

对用电单位和个人超负荷用电、违规拉线接电等可能引发火灾事故的行为,供电企业应当及时予以制止,电力运行管理部门可以依法中止供电。

第三十四条 自动消防系统应当由具有相应资质的单位安装,并由符合国家规定条件的单位每年至少进行一次全面检测,检测报告存档期限不得少于三年。

消防控制室实行二十四小时双人值班制度;与消防远程监控系统联网的,可以实行单人值班。值班操作人员应当持消防职业资格证上岗,掌握火警处置及启动消防设施设备的程序和方法,确保及时发现并准确处理火灾和故障报警。

第三十五条 建筑区划内的共用消防设施和器材的维修、更新、改造所需经费,保修期内由建设单位承担;保修期满后,按照国家和省有关规定在物业专项维修资金中列支。

未设立物业专项维修资金或者专项维修资金不足的,前款规定的经费由业主按照约定承担;没有约定或者约定不明确的,由业主按照房屋权属证书登记的面积占建筑物总面积的比例分摊。

共用消防设施和器材严重失修,存在重大火灾隐患,经公安机关消防机构责令改正通知后,建设单位或者业主不进行维修、更新、改造的,由所在地县级人民政府组织或者指定有关单位代为维修、更新、改造,所需费用按照本条第一款、第二款规定执行。

第三十六条 县级以上人民政府应当采取措施,鼓励、引导宾馆、饭店、商场、商品交易市场、公共娱乐场所等公众聚集场所和生产、储存、运输、销售易燃易爆危险品的企业投保火灾公众责任保险。火灾高危单位应当按照国家有关规定参加火灾公众责任保险。

保险机构在承保前可以对投保单位进行火灾风险评估。投保单位的消防安全状况,作为确定和调整火灾公众责任保险费率的依据之一。

火灾高危单位由县级以上公安机关消防机构在消防安全重点单位中确定,并由公安机关报本级人民政府备案。

第三十七条 征信机构可以将消防安全违法行为处罚、重大火灾隐患等情况纳入信用记录。

第三十八条 消防技术服务机构和执业人员,应当依照国家有关规定获得相应的资质、资格。

消防行业协会应当加强行业自律,组织制定行业管理制度和执业准则,规范执业行为,提高服务质量。

其他有关行业协会应当根据行业特点,按照章程对本行业的消防安全工作提供技术指导服务,发挥行业服务和行业监督作用。

第四章 宣传教育培训

第三十九条 各级人民政府应当根据本地实际,制定并组织实施年度消防宣传教育培训计划,提高公民消防安全意识和素质。有条件的地方可以通过政府购买服务,组织开展消防安全宣传教育培训。

鼓励乡(镇)人民政府、街道办事处整合现有宣传教育资源,建立消防安全宣传教育培训实践场所,为公众提供免费的消防安全常识培训服务。

鼓励、支持社会力量从事消防职业教育和消防安全培训。

第四十条 公安机关及其消防机构应当加强消防法律、法规、规章及消防安全技术、知识的宣传教育;协调有关部门指导、监督社会消防安全教育培训工作;加强互联网公共消防服务平台建设,通过移动通信客户端开展网络消防宣传教育和管理服务。

教育、人力资源社会保障等部门应当将消防知识编入中小学地方教材和职业培训教材,督促学校、各类培训机构组织开展多种形式的消防安全宣传教育活动。

住房和城乡建设、文化、新闻出版广电、安全生产监督管理、旅游等部门应当结合本系统、本行业特点,开展消防宣传教育工作,并将消防安全知识纳入有关岗位培训及考核内容。

科学技术、司法行政等部门应当将消防知识和消防法律、法规纳入科普、普法教育内容。

报刊、广播、电视等新闻媒体应当开设消防安全宣传教育栏目,开展公益性消防安全宣传教育,定期开展消防安全提示性宣传、火灾安全警示教育和自救互救知识普及活动。

工会、共产主义青年团和妇女联合会等团体应当结合各自工作对象的特点,组织开展消防宣传教育。

第四十一条 单位应当按照国家有关规定开展消防安全宣传教育培训工作和有针对性的应急疏散演练,提高本单位人员预防火灾、扑救初起火灾、疏散逃生自救等能力。

消防安全重点单位应当每半年至少组织开展一次灭火和应急疏散演练。学校及其他教育机构应当定期对师生开展消防安全、用火用电知识和火场自救互救、逃生常识的教育,每学年至少组织开展一次应急疏散演练。

消防安全管理人员应当了解与本单位有关的消防规定、标准等知识,经过必要的消防安全培训。鼓励消防安全管理人员取得注册消防工程师资格。

第四十二条 每年11月为全省消防安全宣传月,11月9日为全省消防日。在消防安全宣传月、消防日,各级人民政府应当集中开展消防安全宣传教育活动。

第五章 消防组织和灭火救援

第四十三条 县级人民政府应当根据经济社会发展的需要,按照消防法律、法规、规章规定的要求和消防规划,组织建立专职消防队。

符合消防法规定的单位应当建立专职消防队,承担本单位的火灾扑救。具体单位名录由省公安机关确定,并报省人民政府备案。

第四十四条 专职消防队应当经当地公安机关消防机构验收合格后,方可投入执勤。专职消防队的组建、管理、使用和保障,应当符合国家和省有关规定。

专职消防队不得擅自撤销。因组建单位被撤销或者分立、合并以及其他情形,确需撤销或者重新改造、组建的,应当报当地公安机关消防机构备案。

专职消防队的组建单位应当逐步改善和提高专职消防队员的待遇,按照规定为专职消防队员办理社会保险、住房公积金和人身意外伤害保险。专职消防队员的工资待遇应当与其职业的高危险性相适应。

第四十五条 单位以及村(居)民委员会应当根据需要,建立志愿消防队等多种形式的消防组织,开展群众性自防自救工作。志愿消防队等消防组织建立后,应当报当地公安机关消防机构备案。

第四十六条 公安消防队、专职消防队应当按照国家标准配备火灾扑救和应急救援装备,增强灭火救援能力,并实行二十四小时值勤。

公安消防队、专职消防队应当熟悉辖区内的道路、消防水源、消防安全重点单位分布和重大危险源等基本情况,开展实地、联合演练,提高演练的针对性和消防队的实战能力。有关部门和单位应当予以配合。

志愿消防队应当定期组织开展消防技能训练,提高火灾扑救和防火检查能力。

第四十七条 县级以上人民政府应当根据本行政区域灭火救援工作的需要,组织建立消防调度指挥中心和设置消防应急救援通信专网,并根据本地实际需要,组织建立危险化学品信息共享平台。

公安、环境保护、交通运输、安全生产监督管理、气象等部门和供水、供电、供气、通信、医疗救护等单位，应当按照职责做好灭火救援相关工作。

第四十八条 任何单位发生火灾，必须立即疏散人员并组织力量扑救，向实施火灾扑救的消防队提供火灾现场的相关信息。

火灾扑灭后，发生火灾的单位和有关人员应当按照公安机关消防机构的要求保护现场，接受事故调查，如实提供与火灾有关的情况。未经公安机关消防机构同意，任何人不得擅自进入火灾现场，不得擅自清理、移动火灾现场物品。

第六章 监督检查

第四十九条 公安机关消防机构应当根据年度火灾统计分析反映的主要起火原因、建筑类型、区域和产业分布，以消防安全重点单位、重点区域和重点行业为主要对象，制定年度消防监督检查计划，对有关单位和场所进行随机抽查。

第五十条 公安机关消防机构应当健全消防监督检查工作制度，建立执法档案，定期向社会公布年度火灾统计分析、消防监督检查结果和影响公共安全的火灾隐患，自觉接受社会监督。

公安机关消防机构依法进行消防监督检查时，有权采取下列措施：

（一）查阅、复制有关单位的消防安全文件、记录、证书；

（二）抽查测试消防设施、器材、消防安全标志，抽查有关人员消防知识、技能掌握情况；

（三）询问有关消防安全情况；

（四）对发现的火灾隐患，通知有关单位或者个人立即采取措施消除。

公安机关消防机构应当如实记录监督检查的情况和处理结果，监督检查记录经检查人员和被检查单位有关人员签名后归档。

第五十一条 公安机关消防机构在消防监督检查时，发现具有下列情形之一，不及时消除火灾隐患可能严重威胁公共安全的，应当依法对危险部位或者场所采取临时查封措施：

（一）疏散通道、安全出口严重不足或者严重堵塞，已不具备安全疏散条件的；

（二）自动消防系统、室内消火栓等建筑消防设施严重损坏，不再具备防火灭火功能的；

（三）人员密集场所违反消防安全规定，使用、储存易燃易爆危险品的；

（四）公众聚集场所违反消防技术标准，采用易燃、可燃材料装修，可能导致重大人员伤亡的；

（五）其他可能严重威胁公共安全的火灾隐患。

第五十二条 公安机关消防机构应当会同有关部门建立健全消防安全信息通报和执法协作机制。对执法中发现的违法行为，属于其他部门管辖的，应当通报有关部门；有关部门应当依法及时查处。

第五十三条 公安机关消防机构、公安派出所接到对消防安全违法行为和公共消防设施不能正常使用等情形的投诉、举报，应当及时登记、受理，并按照下列时限进行实地核查：

（一）对投诉、举报占用、堵塞、封闭疏散通道、安全出口或者其他妨碍安全疏散行为，以及毁坏、擅自拆除或者停用消防设施的，应当在二十四小时内进行核查；

(二)对第一项以外的投诉、举报,应当在三个工作日内进行核查。

核查后,应当依法处理,并将处理情况及时告知投诉人或者举报人。对不属于公安机关消防机构、公安派出所职责的,应当告知投诉人或者举报人向有权处理的部门投诉、举报。

第五十四条 乡(镇)人民政府、街道办事处组织开展消防安全专项治理和消防安全检查时,有权进入有关单位和场所进行检查,调阅有关资料,向有关单位和人员了解情况;对检查中发现的消防安全违法行为或者火灾隐患,应当责令立即改正或者责令限期采取措施消除。

有关单位和个人应当对乡(镇)人民政府、街道办事处的消防安全专项治理和消防安全检查工作予以配合。

公安机关消防机构可以委托乡(镇)、街道符合法定条件的组织,对有关违反消防安全管理的行为依法实施行政处罚。

第五十五条 根据国家和省有关规定聘用的消防文职人员,经培训考试合格后可以协助公安机关消防机构工作人员从事建设工程消防监督管理、消防监督检查、一般火灾事故调查等执法工作。

第七章 法律责任

第五十六条 违反本条例规定的行为,法律、行政法规已有法律责任规定的,从其规定。

本条例规定的行政处罚,由公安机关消防机构决定。

第五十七条 违反本条例第二十三条第一款规定,未重新申请消防设计审核的,责令停止施工,并处三万元以上三十万元以下罚款。

违反本条例第二十三条第二款规定,未重新备案的,责令限期改正,处五百元以上五千元以下罚款。

第五十八条 违反本条例第二十五条第一款规定,未重新申请消防验收的,责令停止使用或者停产停业,并处一万元以上十万元以下罚款;未重新备案的,责令限期改正,处五百元以上五千元以下罚款。

违反本条例第二十五条第二款规定,建筑物的外墙装修装饰、建筑屋面使用以及广告牌的设置影响防火、逃生的,责令限期改正;逾期不改正的,处二千元以上二万元以下罚款,并依法予以拆除。

第五十九条 违反本条例第二十七条第一款规定,用于居住的出租房屋不符合消防安全要求的,责令限期改正;逾期不改正,出租人是单位的,对单位处三千元以上三万元以下罚款,出租人是个人的,对个人处五百元以上五千元以下罚款。

违反本条例第二十七条第三款规定,承租人改变房屋使用功能和结构,不符合消防安全要求的,责令限期改正;逾期不改正的,处五百元以上五千元以下罚款。

第六十条 违反本条例第二十九条第二款规定,在疏散通道、安全出口、楼梯间停放电动车,或者私拉电线和插座给电动车充电的,责令改正,处五十元以上二百元以下罚款。

第六十一条 违反本条例第三十二条规定,施工现场未落实消防安全措施的,责令限期改正;逾期不改正的,责令停止施工,并处二千元以上二万元以下罚款。

第六十二条 违反本条例第三十四条规定,自动消防系统未定期检测、消防控制室未实行二十四小时值班制度的，责令改正，处警告或者五百元以上五千元以下罚款；未按规定保存检测报告的，处警告或者五百元以下罚款。

第六十三条 违反本条例第四十八条第二款规定，有下列情形之一的，处警告或者五百元以下罚款：

（一）不按照要求保护火灾现场的；

（二）不如实提供火灾情况的；

（三）擅自进入火灾现场或者擅自清理、移动火灾现场物品的。

第六十四条 公安机关消防机构及其工作人员有下列行为之一的，由有权机关对直接负责的主管人员和其他直接责任人员依法给予处分：

（一）不履行法定监督检查职责的；

（二）对不符合消防安全要求的消防设计文件和建设工程以及公众聚集场所准予审核合格、消防验收合格、消防安全检查合格的；

（三）无故拖延消防设计审核、消防验收、消防安全检查，不在法定期限内履行审批职责的；

（四）发现火灾隐患不及时通知有关单位或者个人整改的；

（五）为用户、建设单位指定或者变相指定消防产品的品牌、销售单位或者消防技术服务机构、消防设施施工单位的；

（六）违法实施行政处罚的；

（七）其他滥用职权、玩忽职守、徇私舞弊的行为。

有关行政机关及其工作人员在消防工作中滥用职权、玩忽职守、徇私舞弊的，由有权机关依法给予处分。

第八章　附　　则

第六十五条 本条例自2016年7月1日起施行。

浙江省特种设备安全管理条例

（2003年6月27日浙江省第十届人民代表大会常务委员会第四次会议通过;2009年11月27日浙江省第十一届人民代表大会常务委员会第十四次会议第一次修改;2011年11月25日浙江省第十一届人民代表大会常务委员会第二十九次会议第二次修改;2013年12月19日浙江省第十二届人民代表大会常务委员会第七次会议第三次修改;2016年7月29日浙江省第十二届人民代表大会常务委员会第三十一次会议第四次修改)

第一条 为了加强特种设备的安全管理,防止和减少事故,保障人民群众生命和财产安全,促进经济社会发展,根据《中华人民共和国特种设备安全法》和有关法律、行政法规,结合本省实际,制定本条例。

第二条 本省行政区域内特种设备的生产(含设计、制造、安装、改造、维修,下同)、销售、使用、检验、检测和监督管理,应当遵守本条例。

本条例所称特种设备,是指涉及生命安全、危险性较大的锅炉、压力容器(含气瓶,下同)、压力管道、电梯、起重机械、客运索道、大型游乐设施和场(厂)内专用机动车辆,包括特种设备附属的安全附件、安全保护装置和与安全保护装置相关的设施。

军事装备、核设施、航空航天器、铁路机车、海上设施和船舶以及矿山井下使用的特种设备、民用机场的专用设备的安全管理,房屋建筑工地和市政工程工地用起重机械、场(厂)内专用机动车辆的安装、使用的监督管理,压力管道设计、安装、使用的安全监督管理,依照有关法律、法规的规定执行。

第三条 县级以上人民政府应当加强对本行政区域内特种设备安全工作的领导,建立健全特种设备安全监督管理联席会议制度,及时协调、解决特种设备安全监督管理中存在的重大问题,督促各有关部门依法履行职责,保障特种设备安全监督管理必需的经费,并将特种设备安全工作纳入对下级人民政府的考核内容。

乡(镇)人民政府以及街道办事处、开发区(园区)管理机构等人民政府的派出机关(机构)应当加强对本辖区内特种设备安全状况的监督检查,明确人员,协助上级人民政府有关部门依法履行特种设备安全监督管理职责。

第四条 县级以上质量技术监督部门是负责特种设备安全监督管理的部门(以下简称特种设备安全监督管理部门),负责本行政区域内特种设备安全监督管理工作。

安全生产监督管理、建设、财政、价格、工商行政、监察等有关部门按照各自职责,共同做好特种设备的安全监督管理工作。

第五条 有关行业协会应当加强对本行业内特种设备安全工作的自律管理,配合、协助特种设备安全监督管理部门和其他有关部门做好特种设备安全监督管理工作。

第六条 特种设备的生产单位,应当依法报经国务院或者省特种设备安全监督管理部门许可;特种设备的使用单位,应当依法向设区的市特种设备安全监督管理部门办理登记;

特种设备的检验、检测机构,应当依法报经国务院特种设备安全监督管理部门核准。

特种设备作业人员和检验、检测人员,应当按照国家有关规定经特种设备安全监督管理部门考核合格,取得特种设备作业人员证书或者检验、检测人员证书。

第七条 特种设备的生产、使用单位,应当严格按照有关特种设备安全生产的法律、法规、规章的规定和安全技术规范的要求进行生产、使用,保证特种设备的产品质量和安全使用。

特种设备生产、使用单位的主要负责人,依法对本单位特种设备的安全全面负责。

提倡特种设备使用单位办理第三者责任保险。

第八条 特种设备的销售者应当建立并执行进货检查验收制度,验明特种设备出厂时应当附有的符合安全技术规范要求的设计文件、产品质量检验合格证明、安装及使用维修说明、监督检验证明等文件。

第九条 特种设备的使用单位为管理责任人;使用单位委托其他管理人管理特种设备的,受托人为管理责任人。管理责任人依法履行特种设备的管理义务。

新安装特种设备未移交使用单位的,项目建设单位为管理责任人。

业主共有的电梯,由业主委托的物业服务企业或者其他管理人为管理责任人。业主未委托的,由全体业主协商确定管理责任人;协商不成的,乡(镇)人民政府或者街道办事处、开发区(园区)管理机构等人民政府的派出机关(机构)应当指导、协调业主确定管理责任人。未确定管理责任人的,电梯不得投入使用;已投入使用的,应当暂停使用。

第十条 气瓶充装单位在气体充装前,应当按照安全技术规范的要求对气瓶进行安全检查。

禁止使用下列气瓶充装气体:

(一)没有检验、检测标识的;

(二)超过定期检验周期的;

(三)经检验、检测不合格的;

(四)超过安全使用年限的。

气瓶充装单位发现有前款第一项、第二项规定的气瓶,应当按规定送检验、检测机构检验、检测;发现有前款第三项、第四项规定的气瓶,应当作出回收处理。

气瓶的回收处理办法由省人民政府制定。

第十一条 锅炉房的建造设计方案,应当符合国家标准。

第十二条 锅炉用水的水质、锅炉的化学清洗和停炉保养,应当符合安全技术规范的要求。

锅炉停用一年以上重新启用的,应当经检验、检测机构检验、检测合格。

第十三条 电梯的日常维护保养,应当由电梯制造单位或者依法取得许可的安装、改造、修理单位按照安全技术规范和使用维护保养说明的要求进行。

特种设备安全监督管理部门对电梯维护保养单位的日常维护保养活动实施监督检查,并向社会公布监督检查结果。

其他特种设备的日常维护保养,应当由管理责任人按照安全技术规范和使用维护保养说明的要求进行。管理责任人不能按照要求进行日常维护保养的,应当委托依法取得许可的安装、改造、修理单位或者其他有日常维护保养能力的单位进行维护保养。

鼓励特种设备制造单位直接从事本单位所制造特种设备的日常维护保养活动。

第十四条 电梯主要部件严重损坏,危及公共安全的,可以按照设区的市规定的简易程序申请使用物业专项维修资金;未设立物业专项维修资金的,设区的市、县(市)人民政府应当明确电梯大修、改造、更新经费筹措方案。

按照简易程序申请使用物业专项维修资金的,应当将维修内容、维修预算、维修单位等事项在物业管理区域内的显著位置公示,并在物业专项维修资金拨付使用完毕后一个月内将维修资金使用总额及业主分摊情况向全体业主公告。

第十五条 特种设备生产、使用单位履行法定的检验、检测义务时,有权自主选择委托有资质的特种设备检验、检测机构。有关部门不得对其选择委托权进行限定。

特种设备使用单位应当在十日内将法定的检验、检测结果和鉴定结论,报县(市、区)特种设备安全监督管理部门备案。

第十六条 特种设备检验、检测机构进行检验、检测,应当客观、公正,符合安全技术规范的要求。

特种设备检验、检测机构,依法对检验、检测结果和鉴定结论承担法律责任。

第十七条 禁止转让、出租和出借下列证书、文件或者标识:

(一)特种设备生产许可证书;

(二)检验、检测机构核准证书;

(三)特种设备使用登记证书;

(四)特种设备作业人员证书或者检验、检测人员证书;

(五)检验、检测机构的检验、检测结果或者鉴定结论;

(六)检验、检测机构的检验、检测标识。

第十八条 禁止生产、销售和使用用油桶等容器改装或者采用其他类似材质卷制、焊接的可以输出蒸汽、产生压力的简易设备。

第十九条 特种设备安全监督管理部门应当建立健全投诉举报、执法责任等特种设备安全监督管理制度,加强特种设备安全监察执法队伍建设,切实履行特种设备安全监督管理职责。

第二十条 特种设备安全监督管理部门应当按照事故等级依法履行特种设备事故调查职能。

特种设备安全监督管理部门可以根据事故影响程度,委托下一级特种设备安全监督管理部门会同同级有关部门组织事故调查组进行事故原因调查;受委托的特种设备安全监督管理部门不得再委托其他部门组织事故调查组进行事故原因调查。

第二十一条 违反本条例规定的行为,法律、行政法规已有法律责任规定的,从其规定。

第二十二条 违反本条例第十二条第二款规定的,由县级以上特种设备安全监督管理部门责令限期改正;逾期未改正的,责令停止使用,处五万元以上二十万元以下罚款。

第二十三条 违反本条例第十七条第二项规定的,由县级以上特种设备安全监督管理部门责令改正,处五万元以上二十万元以下罚款;情节严重的,吊销检验、检测机构核准证书。

违反本条例第十七条第三项、第四项规定的，由县级以上特种设备安全监督管理部门责令改正，处一万元以上十万元以下罚款；情节严重的，注销特种设备使用登记证书，吊销特种设备作业人员证书或者检验、检测人员证书。

违反本条例第十七条第五项、第六项规定的，由县级以上特种设备安全监督管理部门责令改正，处三万元以上三十万元以下罚款。

第二十四条 违反本条例第十八条规定的，由县级以上特种设备安全监督管理部门按照下列规定予以处罚：

（一）违法生产、销售简易设备的，责令限期改正，没收违法生产、销售的简易设备，可以并处简易设备货值金额等值以上三倍以下罚款或者二百元以上五千元以下罚款；逾期未改正的，处五千元以上一万元以下罚款；有违法所得的，没收违法所得；

（二）违法使用简易设备的，责令停止使用，限期拆除、销毁；逾期未拆除、销毁的，予以没收，并处二百元以上五千元以下罚款。

简易设备构成特种设备的，依照《中华人民共和国特种设备安全法》的规定处罚。

第二十五条 特种设备安全监督管理部门及其工作人员在特种设备安全监督管理工作中玩忽职守、徇私舞弊、滥用职权的，依法追究行政、刑事等法律责任。

第二十六条 本条例自2003年9月1日起施行。

浙江省实施《中华人民共和国道路交通安全法》办法

(2006年3月29日浙江省第十届人民代表大会常务委员会第二十四次会议通过;2014年11月28日浙江省第十二届人民代表大会常务委员会第十四次会议第一次修改)

第一章　总　　则

第一条　根据《中华人民共和国道路交通安全法》(以下简称道路交通安全法)、《中华人民共和国道路交通安全法实施条例》(以下简称道路交通安全法实施条例),结合本省实际,制定本办法。

第二条　本省行政区域内的车辆驾驶人、行人、乘车人以及与道路交通活动有关的单位和个人,应当遵守道路交通安全法、道路交通安全法实施条例和本办法。

第三条　县级以上人民政府应当加强对道路交通安全工作的领导,建立健全道路交通安全工作协调机制和安全管理责任制,制定和组织实施道路交通安全管理规划,并将道路交通安全工作纳入安全生产和社会治安综合治理考核内容。

县级以上人民政府公安机关交通管理部门负责本行政区域内的道路交通安全管理工作。

县级以上人民政府交通、建设等部门应当按照规定的职责,做好相应的道路交通工作。

乡(镇)人民政府应当改善本行政区域内的乡村道路安全通行条件,完善道路交通安全设施,建立和落实道路交通安全工作责任制。

第四条　国家机关、企事业单位、社会团体以及其他组织应当建立和实施单位内部道路交通安全管理制度,教育本单位人员遵守道路交通安全法律、法规,保障交通安全经费投入。

教育行政管理部门、学校应当把道路交通安全知识列入中、小学生教育的内容,经常对学生进行道路交通安全教育,切实落实学生在学习期间出行、锻炼时的交通安全措施。

第五条　任何单位和个人应当依法履行道路交通安全义务,服从公安机关交通管理部门及其交通警察的管理。

任何单位和个人都有权劝阻、举报道路交通安全违法行为,报告道路交通安全隐患。

第二章　车辆和驾驶人

第一节　车　　辆

第六条　申请机动车注册登记的,应当提供机动车安全技术检验合格证明。属于国务院机动车产品管理部门规定免予安全技术检验的车型,注册登记时间超过出厂检验日期两年或者车辆严重受损影响安全行驶的,应当重新进行安全技术检验。

申领机动车检验合格标志的,应当提供机动车安全技术检验合格证明,申领时间超过机动车安全技术检验合格日期六十日的,应当重新进行安全技术检验。

上道路行驶的机动车未按规定进行机动车安全技术检验被扣留的,应当经安全技术检验合格,依法取得检验合格标志后,方可继续上道路行驶。被扣机动车的检验费用由机动车所有人、管理人自行承担;因拖移至机动车安全技术检验机构所发生的费用,公安机关交通管理部门不得向当事人收取。

第七条 已注册登记的机动车所有权发生转移的,机动车买受人应当于机动车交付之日起三十日内到公安机关交通管理部门办理转移登记。

第八条 上道路行驶的机动车应当悬挂公安机关交通管理部门核发的机动车号牌,不得悬挂其他号牌或者标志牌,但法律、法规允许的除外。

第九条 机动车有下列情形之一的,机动车所有人可以向当地公安机关交通管理部门申领临时行驶车号牌:

(一)因办理注册登记需要临时上道路行驶的;

(二)因办理转移登记需要临时上道路行驶的;

(三)补领机动车号牌期间需要上道路行驶的。

按前款第(一)项规定申领临时行驶车号牌的,应当提供机动车所有人身份证明、车辆来历证明、整车出厂合格证明或者进口机动车进口凭证、第三者责任强制保险凭证。

核发临时行驶车号牌时应当载明机动车所有人、机动车厂牌型号、车辆识别代号(车架号码)、发动机号码、行驶区域、发证机关、发牌日期和有效期等内容,临时行驶车号牌有效期最长不超过三十日。

第十条 机动车销售前确需临时上道路行驶的,机动车所有人可以向当地公安机关交通管理部门申领临时移动证。持临时移动证上道路行驶的机动车,不得载货或者载客。

申领临时移动证应当提供机动车所有人身份证明、整车出厂合格证明或者进口机动车进口凭证。

核发临时移动证时应当载明机动车所有人、机动车厂牌型号、车辆识别代号(车架号码)、发动机号码、行驶路线、发证机关、发证日期和有效期等内容,临时移动证有效期最长不超过三日。

第十一条 本省注册登记的营运载客汽车、载货汽车和半挂牵引车的车门上应当按规定喷涂单位名称、核定载客人数、核定载质量等内容,载货汽车及其挂车、大型载客汽车车厢后部应当按规定喷涂放大的本车牌号,车厢后部无法喷涂的,应当在车身喷涂,字样应当保持端正、清晰、完整。

第十二条 学校、幼儿园用于接送学生或者学龄前儿童的客车,应当符合省公安机关交通管理部门、省交通行政管理部门和省教育行政管理部门规定的车辆标准,并喷涂或者放置统一的专用标志,其驾驶人员应当具有三年以上准驾车型的安全驾驶经历,且道路交通安全违法累积记分无满分记录。

第十三条 旅游客车、公路营运载客汽车、大型非营运载客汽车、危险化学品运输车、重型载货汽车、半挂牵引车,应当安装、使用符合国家标准的行驶记录仪。机动车所有人或者管理人应当保持行驶记录仪的正常运行。

第十四条 教练车应当符合国家安全技术标准,悬挂公安机关交通管理部门核发的教练车号牌,安装教练员可以控制车辆行驶的安全装置,车门两侧喷涂单位名称。

第十五条 机动车用作警车、消防车、救护车、工程救险车的,应当经机动车所有人或者管理人相应的县级以上行政主管部门批准,取得公安机关交通管理部门核发的特种车辆使用凭证。特种车辆使用凭证应当随车携带。

第十六条 禁止在机动车上安装和使用接收交通技术监控设备信号或者影响交通技术监控设备正常使用的装置。

禁止在机动车号牌上安装、喷涂、粘贴影响交通技术监控信息接收的材料。

第十七条 机动车号牌号码实行随机选号的方式。

小型客车号牌号码可以采用公开竞价的方式实行有偿使用,公开竞价的号牌号码不得超过小型客车号牌号码总数的百分之二十。公开竞价的号牌号码应当公示,公开竞价所得价款全部用于建立道路交通事故社会救助基金。

第十八条 机动车维修单位应当具备法律、行政法规规定的资质条件。

机动车维修单位应当建立维修车辆登记制度,登记内容包括送修人的身份证明、车辆牌号、车辆识别代号(车架号码)、发动机号码以及承修项目。

机动车维修单位发现送修车辆有被盗抢、拼装、交通事故逃逸嫌疑的,应当立即报告公安机关,并配合调查。

第十九条 报废机动车回收单位应当具备法律、行政法规规定的资质条件。

报废机动车回收单位应当建立报废机动车回收登记制度,登记内容包括报废车辆所有人的身份证明、车辆牌号、车辆识别代号(车架号码)、发动机号码、回收日期及报废车辆解体过程中拍摄的照片等图像资料。

报废机动车回收单位应当向报废机动车所有人出具报废车辆回收证明。

第二十条 应当报废的机动车,其所有人应当及时办理注销登记手续。

应当报废的机动车,其所有人在办理新购机动车注册登记前,应当先行办理报废机动车的注销登记手续。

第二十一条 设区的市人民政府可以根据道路交通状况,限定一定区域,对人力三轮车、摩托车实行总量控制。实行总量控制前,应当举行听证会,广泛征求公众意见。

第二十二条 人力三轮车、电动自行车、残疾人机动轮椅车和省人民政府规定应当登记的非机动车,经公安机关交通管理部门登记后,方可上道路行驶。

公安机关交通管理部门对自行车不实行登记制度。但自行车销售单位应当在销售时按规定对自行车统一编号、敲印、登记,定期报所在地公安机关交通管理部门备案。

第二十三条 电动自行车、残疾人机动轮椅车应当符合国家和地方安全技术标准。

省人民政府授权的部门根据国家和省的有关规定对电动自行车、残疾人机动轮椅车组织安全技术鉴定,鉴定合格的,对该产品的型号及其安全技术参数予以公告。列入公告的电动自行车、残疾人机动轮椅车,申领非机动车号牌、行驶证的,公安机关交通管理部门应当予以登记。

第二节 机动车驾驶人

第二十四条 机动车驾驶人在实习期内符合国家规定条件的,可以申请增加大型客车、中型客车、牵引车以外的准驾车型。

流动人口在居住地可以申请国家规定的准驾车型驾驶证。

第二十五条 公安机关交通管理部门发现机动车驾驶人取得驾驶证不符合国家规定的条件,应当予以调查或者对其道路驾驶技能进行测试。经调查或者测试证明其不符合国家规定条件的,公安机关交通管理部门应当收缴其机动车驾驶证,并转递原发证机关予以撤销。测试不得收取任何费用。

本省国家机关、企事业单位、其他组织及个人招用持有外省驾驶证的驾驶人从事机动车驾驶工作的,应当在招用之日起五日内报所在地公安机关交通管理部门备案。

第二十六条 实行机动车驾驶人驾驶安全信息公开制度。驾驶人驾驶安全信息包括驾驶人道路交通违法、事故处理、违法行为累积记分和涉及驾驶安全的其他信息。公安机关交通管理部门应当为单位和个人查询驾驶安全信息提供便利。

第二十七条 机动车驾驶人发生人身伤亡交通事故负有同等以上责任尚不构成犯罪的,在交通事故处理完毕后,应当接受交通事故发生地公安机关交通管理部门组织的为期两日的道路交通安全法律、法规和相关知识的教育。

第二十八条 持本省机动车驾驶证的驾驶人在道路交通安全违法行为或者交通事故处理完毕后,一个记分周期内累积记分未达满分的,可以申请参加驾驶证核发地公安机关交通管理部门组织的为期一日的道路交通安全法律、法规和相关知识教育。公安机关交通管理部门每次可以减少其累积记分二分,但一个记分周期内的安全教育减分不得超过四分。

第二十九条 对公路营运载客汽车、危险化学品运输车等涉及公共安全、容易造成重大伤亡事故的车辆驾驶人,驾驶人所在地公安机关交通管理部门应当每年组织为期两日的道路交通安全法律、法规和相关知识的教育。

第三章 道路通行条件

第三十条 各级人民政府应当在道路建设和维护经费中,按比例划拨道路交通信号灯、交通标志、交通标线、防撞护栏、交通监控及其他交通安全设施的建设和维护经费。道路经营单位应当每年在经营收入中提取一定的比例,用于道路以及交通安全设施的维护和完善。

第三十一条 道路管理部门和养护单位应当保持道路路面平整、设施完好,保证照明、通风、排水等设施的正常运行,合理设置减速装置和设施。对桥梁、隧道、急弯、陡坡或者容易发生危险的路段,应当按照国家标准设置警告标志和安全防护设施,并定期检查、重点维护,确保安全、畅通。

交通信号灯、交通标志和交通标线的设计、制造、施工,应当符合国家标准和技术规范,遵循安全合理、方便群众的原则,保持清晰、醒目、准确、完好。增设或者调换限速、单行、禁止转弯等禁令性交通标志、标线的,有关行政管理部门应当在五日前向社会公告。

新建、改建道路时,交通信号灯、交通标志、交通标线、交通监控、防撞护栏及其他交通安全设施,应当按照国家标准与道路同时规划、同时设计、同时建设、同时验收、同时投入使用。公安机关交通管理部门应当参与交通安全设施的设计审核和竣工验收,交通安全设施未经验收或者验收不合格的道路不得投入使用。

乡村、集镇、居住区等其他由单位和个人自建的供社会机动车通行的道路,建设单位应当参照国家有关标准设置交通标志、标线等交通安全设施。

第三十二条 国道、省道及城市道路沿线单位、居住区等未设置交通信号灯的交叉路口,道路管理部门应当设置让行交通标志或者交通标线。

公路穿越交通流量较大的集镇、市场的路段或者路口,道路管理部门应当设置交通信号灯、道路照明、机动车与非机动车隔离栏等交通设施。

道路的平面交叉口、通道、出入口之间的距离应当符合国家标准,不符合国家标准的,应当封闭。未经道路管理部门许可,任何单位和个人不得在道路两侧设置平面交叉口、通道、出入口。

在学校、幼儿园、医院、养老院周边地区和容易发生危险的路段,道路管理部门应当依照规定设置相关交通信号和安全设施。

第三十三条 大型工程建设项目应当由县级以上人民政府组织建设、规划、交通和公安等有关行政管理部门进行道路交通影响评价。对道路交通有不利影响的,应当提出改进措施,消除不利影响;对道路交通有重大不利影响,又无法消除的,不予批准建设。

第三十四条 停车场(库)的建设应当纳入城市总体规划,并按照城市停车场(库)专项规划和道路交通供需平衡的要求进行建设。新建、改建、扩建的公共建筑、商业街区、居住区、大(中)型建筑等,应当按标准配建、增建停车场(库)。

停车场(库)的设计方案,规划行政管理部门在审核办理规划许可手续前,应当征求公安机关交通管理部门的意见;涉及道路交通安全的,应当征得公安机关交通管理部门同意。新建工程时配建停车场(库)应当与主体工程同时规划、同时设计、同时建设、同时验收、同时投入使用。投入使用的停车场(库)不得擅自停止使用或者改作他用。

公共停车场(库)应当在出入方便的位置设置残疾人车辆停车专用泊位和明显标志,配备必要的无障碍设施。

第三十五条 根据道路交通需求,在不影响行人、车辆通行的情况下,公安机关交通管理部门会同建设行政管理部门可以在城镇道路范围内施划机动车、非机动车停车泊位,限定停车时间,但不得在盲道及其配套设施所在的地方施划机动车、非机动车停车泊位。其他任何单位和个人不得设置、占用、撤除道路停车泊位。

按照前款规定施划的道路停车泊位的停车收费标准由有权的价格行政管理部门核定,所得价款用于道路停车设施的建设、维护和管理。

第三十六条 设区的市及县(市)人民政府应当根据道路交通发展规划和安全、畅通、方便出行的要求,制定和实施公共交通发展规划,鼓励并优先发展公共交通。有条件的城市道路,应当根据公共交通发展规划,设置公交车专用道。

开辟和调整公交线路或者车站,建设、交通等有关部门在审批前,应当征求公安机关交通管理部门的意见,广泛听取公众意见,并向社会公告;涉及公众重大利益的,应当举行听证会。公交车辆换乘点和出租汽车、校车以及单位接送职工自备客车的临时停车点,有关行政管理部门应当根据城镇交通状况合理设置和变更。

行经高速公路或者城市建成区以外二级以下公路的客运车辆不得使用有站立乘员席的客车车型。

第四章　道路通行规定

第三十七条　车辆、行人应当按照交通信号指示通行；遇有交通警察现场指挥时，应当按照交通警察的指挥通行；在没有交通信号控制的道路上，应当在确保有序、安全、畅通的前提下通行。

第三十八条　在有方向指示信号灯并设置左转弯待转区的交叉路口，同方向直行信号灯绿灯亮时，左转弯的车辆应当按规定依次进入待转区停车等候。

第三十九条　车辆应当按照下列规定分道通行：

（一）在划分机动车道和非机动车道的道路上，机动车和非机动车分道通行；

（二）在没有划分机动车道与非机动车道的道路上，非机动车靠近道路右边通行，机动车在道路中间或者靠近道路中心线右边通行；

（三）在同方向划有两条以上机动车道，没有交通信号指示的，低速载货汽车、三轮汽车、拖拉机、轮式专用机械车和摩托车应当在最右侧的机动车道内通行；

（四）在设有主道、辅道的道路上，三轮汽车、拖拉机应当在辅道内通行。

第四十条　借道通行的车辆或者行人，应当让本道内的车辆或者行人优先通行。

非机动车、行人遇本道被占用无法正常通行时，可以在受阻路段借用相邻车道通行，并在通过被占用路段后迅速返回本道。车辆遇此情况应当减速让行。

第四十一条　机动车行驶时变更车道应当提前开启转向灯，并遵守下列规定：

（一）不得一次性变更两条以上机动车道，但符合交通信号要求的除外；

（二）左右两侧车道的机动车向中间车道变更时，左侧车道的机动车让右侧车道的机动车先予变更。

第四十二条　车辆通过没有交通信号控制的交叉路口时，应当让行人和右方道路的来车先行。

车辆通过交叉路口同时被放行或者没有交通信号控制时，左转弯车辆应当让相对方向行驶的直行车辆先行；右转弯的机动车应当让同方向左转弯或者直行的行人和非机动车先行。

同方向有两条以上机动车道的交叉路口，未设置导向标志、标线的，左转弯的机动车应当提前驶入最左侧的车道转弯，右转弯的机动车应当提前驶入最右侧的车道转弯。

第四十三条　机动车在道路上行驶不得超过限速标志、标线标明的速度。在没有限速标志、标线的道路上，同方向划有两条以上机动车道的道路，城市道路最高时速为六十公里，公路最高时速为九十公里；在单位院内、居民居住区内，最高时速为二十公里。

第四十四条　下列机动车在道路上行驶的速度，应当遵守以下规定：

（一）手扶拖拉机最高时速为二十公里，其他拖拉机最高时速为四十公里；

（二）三轮汽车、轮式专用机械车、轻便摩托车最高时速为四十公里；

（三）全挂汽车列车、低速载货汽车、摩托车和公交车最高时速为六十公里；

（四）运载危险物品的机动车在普通公路上行驶时最高时速为六十公里，在高速公路上行驶时最高时速为八十公里。

前款规定的机动车限速高于道路限速的，按照道路限速规定行驶；低于道路限速的，按照前款规定的限速行驶。

第四十五条 教练用的大型载货汽车在教练时,车厢安装栏栅和固定座位后可以核载一至六名学员。

轻型、微型载货汽车和正三轮摩托车车厢内不得载人。

第四十六条 因特殊情况需要在限制、禁止的区域或者路段通行、停靠的机动车,应当经公安机关交通管理部门同意,并按指定的时间、路线、地点通行或者停靠。

第四十七条 公交车、公路营运载客汽车应当按照指定的线路、地点行驶或者停靠。

禁止营运中的公交车、公路营运载客汽车和旅游客车于当日二十二时至次日六时在三级以下山区公路通行,道路管理部门应当在公路两端设置明显标志,并及时向社会公告。

第四十八条 机动车在高速公路上行驶,应当遵守下列规定:

(一)驾驶人、乘车人在装有安全带的座位就座时,应当使用安全带;

(二)除交通事故、车辆故障或者高速公路管理作业等必须行驶、停车的情况外,不得在路肩上行驶或者停车;

(三)发生故障时,不得占用行驶车道检修车辆;

(四)发生故障难以移动时或者发生交通事故后,驾驶人应当在故障车或者事故车来车方向一百五十米以外设置警告标志,车上人员应当迅速转移到右侧路肩、紧急停车带或者应急车道内,并立即报警;

(五)遇交通阻塞停车时,车上人员不得在行驶车道内活动或者逗留,驾驶人在夜间还应当开启危险报警闪光灯、示廓灯和后位灯。

第四十九条 机动车所有人、管理人或者驾驶人不得有下列行为:

(一)将机动车交由未取得机动车驾驶证、机动车驾驶证被吊销或者暂扣等不具备驾驶机动车资格的人驾驶;

(二)赤脚、穿拖鞋或者穿高跟鞋驾驶机动车;

(三)驾驶机动车时以手持方式使用电话;

(四)驾驶二轮摩托车、轻便摩托车时互相追逐,攀扶其他车辆,曲折竞驶,驾驶人身前载人;

(五)驾驶牵引车所牵引挂车的总质量超过牵引车的准牵引总质量。

第五十条 非机动车驾驶人应当遵守下列规定:

(一)保持非机动车的制动器、车铃和夜间反光装置完好;

(二)电动自行车、残疾人机动轮椅车转弯时,应当提前开启转向灯;

(三)不得牵引动物;

(四)驾驶自行车、电动自行车时不得以手持方式使用电话;

(五)驾驶自行车、电动自行车遇行人横过道路时,应当减速避让;

(六)自行车、电动自行车限载一名十二周岁以下未成年人,十二周岁以上十六周岁以下的未成年人驾驶自行车不得载人;

(七)人力客运三轮车载人不得超过两人,但允许增载一名十二周岁以下未成年人,人力货运三轮车不得载人;

(八)残疾人机动轮椅车不得载人,但二级以上残疾人驾驶残疾人机动轮椅车可以搭乘一名陪护人员;残疾人机动轮椅车附载货物时,质量不得超过二十千克。

第五十一条 行人应当遵守下列规定:

(一)没有人行道的,靠近道路边行走;

(二)从人行横道横过道路时,在确保安全的情况下,应当及时通过;

(三)牵、赶、骑牲畜应当在允许通行的道路上靠近道路右边通行,不得影响其他车辆、行人的正常通行;

(四)在车行道上不得拦车、带路或者从事兜售、发送物品等妨碍交通安全的活动。

第五章 交通事故处理

第一节 现场处理

第五十二条 在道路上发生交通事故,车辆驾驶人应当立即停车,保护现场;造成人员伤亡的,应当立即抢救受伤人员并报告医疗急救机构;因抢救受伤人员变动现场的,应当标明事故证物的位置;同时迅速报告执勤的交通警察或者公安机关交通管理部门,并主动接受调查处理,不得逃避。

第五十三条 公安机关交通管理部门接到交通事故报警后,应当立即派交通警察赶赴现场。交通警察到达现场后,应当根据需要进行下列工作:

(一)立即组织抢救受伤人员;

(二)对交通事故进行调查,全面及时地收集有关证据;

(三)在不影响事故现场勘查取证的情况下立即允许过往车辆通行,或者在到达事故现场后即予引导绕行;

(四)其他工作。

公安机关交通管理部门接到重大伤亡以及危险化学品、放射性物品泄漏等有重大影响的交通事故报警后,应当立即采取应急措施,同时报告当地人民政府。接到报告的人民政府应当立即组织公安、交通、安全生产监管、环保、卫生等部门相关人员迅速赶赴现场实施紧急处置。

第五十四条 医疗急救机构等单位接到救援交通事故伤员的请求或者公安机关交通管理部门通知后,应当及时派出急救车辆和医护人员,组织实施现场医疗救治。对需要救治的交通事故伤员,任何医疗机构不得推诿、拒绝。医疗机构因医务人员、技术或者设备限制无法正常实施救治的,应当经必要的处置后派医护人员护送到具备救治条件的医疗机构救治。

第五十五条 过往车辆驾乘人员、行人以及其他有关人员发现交通事故受伤人员,应当主动协助当事人实施救援,并及时报告医疗急救机构和公安机关交通管理部门。

第二节 调查认定

第五十六条 公安机关交通管理部门根据调查处理交通事故检验、鉴定的需要,可以扣留事故车辆、逃逸嫌疑车辆、机动车行驶证、交通事故当事人机动车驾驶证以及其他可以作为证据使用的物品、文书,检验、鉴定后应当立即归还。

第五十七条 公安机关交通管理部门在调查取证完毕后,应当在十日内明确当事人的事故责任,制作交通事故认定书。

交通事故当事人的事故责任分为全部责任、主要责任、同等责任、次要责任、无责任:

(一)一方当事人有过错,其他当事人无过错的,有过错的一方为全部责任,无过错方为无责任;

(二)两方以上的当事人均有过错的,按照作用及过错的大小分担责任;

(三)属于交通意外事故的,各方均为无责任;

(四)发生交通事故后逃逸的,逃逸的当事人承担全部责任,但有证据证明对方当事人有过错的,可以减轻责任;

(五)发生交通事故的车辆驾驶人不按照公安机关交通管理部门的要求,拒绝或者躲避酒精、国家管制的精神药品、麻醉药品检测,有其他相关证据证明的,可以认定驾驶人饮酒、服用国家管制的精神药品或者麻醉药品后驾驶机动车,承担与此相应的责任;

(六)故意破坏、伪造现场、毁灭证据的,承担全部责任。

第五十八条 因交通事故当事人处于抢救或者昏迷状态等特殊原因,无法收集当事人证据且无其他证据证明交通事故事实时,经上一级公安机关交通管理部门批准,交通事故认定的时限可中止计算,但中止的时间最长不超过三十日。

第三节 事故赔偿

第五十九条 本省依法实行机动车第三者责任强制保险制度。

机动车发生交通事故造成人身伤亡、财产损失的,由保险公司在相应的第三者责任强制保险责任限额范围内先行赔偿;机动车未参加第三者责任强制保险的,由机动车所有人或者管理人在相当于相应的强制保险责任限额范围内予以赔偿。

机动车发生交通事故造成人身伤亡、财产损失,超过第三者强制保险责任限额部分,属于机动车与机动车之间发生交通事故的,按照各自过错的比例承担赔偿责任;属于机动车与非机动车、行人之间发生交通事故,非机动车驾驶人、行人没有过错的,由机动车一方承担赔偿责任;有证据证明非机动车驾驶人、行人有过错的,根据过错程度适当减轻机动车一方的赔偿责任;机动车一方没有过错的,承担不超过百分之十的赔偿责任。

非机动车驾驶人、行人与处于静止状态的机动车发生交通事故造成损失、机动车一方无事故责任,或者非机动车驾驶人、行人故意碰撞机动车的,机动车一方不承担赔偿责任。

第六十条 县级以上人民政府应当设立道路交通事故社会救助基金,基金来源包括:

(一)按照机动车第三者责任强制保险费的一定比例提取的资金;

(二)对按照规定未投保第三者责任强制保险机动车所有人、管理人的罚款;

(三)救助基金管理机构依法向交通事故责任人追偿的资金;

(四)救助基金孳息;

(五)小型客车号牌号码公开竞价所得价款;

(六)其他合法来源。

第六十一条 道路交通事故社会救助基金用于交通事故中人身伤亡的救助。

交通事故中受害人人身伤亡的丧葬费用、部分或者全部抢救费用超出第三者责任强制保险责任限额,或者发生交通事故的机动车未参加第三者责任强制保险,或者发生交通事故后机动车驾驶人逃逸的，由公安机关交通管理部门通知道路交通事故社会救助基金管理机构先行垫付，道路交通事故社会救助基金管理机构有权向赔偿义务人追偿。

交通事故死亡人员的丧葬费，赔偿义务人无力支付或者赔偿义务人无法确认的，由公安机关交通管理部门通知道路交通事故社会救助基金管理机构部分或者全部先行垫付，道路交通事故社会救助基金管理机构有权向赔偿义务人追偿。

交通事故死亡人员身份无法确认的，参照城镇人口赔偿标准，其损害赔偿金由道路交通事故社会救助基金管理机构提存保管。

道路交通事故社会救助基金的具体管理办法，由省财政部门会同省保险监督管理部门、省公安机关、省卫生行政管理部门、农业(农业机械)主管部门根据国家有关规定制定。

第六十二条 非机动车之间、非机动车与行人之间发生交通事故造成人身伤亡、财产损失的，由有过错的一方承担赔偿责任；各方都有过错的，按照各自过错的比例承担赔偿责任；无法确定各方当事人过错的，平均分担赔偿责任。

第六十三条 当事人依照规定自行协商处理的未造成人身伤亡的交通事故或者仅造成自身车辆损失的单方交通事故，物损价值在三千元以下的，当事人可以直接向保险公司报告和申请定损，保险公司应当及时派员处理，依照法律规定和合同约定理赔。

第六十四条 车辆在道路以外通行时发生的事故，公安机关交通管理部门接到报案的，参照道路交通安全法、道路交通安全法实施条例和本办法的规定处理。

第六章 执法监督

第六十五条 公安机关交通管理部门应当对办理机动车登记，发放号牌，对驾驶人考试、发证，处理道路交通安全违法行为，处理道路交通事故等事项建立公开办事制度，强化执法责任制度、执法质量考核评议制度和执法过错追究制度，并接受社会和公民的监督。

第六十六条 各级人民政府聘用的道路交通安全协管员应当在交通警察的带领下，协助维护道路交通秩序，但不得进行行政处罚或者采取强制措施。

第六十七条 公安机关交通管理部门执法执勤实行机动巡逻与定点执勤相结合的方式，对辖区事故多发、交通状况复杂等重点路段，应当重点巡逻或者定点执勤。

第六十八条 公安机关交通管理部门及其交通警察应当依照规定程序执法执勤。调查交通事故或者适用一般程序处理道路交通安全违法行为时，交通警察不得少于两人。

第六十九条 公安机关交通管理部门依法实施罚款的行政处罚，应当依据有关法律、法规的规定，实行罚款决定与罚款收缴分离。有下列情形之一的，可以当场收缴罚款：

(一)被处五十元以下罚款，被处罚人对罚款无异议的；

(二)在边远、水上等交通不便地区，被处罚人向指定银行缴纳罚款确有困难，经被处罚人提出的；

(三)被处罚人在当地没有固定住所，不当场收缴事后难以执行的。

本省注册登记的机动车辆，其驾驶人可以在违法行为地或者机动车号牌核发地的指定地点缴纳罚款。

第七十条 公安机关交通管理部门发现交通违法行为处理或者交通事故认定确有错误的，应当及时纠正，上级公安机关交通管理部门也可以责令其限期纠正。

第七章 法律责任

第七十一条 公安机关交通管理部门及其交通警察对道路交通安全违法行为应当责令及时纠正,并依照道路交通安全法、道路交通安全法实施条例和本办法的规定予以处罚,但本章所列的道路交通安全违法行为情节轻微,未影响道路通行的,指出违法行为,给予口头警告后放行。

依法实行相对集中行政处罚权制度的市、县(市、区),按照国家和省有关相对集中行政处罚权的规定执行。

第七十二条 行人、乘车人有下列行为之一的,处十元罚款:

(一)在机动车道内行走、滞留的;

(二)跨越、倚坐道路隔离设施的;

(三)乘坐两轮摩托车未正向骑坐的。

行人、乘车人有下列行为之一的,处五十元罚款:

(一)在车行道上拦车、带路或者从事兜售、发送物品等妨碍交通安全活动的;

(二)机动车在高速公路上行驶,乘车人不按规定使用安全带的;

(三)扒车、跳车、追车或者抛物击车的。

第七十三条 非机动车驾驶人有下列行为之一的,处二十元罚款:

(一)不按交通信号指示通行的;

(二)不按规定载物的;

(三)横过道路不按规定通行的;

(四)在道路上驾驶独轮自行车或者其他禁止上道路行驶的自行车的;

(五)牵引车辆、攀扶车辆或者被其他车辆牵引的;

(六)双手离把的;

(七)第(一)项、第(三)项、第(四)项、第(五)项、第(六)项、第(七)项规定的。

非机动车驾驶人或者所有人有下列行为之一的,处五十元罚款:

(一)逆向行驶的;

(二)进入高速公路、城市快速路或者封闭的机动车专用道路通行的;

(三)醉酒驾驶、驾驭非机动车的;

(四)非下肢残疾的人驾驶残疾人机动轮椅车的;

(五)自行车、人力三轮车加装动力装置的;

(六)驾驶未经登记或者未悬挂号牌的人力三轮车、电动自行车、残疾人机动轮椅车的;

(七)使用伪造、变造非机动车号牌、行驶证,或者使用其他非机动车号牌、行驶证的;

(八)擅自改变电动自行车、残疾人机动轮椅车结构、主要技术参数和性能的。

有前款第(五)项、第(八)项行为的,由公安机关交通管理部门收缴非法牌证和装置;有前款第(六)项、第(七)项行为的,由公安机关交通管理部门扣留该车辆,当事人提供相应合法证明的,应当及时退还车辆。

第七十四条 机动车驾驶人有下列情形之一的,处五十元罚款,属于机动车所有人或者管理人责任的,处罚所有人或者管理人:

(一)不按规定戴安全头盔的;

(二)不按规定使用安全带的;

(三)不按规定使用灯光的;

(四)不按规定鸣喇叭示意或者在禁止鸣喇叭的区域、路段鸣喇叭的;

(五)驾驶摩托车手离车把或者在车把上悬挂物品的;

(六)不按规定临时停车影响其他车辆和行人通行的;

(七)运载超长、宽、高物品未悬挂明显标志的;

(八)违反本办法第八条、第十一条规定的;

(九)违反本办法第四十九条第(二)项、第(三)项、第(四)项规定的。

因有前款第(三)项至第(七)项和第(九)项情形之一造成交通事故的,处二百元罚款。

第七十五条 机动车驾驶人有下列情形之一的,处一百元罚款:

(一)不按交通标志、标线指示通行的;

(二)驾驶时不按规定依次交替通行或者在人行横道、网状线区域内停车等候的;

(三)不按规定车道行驶或者变更车道的;

(四)路口遇有交通阻塞未依次等候的;

(五)违反让行规定的;

(六)违反规定载人的;

(七)在道路上发生故障妨碍交通又难以移动或者发生交通事故后,不按规定使用警示灯光或者设置警告标志的;

(八)违反本办法第三十九条至第四十二条和第四十六条规定的。

因有前款情形之一造成交通事故的,处二百元罚款。

第七十六条 机动车驾驶人有下列情形之一的,处一百五十元罚款:

(一)不按交通信号灯指示通行的;

(二)不按规定会车、超车、倒车、掉头或者占用超车道的;

(三)不按规定停放影响其他车辆和行人通行的;

(四)违反规定牵引故障机动车或者牵引挂车的;

(五)运载超限物品不按规定的时间、路线、速度行驶的;

(六)使用教练车不按指定的路线或者时间在道路上教练的;

(七)拖拉机驶入大中城市中心城区内道路或者其他禁止通行道路的;

(八)连续驾驶机动车超过四小时未停车休息或者停车休息时间少于二十分钟的;

(九)在驾驶证丢失、损毁期间仍驾驶机动车的。

因有前款第(一)项至第(八)项情形之一造成交通事故的,处二百元罚款。

第七十七条 机动车驾驶人有下列情形之一的,处二百元罚款,属于机动车所有人或者管理人责任的,处罚所有人或者管理人:

(一)不按交通警察指挥通行的;

(二)逆向行驶的;

(三)在实习期内驾驶公交车、营运载客汽车、正在执行任务的特种车、载有危险物品的机动车或者驾驶的机动车牵引挂车的;

(四)故意遮挡、污损机动车号牌或者不按规定安装机动车号牌的;

(五)上道路行驶的机动车未悬挂机动车号牌的;

(六)服用国家管制的精神药品、麻醉药品或者患有妨碍安全驾驶疾病仍继续驾驶的;

(七)驾驶安全设施不全或者机件不符合技术标准等有安全隐患的机动车的;

(八)机动车不按规定参加安全技术检验的;

(九)违反本办法第七条、第十二条、第十三条、第十四条、第十五条、第十六条、第四十七条、第四十九条第(五)项规定的;

(十)不按本办法第二十七条规定接受道路交通安全法律、法规和相关知识教育的。

违反本办法第十六条规定的,除按照前款规定处罚外,公安机关交通管理部门应当强制拆除其非法装置、设备,予以收缴。

第七十八条 机动车驾驶人在高速公路上驾驶机动车有下列行为之一的,处二百元罚款:

(一)发生故障或者交通事故后,不按规定使用危险报警闪光灯、设置警告标志或者不按规定拖曳故障车、事故车的;

(二)从匝道进入或者驶离高速公路时不按规定使用转向灯或者从匝道进入时妨碍已在高速公路内机动车正常行驶的;

(三)非紧急情况下在应急车道上行驶或者停车的;

(四)骑、轧车行道分界线或者在路肩上行驶的;

(五)在匝道、加速车道或者减速车道上超车的;

(六)驾驶设计最高时速低于七十公里的机动车驶入的;

(七)正常情况下低于规定最低时速行驶的;

(八)低能见度气象条件下不按规定行驶的;

(九)倒车、穿越中央分隔带掉头或者在车道内停车的;

(十)试车或者学习驾驶机动车的;

(十一)违反本办法第四十八条规定的。

第七十九条 机动车驾驶人驾驶公路客运车辆载客超过额定乘员一人的,处二百元罚款,超过额定乘员未达百分之二十的,每多超一人加处一百元罚款,但最高罚款不得超过五百元;超过额定乘员百分之二十的,处五百元罚款,每多超一人加处一百元罚款,但最高罚款不得超过二千元。

第八十条 机动车驾驶人驾驶货运机动车违反规定载客的,按以下标准处以罚款:

(一)载客人数五人以下的,处五百元罚款;

(二)载客人数六人以上十人以下的,处一千元罚款;

(三)载客人数十一人以上的,处二千元罚款。

因有前款第(一)项、第(二)项情形造成交通事故的,处二千元罚款。

第八十一条 机动车驾驶人驾驶货运机动车载物超过行驶证上核定载质量的,按以下标准处以罚款:

(一)超过核定载质量未达百分之三十的,处二百元罚款;

(二)超过核定载质量百分之三十以上未达百分之一百的,处五百元罚款;

(三)超过核定载质量百分之一百以上未达百分之二百的,处一千元罚款;

(四)超过核定载质量百分之二百以上的,处二千元罚款。

因有前款第(二)项、第(三)项情形造成交通事故的,处二千元罚款。

第八十二条 机动车驾驶人驾驶机动车超过规定时速的,按以下标准处以罚款:

(一)超过规定时速未达百分之五十的,处二百元罚款;

(二)超过规定时速百分之五十的,处五百元罚款;每多超五公里,加处二百元罚款,但最高罚款不得超过二千元。

超过规定时速百分之五十,造成交通事故的,处二千元罚款。

第八十三条 机动车驾驶人有下列情形之一的,处二百元以上一千元以下罚款:

(一)驾驶与驾驶证载明的准驾车型不相符合的车辆的;

(二)驾驶证超过有效期、违法记分达到十二分、被依法扣留或者公告停止使用期间仍驾驶机动车的;

(三)持境外机动车驾驶证驾驶机动车的。

因有前款情形之一造成交通事故的,处一千元罚款。

第八十四条 未取得机动车驾驶证驾驶机动车造成交通事故构成犯罪的,自法院判决生效之日起,两年内不得申请机动车驾驶证。

驾驶机动车造成交通事故逃逸,构成犯罪的,终身不得取得或者重新取得机动车驾驶证。

机动车驾驶人驾驶机动车在道路以外造成事故,构成犯罪或者逃逸的,由公安机关交通管理部门依照道路交通安全法第一百零一条和本条前款规定处理。

第八十五条 机动车维修单位违反本办法第十八条第二款规定的,由交通、农业(农业机械)管理部门责令限期改正,并处一千元以上一万元以下罚款。

报废机动车回收单位违反本办法第十九条第二款、第三款规定的,由公安机关交通管理部门责令限期改正,并处一千元以上一万元以下罚款。

违反本办法第二十五条第二款规定的,由公安机关交通管理部门责令限期改正,并处五百元以上五千元以下罚款。

第八十六条 违反本办法第三十二条第三款规定,擅自在城市道路两侧设置平面交叉口、通道、出入口的,由城市道路行政管理部门责令限期改正,并处一千元以上一万元以下罚款。

违反本办法第三十四条第二款、第三款规定的,由规划行政管理部门责令限期改正,对擅自停用停车场(库)或者改变其用途的,并可处五千元以上五万元以下罚款。

违反本办法第三十五条第一款规定,擅自设置、占用、撤除道路停车泊位或者违反本办法第三十六条第三款规定的,由公安机关交通管理部门责令限期改正,并可处五百元以上五千元以下罚款。

第八十七条 道路交通违法行为人无正当理由未在规定期限内接受处理的,公安机关交通管理部门可以扣留机动车或者机动车驾驶证。接受处理后,公安机关交通管理部门应当立即返还机动车或者机动车驾驶证。

第八十八条 公路客运车辆超过核定乘员、货运机动车超过核定载质量的,公安机关交通管理部门依法扣留机动车后,驾驶人应当将超载的乘车人转运、将超载的货物卸载;转运或者卸载有困难的,由公安机关交通管理部门商道路运输管理部门安排车辆转运,相关费用由超载机动车的驾驶人或者所有人承担。

第八十九条 各级人民政府及其工作人员有下列情形之一的,对负有直接责任的主管人员和其他直接责任人员依法给予行政处分;构成犯罪的,依法追究刑事责任:

(一)不按规定落实道路交通安全责任制的;

(二)对应当听证、公示的事项未听证、公示的;

(三)对有重大伤亡或者有重大影响的交通事故,不按规定实施紧急处置,导致事故后果扩大的。

第九十条 公安机关交通管理部门及其交通警察有下列情形之一的,对负有直接责任的主管人员和其他直接责任人员依法给予行政处分;构成犯罪的,依法追究刑事责任:

(一)违反规定的条件、程序作出审批决定或者发放牌证、许可证的;

(二)发生有重大伤亡和有重大影响的交通事故后,故意隐瞒不报或者拖延报告的;

(三)阻碍、干涉事故调查处理或者提供虚假证明的;

(四)对应当予以处罚的道路交通安全违法行为不予处罚或者只处罚不纠正的;

(五)其他不按规定履行职责或者失职、渎职的。

第九十一条 交通、建设等其他有关道路管理部门及其工作人员有下列情形之一的,对负有直接责任的主管人员和其他直接责任人员依法给予行政处分;构成犯罪的,依法追究刑事责任:

(一)开辟和调整公交线路或者车站,未按规定向社会公告的;

(二)道路交通安全设施未经验收或者验收不合格即投入使用的;

(三)对存在的交通安全隐患,不按规定进行整改的;

(四)未按规定及时实施救援清障造成不利后果的。

第九十二条 应当设置或者应当及时变更交通信号灯、交通标志、标线而没有设置或者没有及时变更或者交通信号灯、交通标志、标线设置错误,致使通行的人员、车辆及其他财产遭受损失的,负有相关职责的单位应当依法承担赔偿责任。

第八章 附 则

第九十三条 本办法中下列用语的含义:

(一)交叉路口,是指道路与道路之间的平面交叉部分,但交叉部分设有中心隔离设施或者划有中心线、分道线的除外。

(二)机动车第三者责任强制保险,是指由保险公司对被保险机动车发生道路交通事故造成本车人员、被保险人以外的受害人的人身伤亡、财产损失,在责任限额内予以赔偿的强制性责任保险。

(三)抢救费用,是指机动车发生道路交通事故导致人员受伤时,医疗机构参照国务院卫生主管部门组织制定的有关临床诊疗指南,对生命体征不平稳和虽然生命体征平稳但如果不采取措施会产生生命危险,或者导致残疾、器官功能障碍,或者导致病程明显延长的受伤人员,采取必要的处理措施所发生的医疗费用。

第九十四条 上道路行驶的拖拉机实行强制报废制度。强制报废的标准和具体办法由省人民政府制定。

对上道路行驶的拖拉机及其驾驶人,由农业(农业机械)管理部门按照本办法第六条、第七条、第九条、第十条、第十四条、第二十条、第二十五条和第二十六条的规定,行使公安机关交通管理部门的管理职权。

公安机关交通管理部门对拖拉机驾驶人作出记分处理的,应当及时将记分情况通报有关的农业(农业机械)管理部门。农业(农业机械)管理部门应当建立拖拉机驾驶人的道路交通安全违法行为和安全信息登记制度,对在一个记分周期内记满十二分的拖拉机驾驶人,应当依法及时组织道路交通安全教育和考试,考试合格后,记分予以清除,并通报有关的公安机关交通管理部门。

第九十五条 本办法自 2006 年 6 月 1 日起施行。

附　　录

一、安全生产相关意见和通知

(一)省级以上人民政府关于加强安全工作相关意见和通知

1.《中共中央　国务院关于推进安全生产领域改革发展的意见》(中发〔2016〕32 号)

2.《国务院办公厅关于加强基层应急队伍建设的意见》(国办发〔2009〕59 号)

3.《国务院关于进一步加强企业安全生产工作的通知》(国发〔2010〕23 号)

4.《国务院安委会关于深入开展企业安全生产标准化建设的指导意见》(安委〔2011〕4 号)

5.《国务院关于坚持科学发展安全发展促进安全生产形势持续稳定好转的意见》(国发〔2011〕40 号)

6.《国务院关于加强道路交通安全工作的意见》(国发〔2012〕30 号)

7.《国务院办公厅关于加强安全生产监管执法的通知》(国办发〔2015〕20 号)

8.《国务院安委会办公室关于实施遏制重特大事故工作指南构建双重预防机制的意见》(安委办〔2016〕11 号)

9.《国务院办公厅关于印发安全生产"十三五"规划的通知》(国办发〔2017〕3 号)

10.《国务院安委会办公室关于实施遏制重特大事故工作指南全面加强安全生产源头管控和安全准入工作的指导意见》(安委办〔2017〕7 号)

11.《国务院安委会办公室关于全面加强企业全员安全生产责任制工作的通知》(安委办〔2017〕29 号)

12.《浙江省委　浙江省人民政府关于深入推进安全生产领域改革发展的实施意见》(浙委发〔2017〕35 号)

13.《浙江省人民政府关于进一步加强企业安全生产工作的实施意见》(浙政发〔2010〕47 号)

14.《浙江省人民政府关于推进全省现代综合交通发展的实施意见》(浙政发〔2017〕1 号)

15.《浙江省安全生产委员会办公室关于进一步落实企业全员安全生产责任制的指导意见》(浙安委办〔2017〕24 号)

16.《浙江省人民政府办公厅转发省建设厅关于切实加强建设工程领域安全生产工作意见的通知》(浙政办发〔2010〕144 号)

17.《浙江省人民政府办公厅转发省交通运输厅等四部门关于加强道路运输车辆动态监管工作实施方案的通知》(浙政办发〔2011〕89 号)

18.《浙江省人民政府办公厅关于印发浙江省综合交通运输发展"十三五"规划的通知》(浙政办发〔2016〕118 号)

19.《浙江省人民政府办公厅关于印发浙江省突发事件应急预案管理实施办法的通知》(浙政办发〔2016〕139号)

(二)省级以上相关部门关于加强安全工作相关意见和通知

1.《财政部　国家安全生产监督管理总局关于印发〈企业安全生产费用提取和使用管理办法〉的通知》(财企〔2012〕16号)

2.《交通运输部　公安部　国家安全生产监督管理总局关于进一步加强道路运输安全管理工作的通知》(交运明电〔2016〕35号)

3.《交通运输部　公安部　应急管理部关于印发〈道路旅客运输企业安全管理规范〉的通知》(交运发〔2018〕55号)

4.《国家安全生产监督管理总局办公厅关于印发生产经营单位生产安全事故应急预案评审指南(试行)的通知》(安监总厅应急〔2009〕73号)

5.《交通运输部关于印发交通运输突发事件信息报告和处理办法的通知》(交应急发〔2010〕84号)

6.《交通运输部关于印发交通运输企业安全生产标准化建设实施方案的通知》(交安监发〔2011〕322号)

7.《交通运输部关于加强道路货运车辆超限超载源头治理工作的通知》(交运发〔2011〕355号)

8.《交通运输部关于加强交通运输企业安全生产绩效考核的指导意见》(交安监发〔2011〕432号)

9.《交通运输部关于印发汽车客运站营运客车安全例行检查及出站检查工作规范的通知》(交运发〔2012〕762号)

10.《交通运输部关于推进交通运输安全体系建设的意见》(交安监发〔2015〕20号)

11.《交通运输部安委办关于进一步规范推进企业安全生产标准化建设工作的通知》(交安委办函〔2016〕54号)

12.《交通运输部关于印发〈交通运输企业安全生产标准化建设评价管理办法〉的通知》(交安监发〔2016〕133号)

13.《交通运输部办公厅关于印发交通运输从业人员安全素质提升实施方案的通知》(交办安监〔2016〕184号)

14.《交通运输部关于印发〈公路水路行业安全生产风险管理暂行办法〉〈公路水路行业安全生产事故隐患治理暂行办法〉的通知》(交安监发〔2017〕60号)

15.《交通运输部关于印发〈道路客运接驳运输管理办法(试行)〉的通知》(交运发〔2017〕208号)

(三)省级以下相关部门关于加强安全工作相关意见和通知

1.《浙江省交通运输厅安委办关于我省交通运输企业安全生产标准化建设有关事项的通知》(浙交安办〔2014〕4号)

2.《浙江省交通运输厅关于印发〈浙江省交通运输厅安全生产约谈办法(试行)〉的通知》(浙交〔2018〕18号)

3.《浙江省交通运输厅关于印发〈浙江省交通运输安全生产重点监管名单管理规定(试行)〉的通知》(浙交〔2018〕59号)

4.《浙江省交通运输厅关于印发〈浙江省交通运输安全生产挂牌督办办法(试行)〉的通知》(浙交〔2018〕67号)

5.《浙江省交通运输厅关于推进全省交通运输行业安全生产领域改革发展的实施意见》(浙交〔2018〕68号)

二、安全生产相关标准和规范

1.《危险货物分类和品名编号》(GB 6944—2012)

2.《汽车、挂车及列车外廓尺寸、轴荷及质量限值》(GB 1589—2016)

3.《机动车运行安全技术条件》(GB 7258—2017)

4.《生产经营单位生产安全事故应急预案编制导则》(GB/T 29639—2013)

5.《危险货物道路运输企业运输事故应急预案编制要求》(JT/T 911—2014)

6.《道路运输车辆技术等级划分和评定要求》(JT/T 198—2016)

7.《城市公共汽电车突发事件应急预案编制规范》(JT/T 1018—2016)

8.《城市轨道交通运营突发事件应急预案编制规范》(JT/T 1051—2016)

9.《营运客车安全技术条件》(JT/T 1094—2016)

10.《营运客车类型划分及等级评定》(JT/T 325—2018)

11.《危险货物道路运输规则》(JT/T 617.1~7—2018)

12.《零担货物道路运输服务规范》(JT/T 620—2018)

13.《营运货车安全技术条件　第1部分:载货汽车》(JT/T 1178.1—2018)

14.《危险化学品目录》(2018版)

15.《公交车行车及服务规范》(DB46/T 342—2015)